TERRE DI MEZZO EDITORE

GUIDA AL CAMMINO DI SANTIAGO DE COMPOSTELA

Alfonso Curatolo
Miriam Giovanzana

Introduzione

Eccolo, in un colpo d'occhio, il Cammino verso Santiago de Compostela (e, ancora oltre, fino a *Finisterre - finis terrae*): 30 tappe, circa 800 chilometri a piedi su strade e sentieri perfettamente segnalati, a partire dal versante francese dei Pirenei. Un percorso affascinante, un'esperienza alla portata di tutti dove quasi sempre, per andare avanti, contano di più i desideri interiori che la preparazione fisica. E ogni notte si dorme in antichi e nuovi rifugi (ormai chiamati albergue) realizzati ad hoc per i pellegrini.

Da quando, all'inizio del IX secolo, si è diffusa la notizia della scoperta della tomba di san Giacomo il Maggiore, la peregrinazione verso Santiago de Compostela non si è mai interrotta (anche se il Cammino ha conosciuto una forte flessione nei secoli XVII-XIX).

Nel 2017, per la prima volta, le persone che si sono messe in cammino - qualcuno per sport, qualcuno per turismo, molti sulle tracce di una ricerca interiore che qui si intesse di silenzio e di grandi spazi di solitudine, ma anche di incontri di una umanità sorprendente - hanno superato quota 300 mila e, nel 2018, 327 mila. Un fiume in piena che non smette di crescere.

Il Cammino, con la sua storia, che è innanzitutto una storia di fede, si offre e appartiene a tutti, a chiunque decida di percorrerlo, per intero o anche solo per un tratto.

Ormai persino nei mesi invernali, quando la natura e il freddo gelano le gambe e i pensieri, c'è qualcuno che bussa alle porte dei rifugi.

Ognuno può scegliere la stagione che più sente propizia.

Nelle pagine che seguono trovate tutto ciò che serve per mettervi in cammino: la descrizione delle singole tappe, gli indirizzi e numeri di telefono degli albergue dove dormire la notte, i suggerimenti per suddividere il percorso a seconda delle proprie forze e del periodo, come raggiungere le tappe di partenza dall'Italia, come prepararsi.

Di anno in anno la guida viene aggiornata: quello che non cambia è il fascino del lungo cammino sulle tracce della storia e di chi ci ha preceduto, un'esperienza personale e collettiva insieme. Anche quando si parte da soli, lungo il cammino non si è mai soli.

Auguro a ognuno questa esperienza di essenzialità e profondità insieme: non conta soltanto la meta, conta ogni singolo passo che porta fin lì, la fedeltà di ogni giorno, l'alzare lo sguardo nei momenti di maggiore fatica, il sentirsi accompagnati da molti. E così tutti ce la possiamo fare. Buon cammino!

Miriam Giovanzana

P.S. Dopo un decennio di restauri, è possibile riammirare il volto policromo del Portico della Gloria, nella catedrale di Santiago. Non perdete l'occasione! (I dettagli a pagina 195.)

A colpo d'occhio

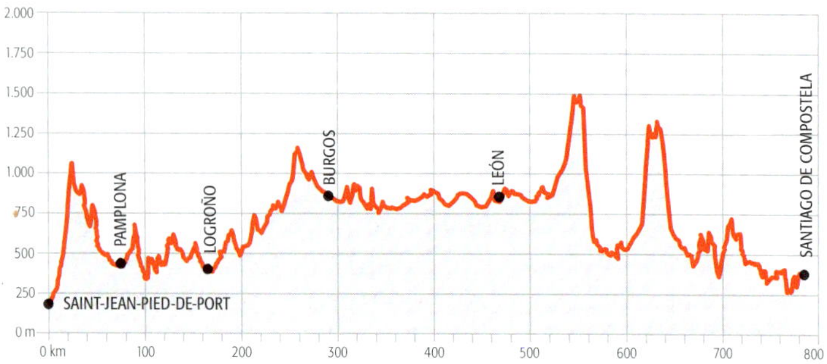

DISTANZA TOTALE

784,8KM

TERRENO

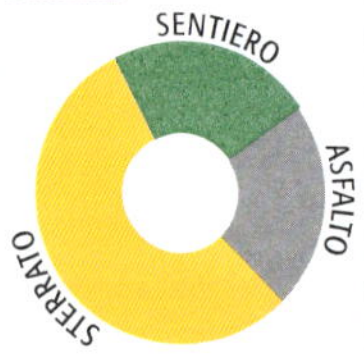

TEMPERATURA E PIOVOSITÀ

Sui Pirenei il clima è alpino e tra ottobre e marzo può nevicare. Le colline e le mesetas dell'interno hanno estati calde e secche, e inverni freddi. Nelle ultime tappe, in Galizia, si incontra il clima fresco e umido tipico delle regioni atlantiche.

Le tappe

TAPPA		KM
1	Saint-Jean-Pied-de-Port → Roncisvalle	26,4
2	Roncisvalle → Zubiri	21,9
3	Zubiri → Pamplona	20,5
4	Pamplona → Puente la Reina	24,3
5	Puente la Reina → Estella	21,3
6	Estella → Los Arcos	21,5
7	Los Arcos → Logroño	27,9
8	Logroño → Nájera	29,1
9	Nájera → Santo Domingo de la Calzada	21,3
10	Santo Domingo de la Calzada → Belorado	22,4
11	Belorado → San Juan de Ortega	23,6
12	San Juan de Ortega → Burgos	27,3
13	Burgos → Hontanas	31,3
14	Hontanas → Frómista	34,5
15	Frómista → Carrión de los Condes	19,1
16	Carrión de los Condes → Terradillos de los Templarios	26,4
17	Terradillos de los Templarios → El Burgo Ranero	31,0

TAPPA		KM
18	El Burgo Ranero → León	37,6
19	León → Villar de Mazarife	21,2
20	Villar de Mazarife → Astorga	31,5
21	Astorga → Rabanal del Camino	20,3
22	Rabanal del Camino → Ponferrada	32,3
23	Ponferrada → Villafranca del Bierzo	23,6
24	Villafranca del Bierzo → O Cebreiro	28,2
25	O Cebreiro → Triacastela	20,9
26	Triacastela → Barbadelo	28,9
27	Barbadelo → Portomarín	18,0
28	Portomarín → Melide	39,6
29	Melide → Pedrouzo (Arca)	33,2
30	Pedrouzo (Arca) → Santiago de Compostela	19,7
F1	Santiago de Compostela → Negreira	21,0
F2	Negreira → Olveiroa	34,1
F3	Olveiroa → Finisterre	35,5
F3ª	Olveiroa → Muxía	32,7
F3ᵇ	Muxía → Finisterre	31,1

I luoghi dell'incontro

Chi cammina verso Santiago percorre una vera "terra di mezzo": una molteplicità di paesaggi, storia, monumenti, emozioni. C'è spazio per la ricerca solitaria ma anche per lasciarsi sorprendere dall'altro.

→ Il valico dei Pirenei

Le prime tappe sono tra le più belle e suggestive: quasi una dolce e lenta introduzione a tutto il Cammino.

← Saint-Jean-Pied-de-Port
Il ponte medievale e la Porte d'Espagne: s'incomincia!

↑ Irache
Poco dopo Estella, l'imponente monastero di Irache (XI-XVI secolo). Accanto c'è la famosa fontana dalla quale sgorga vino.

→ Léon

Una delle città più importanti e più belle del Cammino (fondata dai romani nel I secolo). A lato, la cattedrale, capolavoro del gotico spagnolo. Ma è tutta la città a meritare una visita: in particolare la Basilica di San Isidoro e il Monastero di San Marcos (oggi trasformato in uno splendido parador).

↑ Le mesetas

Gli altopiani tra Burgos e Léon: l'orizzonte si apre a 360 gradi senza incontrare ostacoli; d'estate il colore dominante è quello delle messi.

→ Ponferrada

Fu un importante centro per l'ordine dei Templari, che nel XII-XIII secolo vi costruirono un imponente castello.

→ Santiago de Compostela
La piazza do Obradoiro e la maestosa cattedrale. Dietro il portico della Gloria, ci aspettano le reliquie di san Giacomo il Maggiore.

↓ La cattedrale
La statua di san Giacomo col bordone accoglie i pellegrini sulla facciata principale.

← La verde Galizia

Boschi, sentieri, castagni secolari, piccoli guadi: la Galizia prepara il cuore alla meta e custodisce con cura sentimenti ed emozioni.

↑ Finisterre

L'ultimo lembo di terra. Dove forse i pellegrini raccoglievano le conchiglie che sono diventate il simbolo del pellegrinaggio compostelano.

Scegli il tuo Cammino

La bellezza di questa esperienza è tutta lì: un mese di tempo lungo gli itinerari storici degli antichi pellegrini. Ma se volete, potete comunque assaporarne il fascino ritagliandovi percorsi più brevi. Ecco alcuni suggerimenti.

SE HAI UNA SETTIMANA

1 Un "assaggio" che vale la Compostela

Due possibilità principali: partire dall'inizio per poi completare il Cammino negli anni successivi, o puntare diritto alla meta. In questo caso suggeriamo i 150 km finali (circa), da O Cebreiro a Santiago. Aereo fino a Santiago, poi bus per Piedrafita do Cebreiro (www.alsa.es, 3 ore e mezza, circa 20 €); in 4,6 km si sale a O Cebreiro, da qui si attraversa la Galizia toccando alcuni luoghi simbolo del Cammino (Alto de San Roque, Samos, Portomarín), i boschi, i *cruceiros*... e infine Santiago. Qui, chi ha percorso gli ultimi 100 km a piedi, ha diritto a ricevere la Compostela. Attenzione: è il tratto più affollato del Cammino.

SE HAI DUE SETTIMANE

2 Tutto il Cammino ma in due tempi diversi

A chi ha solo 15 giorni consigliamo di percorrere le prime 12 tappe, pensando poi di riprendere un giorno dal punto in cui ci si è fermati (tenete la stessa Credenziale!) e arrivare fino a Santiago. Questa soluzione non vi fa toccare subito la meta, ma è il modo migliore, a nostro avviso, per entrare nello spirito del Cammino. Si parte da Saint-Jean-Pied-de-Port e si arriva fino alla bellissima Burgos (sono 12 giorni + viaggio a/r dall'Italia). Da Burgos poi ci sono bus frequenti per Madrid aeroporto: 2 ore e mezza di viaggio, circa 18-25 €.

PER LE FAMIGLIE

3 Camminare in coppia o con i figli

C'è chi sceglie il Cammino come viaggio di nozze o per festeggiare l'anniversario, magari con i figli. Bambini e ragazzi sono abbastanza numerosi sul Cammino.
Se siete alla prima esperienza di questo genere vi consigliamo di valutare le tappe tenendo conto dei desideri, del tempo a disposizione, dei caratteri e dell'età dei figli (o del partner), dell'allenamento. Le tappe pirenaiche possono risultare lunghe o difficili per i piccoli; quelle mesetiche, affascinanti per gli adulti, forse sono troppo faticose e troppo uniformi. Per il resto non ci sono difficoltà particolari; fate solo attenzione alla lunghezza delle tappe, che si possono comunque spezzare a seconda delle ospitalità intermedie.
Se dovete scegliere, prendete in considerazione le tappe finali: la meta, oltre a possedere un fascino particolare, offre numerose occasioni anche per i bambini (spettacoli e musei *ad hoc*).

LA NAVARRA E LE MESETAS

4 5 Itinerari tematici

Si può "entrare" o "uscire" dal Cammino con facilità: molte tappe sono infatti ben collegate da autobus con gli aeroporti (Santander, Madrid, Valladolid, Santiago...). Ognuno quindi, con questa guida, può costruire un percorso in base alle proprie disponibilità. Volendo, si possono riconoscere anche alcuni "itinerari regionali", per esempio la Navarra, da Saint Jean a Los Arcos: in 6 tappe si toccano Roncisvalle, Pamplona, l'Alto del Perdón, Puente la Reina, Irache... (Da Los Arcos un bus locale, www.laestellesa.com, porta in breve a Logroño, il punto-tappa successivo, ben servito da bus per diversi aeroporti. Oppure, se avete un giorno in più, potrete andare a piedi.) Se invece desiderate misurarvi con la solitudine e gli ampi orizzonti scegliete le mesetas: da Burgos a León, sempre in 6 tappe. Inizio e arrivo in due città bellissime.

A Santiago!

In questa guida vi proponiamo il Cammino francese, quello che inizia a Saint-Jean-Pied-de-Port, chiamato così perché giunge appunto dalla Francia: il più noto, attrezzato e anche il più battuto dei Cammini; la sua storia, le folle che nei secoli ne hanno calcato i sentieri sono un pezzo importante delle vicende spirituali e sociali del continente europeo e della costruzione della sua unità politica.

Nelle pagine che seguono, trovate tutte le informazioni che servono per partire e camminare: con la descrizione tappa per tappa, gli albergue, i monumenti e i luoghi da non perdere.

In più ci sono le 3-4 tappe per arrivare a Finisterre e a Muxía, lì dove un tempo finiva il mondo conosciuto, sull'oceano Atlantico.

Esistono altri Cammini storici che giungono a Santiago: in particolare il Cammino del Nord, lungo la costa settentrionale, più selvaggio; quello della Via della Plata, la via dell'argento, che inizia a Siviglia in Andalusia; il Portoghese, e poi una serie di Cammini minori; a ognuno di questi Cammini Terre di mezzo ha dedicato guide specifiche.

Il Cammino francese

Il Cammino francese non presenta difficoltà tecniche vere e proprie: la nostra scala di difficoltà tiene conto soprattutto della lunghezza e del dislivello totale della tappa. Ma tale scala va considerata tutt'altro che oggettiva: la durezza di una tappa dipende da fattori diversi, a cominciare dalla stagione in cui si cammina e dalle condizioni meteo del giorno: se piove, anche un percorso breve, in mezzo ai boschi, può risultare faticoso per il fango; viceversa, d'estate, la sete e il caldo possono prosciugare più velocemente le forze, in particolare nei tratti senza ombra. In più, molto dipende dalla condizione fisica e interiore di chi cammina.

Per ogni tappa abbiamo indicato i chilometri, il profilo altimetrico, i dislivelli e il tempo di percorrenza, immaginando che, trattandosi di un percorso mediamente ondulato e da compiere con lo zaino in spalla, il nostro lettore possa percorrere una media di circa 4 chilometri l'ora. Se siete più veloci o più lenti ricalcolate voi i tempi.

Il Cammino francese è suddiviso abbastanza tradizionalmente in 30 tappe e in 30 giorni, ma ognuno può scegliere dove fermarsi per la notte e suddividere quindi il percorso in tappe personalizzate. Dal confine francese a Finisterre ci sono oltre 500 albergue a basso prezzo (dall'offerta libera ai 18 euro circa per notte): in ognuno si può arrivare e pernottare senza prenotazione, disegnando così giorno per giorno un percorso a misura delle proprie forze.

Il percorso

Al Cammino francese si accede valicando due passi pirenaici: quello di Roncisvalle o quello del Somport. I due tratti iniziali, chiamati Cam-

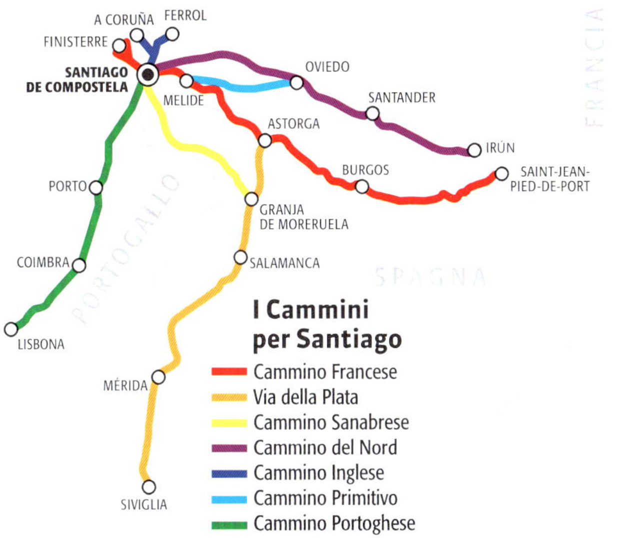

mino navarro (da Roncisvalle) e Cammino aragonese (dal Somport), si riunificano a Puente la Reina in un unico Cammino.

In questa guida trovate descritto e analizzato il Cammino francese nella sua integralità partendo dal versante francese dei Pirenei (da Saint-Jean-Pied-de-Port) con l'ingresso in Spagna da Roncisvalle. Per il Cammino aragonese trovate alcune informazioni sul sito percorsiditerre.it.

Lungo il percorso si incontrano veri e propri tesori d'arte e di cultura, in particolare nelle città storiche del Cammino tra le quali vanno ricordate, oltre naturalmente a Santiago, anche Pamplona, Logroño, Burgos e León.

I paesaggi e il clima sono molto diversi tra loro, trattandosi di un percorso che copre circa 800 chilometri: si passa da zone molto umide e boscose (come la Navarra pirenaica, il Bierzo e la Galizia, quest'ultima a clima atlantico), a zone secche, desertico-continentali, con notevoli escursioni termiche (come l'altopiano mesetico della Castiglia-León).

Le frecce gialle e gli hospitaleros

La rotta jacopea è segnalata da frecce gialle o conchiglie in tutte le fogge, che accompagnano il pellegrino dall'inizio alla fine. Le frecce gialle, ormai famosissime e simbolo del Cammino, sono un'invenzione recente: i primi a usare questo tipo di segnale sono stati (verso gli anni Ottanta) Eliás Valiña (storico parroco del Cebreiro, scomparso nel 1989) e Andrés Muñoz (presidente dell'Asociación de Amigos del Camino de Navarra). Se il Cammino oggi è rinato agli antichi splendori lo dobbiamo a gente così, che ha dedicato buona parte dell'esistenza a rivitalizzare il pellegrinaggio verso Santiago. La loro opera ora è continuata da tanti e tanti volontari che si alternano nei rifugi come "hospitaleros": si tratta di spagnoli e, in casi sempre più frequenti, anche di uomini e donne di tutta Europa, che hanno magari compiuto in anni passati il Cammino e adesso mettono a disposizione una settimana, 15 giorni o un mese delle loro ferie per mantenere aperto un rifugio o per assicurare l'accoglienza dei pellegrini.

Attenzione: il Cammino è ormai ben segnalato in tutte le tappe. Talvolta però le frecce gialle possono essere state cancellate dal tempo (su un albero, una pietra) o da lavori in corso (per esempio dall'asfalto di una strada appena rifatta). In questi casi non perdetevi d'animo ed eventualmente chiedete.

Dormire e mangiare: gli albergue

Negli ultimi anni gli ostelli e le pensioni sul Cammino francese sono velocemente raddoppiati, segno del tumultuoso successo di questa via di pellegrinaggio. La Spagna intera ha fatto dei Cammini verso Santiago uno dei motivi di punta della sua promozione turistica all'estero. Lungo il Cammino francese ci sono oltre 500 albergue: alcune di queste strutture (ormai in minoranza, ma ben distribuite lungo il Cammino) sono di proprietà pubblica, o appartengono a parrocchie, ordini religiosi, associazioni varie; il resto è di privati. Da qui in avanti li chiameremo "albergue": si tratta di edifici che hanno letti a castello in stanze o dormitori (sono così anche i cosiddetti "albergue turistici", leggermente più costosi, tra 10 e 18 euro). Alcuni (quelli in Galizia per esempio, o alcuni di quelli a conduzione privata) forniscono, comprese nel prezzo, le lenzuola di carta monouso, oltre alle coperte, là dove necessario; nella maggioranza dei casi bisogna avere invece un sacco a pelo o un sacco letto propri.

Alcuni dei rifugi attuali sono hospitales storici del Cammino: per esempio la Collegiata di Roncisvalle, il monastero di san Juan de Ortega o quello di Samos; in altri casi l'antico hospital è diventato un *parador*, uno degli hotel superlusso della rete spagnola delle dimore storiche, come a Santo Domingo o a Santiago.

Come scegliere l'albergue? Va detto che uno degli aspetti più belli del pellegrinaggio è che si parte e ci si affida alla provvidenza di Dio e degli uomini: non è necessario pianificare il viaggio o prenotare per la notte (anche se ormai, gran parte degli albergue privati accetta anche prenotazioni). Nessuno può sapere, viaggiando a piedi, se ci sarà bisogno di accorciare una tappa (per la stanchezza, o un problema fisico) o se invece, una volta preso il ritmo, si potranno anche percorrere 35-40 chilometri in un giorno (dopo un mese di cammino succede). Davvero, meglio mettersi nello spirito del pellegrinaggio; questo comporta ovviamente una certa dose di adattamento: si dorme in genere in camerate comuni, e i vicini di letto possono essere più o meno rumorosi. Attenzione negli albergue "pubblici": l'orario di rientro (e di partenza la mattina) è abbastanza rigoroso. Se dopo cena tardate, rischiate di restare fuori.

Uno dei tipici segnali del Cammino: il cippo con la conchiglia e la flecha amarilla.

Un altro elemento distintivo tra rifugi, albergue e pensioni è la qualità dell'accoglienza: là dove ci sono rifugi o albergue gestiti da volontari si può fare l'esperienza della condivisione semplice; in alcuni di questi albergue resiste ancora la tradizione del "donativo": non c'è prezzo per la notte, e ognuno lascia quello che può e vuole (ma non siate tirchi!). Spesso si può cenare insieme e, se si tratta di parrocchie o di comunità religiose, si può condividere un momento di preghiera e/o di conversazione fraterna.

Ancora: nello scegliere dove fermarvi tenete conto della possibilità o meno di cucinare. Un tempo quasi tutti i rifugi erano dotati di cucina e stoviglie e anche di alcuni alimenti di prima necessità (olio, sale, zucchero...). Ora poco più che un albergue su due offre l'uso della cucina (e fate attenzione in Galizia: quasi tutti i rifugi della giunta, alcuni anche molto belli, dispongono di cucine moderne ma di nessuna stoviglia: né una pentola né un piatto!). Cucinare la sera in rifugio è un modo per stare con gli amici, ricreare un'atmosfera familiare, condividere tradizioni culinarie e anche risparmiare. Anche se lungo tutto il Cammino ci sono ristoranti dove con circa 10 € (un po' più cari nelle città e, in particolare, a Santiago) si mangia bene e abbondante (*menu del día*). I bar-ristorante sono spesso all'interno degli stessi albergue. A volte l'albergue ha una cucina dove vengono preparate la cena (circa 9-12 €) e la colazione (circa 3 €). Nella guida è indicata la possibilità di usufruire di questi pasti (il prezzo non è incluso nel pernottamento, a meno che non sia specificato). In alcuni casi anche i pasti sono a donativo.

Gli albergue sono dotati quasi tutti di lavatrici a pagamento (da 3 a 5 €) e molti hanno anche le asciugatrici (anche queste da 3 a 5 €: utili d'inverno e in caso di pioggia o brutto tempo). Quasi tutti, soprattutto i privati, hanno anche wi-fi e internet (talvolta a pagamento).

Conchiglie, zucche e bastoni, simboli tradizionali del Cammino di Santiago.

In questa guida trovate gli albergue pubblici, quelli gestiti dalle parrocchie o da ordini religiosi, quelli degli Amici del Cammino (o di altre associazioni di volontariato), quelli privati o turistici, sorti *ad hoc* per i pellegrini. Circa metà di queste strutture sono aperte tutto l'anno: il resto apre in genere dalla Settimana Santa fino alla fine di ottobre/inizio di novembre. In questa guida, se non è indicato espressamente il periodo di apertura (o di chiusura), si tratta di strutture che restano aperte tutto l'anno. Nel caso di albergue pubblici, di associazioni o di parrocchie, chiusi magari nei mesi freddi, è possibile chiedere le chiavi in paese (è un bel rito) e godere del sentirsi un po' come a casa propria.

I giudizi sul tipo di accoglienza che si riceve possono anche essere molto diversi: dipende dagli hospitaleros che gestiscono in quel momento l'albergue (volontari o no, esperti del Cammino o no, gentili o no), dallo stato d'animo di chi arriva e dal periodo (affollato o più tranquillo). In ogni caso consigliamo la pazienza: quel che si riceve è spesso frutto degli sforzi gratuiti di molti volontari.

Oltre agli albergue segnalati nella guida, in questi anni sono sorti e si sono sviluppati, proprio a seguito del successo del Cammino, numerosissimi hostal, hotel (piccoli e grandi), pensioni, case rurali e agriturismi che affittano stanze. Non li abbiamo indicati analiticamente, ma possono essere una risorsa nei periodi di maggior affollamento, o se ci si vuole concedere una notte in una stanza vera, con bagno privato e lenzuola. Naturalmente sono più costosi degli albergue per i pellegrini (per risparmiare potete eventualmente chiedere la camera doppia).

Nei mesi estivi, inoltre, proprio per far fronte al gran numero di persone, molti paesi e città lungo il Cammino aprono le palestre e i palazzetti dello sport, o strutture temporanee (tende o prefabbricati): insomma, un tetto sotto cui stendere il proprio sacco a pelo lo si trova sempre.

I dati sugli albergue di questa guida sono stati aggiornati. Attenzione però: numeri di telefono (soprattutto i cellulari), periodi di apertura, servizi e qualità dell'accoglienza sono in continua evoluzione e possono cambiare di anno in anno. Prima di decidere di fermarvi per la notte, date un'occhiata!

Santiago, la storia

La storia - e in parte la tradizione e la leggenda - di Santiago de Compostela affondano le radici nell'epoca apostolica: dopo la morte e la resurrezione di Gesù, infatti, gli apostoli che l'hanno seguito si disperdono ad "annunciare il Vangelo fino ai confini della terra". Secondo la tradizione l'apostolo Giacomo il Maggiore arriva nella penisola iberica, attraversa l'Andalusia e giunge fino alla remota, celtica Galizia.

Ritornato in Palestina, muore martire, primo tra gli apostoli, decapitato nel 42 o nel 44 - la data non è certa - da Erode Agrippa.

I suoi discepoli, Teodoro e Atanasio, ne trafugano il corpo, lo trasportano su una barca (il *Codex Calixtinus* dice "su una barca di pietra") nuovamente in Galizia, fino a Iria Flavia, il porto romano più importante della zona, per poi seppellirlo nel vicino bosco "Liberum Donum", dove erigono un altare su un'arca marmorea. Così il corpo dell'apostolo torna nelle terre che lo avevano visto all'opera come annunciatore del Vangelo.

Passano i secoli, durante i quali, anche a causa di persecuzioni e proibizioni di visitare il luogo, la tomba viene dimenticata e se ne perdono le tracce. Intanto, all'inizio dell'VIII secolo, gli arabi (e berberi del Nord Africa convertiti all'islam) invadono la penisola iberica, conquistandola quasi tutta nel nome di Allah e minacciando il resto d'Europa: all'epoca sembrano inarrestabili.

La loro forza è l'unità; invece gli sparuti regni cristiani del Nord della Spagna - anche quelli non ancora invasi (protetti dalla natura ostile dei territori) - pensano più a guerreggiare tra loro che a fronteggiare organizzati il comune nemico. In questa realtà geopolitica confusa, intorno all'anno 813 nella remota e dimenticata Gaellecia (Galizia), l'eremita e pastore Pelayo comincia a vedere ogni notte, sul monte Libradón, delle misteriose luci sul tumulo di un campo (da questo forse deriva il nome di Compostela, *campus stellae*).

Gli appare quindi in sogno l'apostolo Giacomo che lo invita a scavare lì per riportare alla luce il suo sepolcro. Pelayo informa Teodomiro, vescovo di Iria Flavia, che dà ordine di cercare sul monte; durante i lavori viene alla luce un'arca di marmo nella quale si trovano i resti di un uomo decapitato. Si grida al miracolo e la notizia della scoperta della tomba di san Giacomo comincia a diffondersi.

Alfonso II El Casto, re delle Asturie e di Galizia, informa del ritrovamento Papa Leone III, Carlo Magno e altri importanti personaggi dell'epoca, e fa erigere una prima chiesa sopra il sepolcro, intorno alla quale si sviluppa un piccolo borgo.

Sono gli albori di Santiago (san Giacomo in spagnolo) de Compostela, la terza città santa della cristianità, dopo Gerusalemme e Roma

Antica benedizione del pellegrino

O Dio, che portasti fuori il tuo servo Abramo
dalla città di Ur dei Caldei, proteggendolo
in tutte le sue peregrinazioni, e che fosti la guida
del popolo ebreo attraverso il deserto,
ti chiediamo di custodirci, noi tuoi servi,
che per amore del tuo nome andiamo pellegrini
a Santiago de Compostela.
Sii per noi compagno nella marcia, guida nelle difficoltà,
sollievo nella fatica, difesa nel pericolo,
rifugio nel Cammino, ombra nel calore,
luce nell'oscurità,
conforto nello scoraggiamento e fermezza nei nostri propositi
perché, con la tua guida, giungiamo sani e salvi al termine del Cammino
e, arricchiti di grazia e di virtù, torniamo illesi alle nostre case,
pieni di salute e di perenne allegria e pace.
Per Cristo nostro Signore. Amen.
San Giacomo, apostolo di Gesù, prega per noi.
Maria, madre di Dio, prega per noi.

(Dante, nella Vita Nuova spiega che "pellegrino" è propriamente colui che si reca in Galizia alla tomba dell'apostolo): inizia così il pellegrinaggio da tutta l'Europa cristiana. La tomba di san Giacomo significa per la Spagna e per l'Europa l'identificazione di un forte simbolo comune per il quale e a partire dal quale fronteggiare l'invasione musulmana.

Santiago finisce col rappresentare la speranza alla quale aggrapparsi. I deboli regni cristiani di Spagna ancora indipendenti, fino a quel momento assolutamente sfiduciati e impotenti di fronte all'avanzare degli eserciti islamici, riconoscono in quella scoperta un segno divino e il segnale del possibile riscatto.

Nel nome di san Giacomo protettore della cristianità è possibile riunire tutte le forze e iniziare quella "Reconquista" che durerà secoli. La fama di san Giacomo, patrono di Spagna, aumenta in seguito ad altri fatti miracolosi: si narra per esempio che in alcune battaglie, ormai perdute, egli sia apparso su un bianco destriero alla testa delle truppe cristiane, ribaltando così l'esito della lotta e sbaragliando gli arabi stupefatti. Da questo deriva l'appellativo di Santiago Matamoros ("che uccide i mori").

Tra queste battaglie, la più nota è quella di Clavijo (nei pressi di Logroño), avvenuta il 23 maggio 844.

P.S. La prima "guida" al Cammino di Santiago è quella scritta nel 1139 da Aimery Picaud, contenuta nel V libro del *Codex Calixtinus* (testo così chiamato perché se ne fa risalire la paternità a Papa Callisto II). Fra i più illustri pellegrini a Santiago c'è stato probabilmente san Francesco d'Assisi (attorno al 1213-15).

Buon cammino!

La conchiglia e il bastone

Simbolo del pellegrinaggio verso Santiago de Compostela diventa ben presto la *concha*, la "conchiglia" (detta anche, in Spagna, *vieira*) e in particolare quella che noi chiamiamo cappasanta.

Probabilmente i primi pellegrini, dopo Santiago, raggiungevano Finisterre, luogo ancora oggi di grande suggestione e fascino: lì la costa sprofonda nell'oceano e lì anticamente si credeva che finisse il mondo a Occidente. Forse proprio su queste spiagge si raccoglievano le conchiglie che poi venivano riportate nei luoghi d'origine come prova dell'avvenuto pellegrinaggio. Da allora la conchiglia è il segno del pellegrino verso Santiago: tutta la segnaletica (a parte le frecce dipinte a mano con la vernice gialla sui sassi, sui sentieri, sui marciapiedi e persino sui semafori delle città) contiene questo simbolo.

Molti pellegrini appendono una conchiglia allo zaino fin dall'inizio del loro viaggio. L'altro segno tradizionale del pellegrino è il bastone (bordone) che, oltre ad aiutare nelle discese e a dare un ritmo al passo, può risultare utile contro eventuali cani randagi malintenzionati.

La lingua del Cammino

La lingua dei territori attraversati è lo spagnolo (castigliano) con la presenza di lingue autonome in Navarra (basco) e Galizia (galego). In quest'ultima regione il galiziano è parlato dalla quasi totalità degli abitanti: foneticamente è più simile al portoghese che allo spagnolo.

Ma va detto che il Cammino (almeno per quel che riguarda i pellegrini) ha una sua lingua, un misto di spagnolo, francese, inglese, tedesco, portoghese, italiano, insomma di tutte le lingue della gente in cammino: niente paura, nessuno si è mai sentito solo o si è confuso per questa Babele, anzi!

Festa di san Giacomo il 25 luglio

La festa liturgica di san Giacomo cade il 25 luglio: in Spagna è festa nazionale, essendo Santiago il protettore del Paese. Convergono in quel giorno a Compostela le autorità della regione e della Spagna e, ovviamente, moltissimi visitatori, turisti e pellegrini. La festa dura tutto il giorno.

Dal XII secolo, quando il 25 luglio coincide con la domenica, la Chiesa locale proclama l'anno santo compostelano; il privilegio risale a Papa Callisto II. Per tutto il corso dell'anno santo, la Porta santa, posta dietro l'abside, verso praza da Quintana, rimane aperta. Attenzione: negli anni santi i pellegrini (di un giorno o di un mese) verso Santiago sono ancora più numerosi. L'ultimo anno santo compostelano si è celebrato nel 2010, il prossimo sarà nel 2021.

Il galateo del Cammino

Sul Cammino, dicono gli esperti, non si è mai soli, anche quando intorno non si vede nessuno. In un certo senso il Cammino insegna a pensarsi insieme: bisogna cogliere questa lezione, e lasciarsi educare giorno per giorno. Così s'impara ad avere cura di quelli che s'incrociano per via e di quelli che arriveranno dopo, anche se non li si conoscerà mai; e si intuisce che altri, che ci hanno preceduto, hanno avuto cura di noi.

C'è un galateo del Cammino? Certamente sì. Qui indichiamo alcune semplici norme di comportamento.

Se siete dei pellegrini imparerete presto ad apprezzare l'ospitalità. Quindi, all'ingresso dei rifugi, togliete o ripulite gli scarponi inzaccherati di fango.

In doccia e nei lavatoi: quando avete finito non dovete proprio lucidare le piastrelle ma almeno lasciate pulito e in buon ordine per gli altri. Occhio all'acqua calda: alcuni rifugi hanno ancora scaldabagni elettrici, quindi i primi sono fortunati e gli altri rischiano di avere solo acqua fredda. Siate parsimoniosi nell'uso dell'acqua calda.

Nella cucina degli albergue retti da volontari troverete in genere zucchero, sale, olio e aceto, e spesso pasta o riso. Li hanno lasciati altri pellegrini prima di voi. Usateli pure liberamente ma cercate di rimpinguare le riserve là dove è necessario (per esempio una bottiglia d'olio che, una volta acquistata e usata per una sera, non potrete certo portarvi via; lo stesso dicasi per lo zucchero, il latte, la pasta, i pelati, i tovaglioli di carta...).

Ovviamente lavate, asciugate e riponete stoviglie e posate.

La sera, se arrivate o rientrate tardi, non accendete la luce nelle camerate dopo le ore 22-22.30; alcuni pellegrini amano partire molto presto al mattino e non è giusto disturbarne il sonno. Utilizzate in questo caso una pila portatile.

Al contrario, se ci si alza molto presto al mattino, è bene preparare lo zaino la sera prima; non c'è cosa peggiore per chi vuol dormire ancora un po' che sentire confusione o sfrigolare sacchetti di plastica (nei quali spesso si dividono gli indumenti) o vedere una luce accesa improvvisamente.

Sia che cerchiate il silenzio, sia che siate dei chiacchieroni, lungo il Cammino non ostinatevi a conversare o ad accompagnarvi con chi, incontrato e salutato, dimostra di voler essere lasciato solo. Prima o poi una giornata in cui si desidera la solitudine capita a tutti.

Se siete in difficoltà, in moltissimi rifugi ci sono i riferimenti per il servizio taxi della zona e per il servizio di trasporto degli zaini (da rifugio a rifugio, con un costo di circa 5-7 euro).

Importante, per chi viaggia in gruppo con auto (o pullman) d'appoggio per i bagagli: da alcuni anni sono aumentati i gruppi, provenienti anche dall'Italia, che percorrono solo alcune tappe del Cammino e che affidano gli zaini a un'auto o al pullman al seguito. Spesso costoro rischiano di "esaurire" i posti negli albergue e nei

EUNATE. *L'ermita di Santa Maria, uno dei luoghi più suggestivi del Cammino.*

rifugi (nei quali, in genere, arrivano prima degli altri, visto che camminano senza zaino). Costoro pensino che i letti sono prima riservati ai "poveri Cristi" che camminano da più tempo e senza nessuna opportunità di appoggio esterno e poi, se c'è ancora posto, agli altri. È una regola di precedenza che nessuno impone ma che dovrebbe essere evidente per tutti. Se quindi pensate di partire con un gruppo numeroso, o con un mezzo di trasporto al seguito, attrezzatevi anche con delle tende: potrete accamparvi nei pressi dei rifugi senza problemi per gli altri che peregrinano magari solitari. Oppure organizzatevi in modo da farvi ospitare presso palestre, impianti sportivi o scuole, spazi municipali, saloni parrocchiali (più facile ottenere questo tipo di ospitalità in estate quando le attività di competenza sono ferme).

Infine, negli albergue gestiti da volontari, tenete conto che "a donativo" non vuol dire "gratis": lasciando un'offerta dignitosa permettiamo a queste strutture di continuare a sopravvivere.

Un'ultima raccomandazione: per il grande afflusso di persone il Cammino è a rischio... immondizia. Ovunque troverete volantini e cartelli che vi invitano a non abbandonare rifiuti lungo il percorso. Quando si è in tanti anche la buccia di una banana (di per sé biodegradabile) fa la differenza.

In sintesi, la cosa più importante è questa: rispettare sempre gli altri, chiunque essi siano, come noi vorremmo essere rispettati. Il Cammino è una efficace scuola di pazienza e sensibilità che può insegnare molto anche per la vita quotidiana. Se lo si intraprende con spirito di ricerca, può aprire il cuore di ciascuno verso nuovi orizzonti.

La Confraternita di San Jacopo di Compostella

Per avere maggiori informazioni sul Cammino (e per conoscere altri pellegrini) in Italia ci si può rivolgere alla Confraternita di San Jacopo di Compostella: la Confraternita è stata fondata a Perugia il 29 settembre 1981 da un gruppo di pellegrini che intendevano mantenere il ricordo del loro pellegrinaggio a Santiago e recuperare la tradizione di una precedente confraternita compostelana presente in città fin dal Trecento. Nel 1987 ha ottenuto il riconoscimento ecclesiastico; dagli anni Novanta si occupa di accoglienza sul Cammino di Santiago (Hospital de San Nicolás, Puente Fitero) e anche sulla Francigena (Radicofani, Abbadia a Isola, Perugia e Roma), oltre che a Perugia, Assisi e Gerusalemme.

Le finalità della Confraternita sono quelle di promuovere il culto dell'apostolo Giacomo e la pratica del pellegrinaggio. È alla Confraternita che, in Italia, ci si rivolge storicamente per richiede la Credenziale. Per info: www.confraternitadisanjacopo.it.

Come leggere questa guida

Questa guida è stata scritta per accompagnarvi sul Cammino.

Informazioni, percorsi, prezzi e albergue sono aggiornati, ma in ogni rifugio chiedete comunque informazioni sulle tappe successive (rifugi aperti o chiusi e ultime novità).

Abbiamo cercato di ridurre al minimo le descrizioni e, così, il numero di pagine in modo da non appesantire lo zaino. Abbiamo quindi scritto tutto ciò che ci sembrava essenziale, e solo quello: perdonateci per quel che abbiamo dimenticato (o che, nel frattempo, è cambiato).

Se però avete tra le mani questa guida siamo sicuri di aver contribuito alla diffusione della conoscenza del Cammino anche in Italia. E quindi abbiamo iniziato a "saldare" in qualche modo il debito di gratitudine e bellezza contratto nel nostro peregrinare *ad limina Sancti Jacobi*.

A tutti di cuore un grande augurio di buon cammino!

IL CAMMINO: ISTRUZIONI PER L'USO

Prima di partire

Quanto tempo: un mese, 15 giorni o una settimana

Per percorrere a piedi i circa 800 km che da Saint Jean conducono a Santiago sono necessari 30 giorni. E infatti questa guida è scandita in 30 tappe (a cui si aggiungono le tre tappe - quattro con la variante a Muxía - per giungere a piedi anche a Finisterre). Se però avete meno giorni a disposizione, potete decidere di percorrere solo un tratto del Cammino (vedi anche pag. 12-13). Molti optano per gli ultimi 100-120 chilometri prima di Santiago (così da poter ricevere comunque la Compostela, cioè l'attestato ufficiale del pellegrinaggio); altri partono da Saint-Jean-Pied-de-Port, camminano fin dove possono e l'anno successivo, o in un'altra occasione, ripartono da lì e arrivano fino alla meta. In ogni caso, per decidere, tenete conto che il fascino del Cammino verso Santiago è proprio la sua durata, la possibilità di vivere per un lungo tratto di tempo - non solo per qualche giorno - un'esperienza fuori dai ritmi e dagli spazi della normalità, dove tornano a prendere senso e gusto i gesti ordinari del mangiare e del bere, del sostare, del lento e tenace avvicinarsi alla meta, degli incontri gratuiti e inaspettati. Alcuni consigli per chi sceglie di compiere un solo tratto del Cammino: prima di tutto, partite sempre con la Credenziale in tasca, altrimenti rischiate di non trovarla. Se decidete per gli ultimi 100 chilometri e se il periodo è quello di maggio-settembre, cioè quello più affollato, rischiate di non sperimentare la caratteristica essenziale del Cammino, la sua dimensione più solitaria. Allora, se proprio non potete fare altro, ricavatevi qualche tappa *ad hoc*, magari sostando per la notte in qualche piccola località, o in qualche rifugio minore, spezzando e ricomponendo le tappe secondo una scansione più personale. Ricordate che se optate per percorrere solo gli ultimi 100 chilometri prima di Santiago è bene che vi facciate timbrare la Credenziale subito alla partenza, e in un paio di località al giorno nelle tappe successive: sarà più facile dimostrare l'avvenuto pellegrinaggio a piedi all'Ufficio del pellegrino una volta giunti a Santiago e chiedere la Compostela.
In ogni caso, non fatevi prendere dalla fretta: il Cammino non è mai una corsa. Trovate il vostro passo e godetevi ogni giornata: la meta infatti è il Cammino stesso.

La lunghezza delle tappe

Nessuno si scoraggi. Ognuno trova presto il proprio passo. L'importante è non strafare (ma vedrete che non è solo una questione di fisico: i momenti duri prima o poi

Quando partire

Il Cammino, volendo, può essere percorso durante tutto l'anno. In realtà, i mesi da maggio a settembre sono quelli preferiti dai pellegrini di oggi. Questo comporta spesso gran folla lungo la rotta e nei rifugi veri e propri (per questo si attrezzano d'estate locali comunali, scuole e palestre). Chi, più ardito, va cercando il vero spirito del pellegrino medievale, può scegliere l'autunno o l'inverno (molto duro per la verità): i rifugi sono praticamente vuoti ma bisogna fare i conti con fango, neve, pioggia, freddo e meno ore di luce a disposizione. Nel 2017 i mesi più affollati sono stati, nell'ordine: agosto, luglio, settembre, giugno, maggio e ottobre. Se potete scegliere, regolatevi di conseguenza.

ALTO DEL PERDÓN. *Il celebre monumento al pellegrino.*

capitano a tutti; ci vuole cuore e, come succede anche nella vita, magari il sostegno di un compagno di viaggio, per andare avanti e non lasciarsi prendere da un attimo di sconforto o dallo spavento per un dolore). Il Cammino insegna. Bastano due tappe e ne saprete più di tutto quel che c'è scritto su questa guida. Fidatevi e affidatevi: come dice un antico adagio, il Cammino si apre camminando e vive della vostra capacità di vedere e di osservare, del silenzio grato di chi ascolta, dell'umiltà di chi domanda quello di cui ha bisogno. E della pazienza. Come già indicato, la suddivisione delle tappe descritte in questa guida, è solo indicativa: non sentitevi obbligati a seguirla per filo e per segno.

Come prepararsi

Se uno è già un buon camminatore o un escursionista, non ci sono problemi. Al contrario, se non si è mai camminato su lunghe distanze, affrontare 800 o più chilometri a piedi è un po' da temerari. Conviene in questo caso allenarsi durante i mesi precedenti la partenza, percorrendo distanze sempre più ampie, meglio se con lo zaino e le calzature che si pensa di utilizzare sul Cammino. Il problema non sono infatti le singole tappe: 20-25 chilometri (come media giornaliera) sono alla portata di tutti (e rimarrete stupiti delle risorse di ognuno). Semmai la difficoltà è che non si tratta di affrontare un'escursione di uno o due giorni, ma di mettersi in marcia ogni santo giorno, con ogni tipo di tempo e, soprattutto, con uno zaino di 10-12 chili sulle spalle (un po' più leggero d'estate).
Un altro modo per prepararsi è quello di leggere qualche buon libro sul Cammino: in calce a questo capitolo, trovate i nostri consigli.
Il Cammino a piedi verso Santiago de Compostela non è per supereroi, ma per gente normale. Per partire basta davvero poco: dei buoni scarponi, o calzature da trekking, uno zaino e alcune informazioni. Non è necessaria nessuna prenotazione: alla fine di ogni tappa vi aspetta un albergue, quasi sempre con letti a castello, acqua calda, bagni e uso cucina.

La fame e la sete

Per mangiare in genere ci si regola così: a mezzogiorno pranzo al sacco con panini

e un po' di frutta che si compera nei negozi lungo la via (nella guida abbiamo cercato di segnalare le tappe dove bisogna fare provviste prima di partire perché non si incontrano paesi o negozi di alimentari); alla sera, cena autopreparata nelle cucine dei rifugi oppure con le gambe sotto il tavolo nei moltissimi ristorantini o *posadas* che offrono i menu del pellegrino, o "menu del día": con circa 10 € si possono fare cene abbondanti (anche se il menu del día diventa presto monotono). Spesso preparano cena e colazione anche negli albergue.
Sempre meglio avere nello zaino anche qualcosa (del pane, dei biscotti o della frutta - anche secca - o un po' di formaggio) per spezzare la fame o, se necessario, per far fronte a qualche bar o negozio inaspettatamente chiuso.
Si tenga conto che, soprattutto nelle zone più isolate, molti negozi aperti d'estate non lo sono nel resto dell'anno.
Nessuna paura però: sono secoli che nessuno muore di fame sul Cammino! Avanti con tranquillità, dunque, e senza appesantire lo zaino di inutili provviste.

Quanto si spende

Dipende dal tipo di pellegrinare che si ha in mente. Il cammino a piedi è già una scelta di vita semplificata, per meglio dire semplice: quel che consigliamo è di vivere tutto in questo spirito, un po' come gli antichi pellegrini. Considerando di dormire sempre in albergue, la spesa media per notte è di 8 €; a questo vanno aggiunti il costo della colazione (2-4 €), il pranzo al sacco e la cena. Diciamo che la spesa media è di circa 30 € al giorno. Qualcosa di meno se vi concedete pochi menu del día e nessun extra. Un po' di più se pensate di dormire in qualche rifugio privato (e/o pensioni) o di frequentare assiduamente bar e ristoranti con i compagni di viaggio.

Zaino ed equipaggiamento

Per un mese, alimentari a parte, vivrete di ciò che vi portate sulle spalle.
Ma se esagerate nel peso, ne morirete.
Potrebbe essere sintetizzato così lo "zaino-pensiero". Ognuno ha il suo fisico, le sue esigenze e le cose a cui è più affezionato; in ogni caso cercate di non superare mai i 10-12 chili di zaino (o finirete, come succede spesso, per rispedire a casa le cose superflue con un pacco postale da Pamplona o da qualche altra città). Viaggiando in estate il peso ideale potrebbe essere di 7-9 chili.
Il di più potrebbe essere fatale a qualche tricipite o a un insospettato tendine della gamba. Il peso dello zaino è elemento determinante, ricordatelo: portate con voi solo l'indispensabile (è incredibile la quantità di cose di cui si può fare a meno nella vita!).
Rifacendo lo zaino ogni giorno ricordatevi poi di mettere le cose più pesanti in fondo e verso la parte più vicina al corpo.
Suddividete vestiti e oggetti in sacchetti impermeabili: se piove non si bagneranno e avrete sempre un cambio asciutto (usate la stessa accortezza per documenti e oggetti personali).
Ecco un esempio di equipaggiamento estivo: tre magliette di cotone, tre paia di mutande, due o tre paia di calze robuste di cotone (tubolari), un pantalone corto, uno lungo, una maglia (pile leggero) o felpa per i giorni di montagna, un pigiama o meglio ancora una tuta leggera per le notti più fresche, una cerata con cappuccio che copra anche lo zaino in caso di temporale, un cappello per il sole, un sacchetto di plastica per la roba umida (di quelli che non scrocchiano, per favore), sandali leggeri o comunque una seconda calzatura per riposare i piedi (se i sandali sono di gomma possono andar bene anche sotto la doccia), un asciugamano. Utile anche un costume da bagno.
Indipendentemente dalla stagione è bene portarsi un coltellino multiuso (tipo svizzero) e la borraccia, oppure

Le scarpe

Le calzature sono il pezzo fondamentale dell'equipaggiamento. L'ideale sono scarponi da trekking, con suola robusta e a carrarmato a proteggere il piede da colpi e pietre. D'estate è sufficiente una pedula leggera; d'inverno è meglio una scarpa più robusta con rinforzi in pelle o goretex, che isolino i piedi dall'acqua e dal fango. Mai partire con scarponi nuovi, è la miglior garanzia per farsi venire le vesciche (*ampollas*).
Molti, nella bella stagione, camminano con i sandali da trekking: sono comodi e resistenti (al limite, come i tedeschi, si possono usare con le calze, che proteggono un po' i piedi). Come detto, portatevi anche un paio di sandali o di scarpe leggere da usare la sera in rifugio (e per visitare le città).
Se potete permettervi qualche spesa in più vi consigliamo di investire in un paio di magliette e due paia di calze: i nuovi tessuti tecnologici consentono infatti meraviglie (e hanno ormai prezzi abbordabili). Si tratta di tessuti che mantengono il corpo (e anche i piedi) abbastanza asciutti e che, una volta lavati, asciugano molto in fretta. Anche un paio di ghette (in caso di pioggia) possono essere utili.

comodissime e più leggere, due bottigliette di plastica da mezzo litro di quelle per l'acqua minerale: nelle tappe più assolate o aride potrete riempirle entrambe, nelle altre ne basterà una. Indispensabili anche spago (un paio di metri possono servire per tanti usi) e mollette per appendere i panni lavati o umidi.
Il sacco a pelo è indispensabile in qualsiasi stagione (in estate e per un Cammino di poche tappe si può optare per il sacco letto e una coperta di pile leggero); nell'interno della Spagna, anche in piena estate, le notti sono solitamente fresche se non fredde, soprattutto nelle zone montane. Ricordatevi anche una federa leggera per il cuscino.
Utile nei mesi più affollati anche un materassino sottile da campeggio, nel caso ci si trovi a dormire per terra.
Nel nostro zaino ideale trovano spazio anche una penna, un piccolo taccuino per gli appunti (tante le emozioni da fissare e gli indirizzi da scambiare) e il compagno-libro (ognuno ha il suo, meglio se in sintonia con lo spirito del Cammino).
Se portate la macchina fotografica scegliete o fatevi prestare un modello leggero.
Ultimissimo il bastone, che potete raccogliere in una delle prime tappe pirenaiche, oppure i bastoncini da trekking.

Nei mesi freddi

Se si decide di fare il Cammino in autunno o inverno l'equipaggiamento necessario è molto diverso. Tra l'altro considerate che fino a tutto aprile è facile trovare neve sui passi montani. Qui di seguito ecco le indicazioni pratiche di Angela Seracchioli, che ha fatto il Cammino in un freddo novembre. "Il mio zaino pesava 12-13 chili. Sembra tanto ma mi sono resa conto che non avrei potuto fare a meno di niente avendo bisogno di avere cambi asciutti e caldi vista la stagione. Qui di seguito la lista delle cose che avevo con me... devo dire che la scelta di materiali fatta mi ha pienamente soddisfatta per cui la consiglio a chiunque.
Zaino: da 65 litri. L'importante è che abbia cinghie regolabili in vari modi e la cintura in vita che scarica tanto peso sulle anche.
Copri zaino: indispensabile visto che non esiste zaino che garantisca una perfetta impermeabilità. Mantella leggera (è un aiuto in più contro la pioggia). Bacchette da trekking. Sacco a pelo invernale. Giacca a vento (la mia è di goretex con interno estraibile di pile. L'ho usata quasi sempre senza l'interno che usavo come pile alla sera).
Pantaloni: 2 paia, uno da trekking estivo in teflon (sono leggeri e si asciugano con niente). Il secondo paio da trekking invernale

Il Cammino ha un galateo: meglio togliersi gli scarponi all'ingresso degli albergue.

con l'interno di wind stopper, caldi ma non troppo, morbidi, buoni per il vento. Sotto pantaloni: mutandoni di materiale traspirante, tengono caldi i muscoli e non fanno sudare. Calzini: 3 paia dello stesso materiale dei sotto pantaloni, e altre 2 paia più grossi da riposo. Scarponi, scarpe da mezzo trekking, una t-shirt di cotone, 2 sotto giacca a collo alto (quelli da sci) di pile leggero, una camicia di pile pesante, un gilet di pile pesante (eccezionale per quando fa fresco ma si ha voglia di avere le braccia libere). La scelta del materiale in pile è dettata dal fatto che asciuga in fretta ed è morbido. Biancheria: non portate tanta biancheria, meglio fare il bucato tutte le sere e se si usa materiale tecnico traspirante asciuga in fretta. Una borraccia di metallo (può servire anche da borsa dell'acqua calda!)".

Trucchi del mestiere

Portate delle spille da balia: servono per appendere i panni ancora umidi all'esterno dello zaino; finiranno di asciugare mentre camminate.
Un unico pezzo di sapone di Marsiglia può servire per l'igiene personale e per la biancheria.
Per chi non si addormenta se c'è qualcuno che russa: procuratevi dei tappi per le orecchie, vi eviteranno sgradevoli notti in bianco.
Portate sempre un po' di carta igienica.
Ricordatevi un paio di stringhe di riserva (o, meglio ancora, lo spago di cui sopra: non si sa mai quando un laccio si rompe).
Comunque sia, lungo la rotta si può comprare ormai tutto ciò di cui si ha bisogno: negozi tecnici per il trekking sono sorti un po' ovunque nei centri più grandi.

Dolori

Sono tre le principali cause di afflizione fisica: le vesciche; le infiammazioni dei tendini; i dolori muscolari. Ecco cosa portare e che cosa fare in caso di piccoli malanni.

Vesciche: si producono a causa del continuo sfregamento tra gli scarponi, le calze e la pelle dei piedi, ma anche per i germi dell'eccessiva sudorazione. Per quanto comode siano le calzature che uno indossa, è quasi impossibile che in 800 chilometri non se ne formi qualcuna. Per prevenirle occorre tenere i piedi puliti il più possibile e ogni giorno mettersi, prima di marciare, un paio di calze pulite e asciutte, mai umide. Quando vengono, il rimedio per curarle è semplice. Disinfettate un comune ago da cucito con inserito

un filo di cotone; disinfettate la vescica e bucatela trapassandola con l'ago, in modo che il filo resti dentro la vescica avendo un foro d'entrata e uno d'uscita.
Il sollievo sarà immediato; la vescica si sgonfia subito facendo fuoriuscire il liquido. Il filo drena la vescica, evitando che si rigonfi di liquido e lasciando che la pelle vecchia protegga la ferita.
Il filo, con la pelle vecchia, si staccherà da solo nel momento in cui sotto la ferita si sarà riformata la pelle nuova. Non staccate mai prima del tempo il filo e la pelle morta, e pulite la ferita dopo ogni tappa.
Tra i cerotti, di tutte le forme e i tipi, tenete con voi i Compeed (in farmacia, buoni ma cari, sostituiscono bene ago e filo).
Che le vesciche si formino o meno, la salute dei piedi è importante; se possibile, a fine tappa fate un pediluvio con acqua fredda (e qualche volta con aceto e sale) e lasciate asciugare i piedi all'aria. Il freddo agisce da vasocostrittore e riduce le infiammazioni. Per chi ha la pelle secca: alla sera massaggiate i piedi con un po' di crema.

Infiammazioni tendinee: sono spesso la conseguenza di vesciche non curate bene, che costringono a camminare caricando il peso corporeo in modo errato. Le tendiniti possono comunque venire, soprattutto nei primi giorni di cammino, se non si dosano in modo equilibrato le forze; conviene sempre pianificare inizialmente alcune tappe brevi, in modo che il corpo si abitui alla fatica. Le infiammazioni vanno curate, prima che peggiorino, con applicazioni di ghiaccio (o acqua fredda), pomate o pastiglie antinfiammatorie e bende di cotone elastiche. Qualora il dolore persistesse o peggiorasse, conviene riposare qualche giorno e consultare un medico.

Dolori muscolari: indolenzimenti e crampi possono capitare sempre, all'inizio e nelle tappe finali. Come rimedio, conviene fare stiramenti muscolari alla partenza e alla fine di ogni tappa; inoltre, una volta giunti al rifugio, conviene bagnare le gambe con acqua fredda e tenerle un po' in alto; anche un buon massaggio non guasta.

Dolori alle articolazioni (in particolare alle *rodillas*, le ginocchia, che sono sollecitate dal peso continuo del corpo e dello zaino): può servire un antinfiammatorio e, in alcuni casi, un antidolorifico. Se prevedete di soffrire di qualche dolore articolare premunitevi fin dai primi giorni con delle ginocchiere (o simili). Qualche pastiglia di antinfiammatorio e antidolorifico (non portatevi le confezioni intere!) saranno sufficienti.
Riassumendo ecco l'indispensabile per il pronto soccorso: cerotti, forbicine, una benda elastica, ago e filo (che serviranno anche per qualche eventuale rammendo), disinfettante in confezione piccola (ideale la tintura di iodio), qualche pastiglia di antidolorifico e antinfiammatorio.
Se occorre altro, non mancheranno le farmacie lungo il Cammino (e l'aiuto provvidenziale di qualche altro pellegrino o di qualche abitante dei luoghi attraversati).
D'estate non dimenticate una buona crema per il sole. Nelle altre stagioni il burro di cacao per le labbra.
Attenzione! Da alcuni anni il grande affollamento ha provocato un aumento di presenza di cimici: pungono provocando prurito e talvolta febbre e si "spostano" da un albergue e da un letto all'altro su zaini e abiti. Se siete stati presi di mira dalle cimici, avvertite subito l'hospitalero che procederà a una disinfestazione dello zaino e degli abiti. Ed eventualmente a suggerirvi la cura.

Credenziale e Compostela

Nonostante l'impressione, non siete fuori dal mondo. Quindi portatevi la carta d'identità (e il tesserino sanitario).
Ma, più importante ancora sul Cammino

è la *Credencial* (Credenziale).
È una sorta di "lettera di presentazione" che attesta che si sta facendo il Cammino (a piedi, in bicicletta o a cavallo): ogni giorno nel rifugio in cui sosterete per la notte l'hospitalero vi apporrà il *sello* (il timbro). Non avere la Credenziale può impedire di essere ammessi nei rifugi. Alla fine del Cammino i timbri sulla Credenziale, mostrati all'Ufficio del pellegrino di Santiago (in rúa Carretas, a pochi passi da plaza de Obradoiro), insieme alla dichiarazione di aver compiuto il Cammino per motivazioni religiose o spirituali, danno diritto a ricevere la "Compostela", documento che attesta l'avvenuto pellegrinaggio *pietatis causa*. (Chi dichiara di aver percorso il cammino per motivi diversi da quelli "religiosi" o "spirituali" riceve invece un Attestato di benvenuto.)
Bisogna dimostrare di aver compiuto a piedi (senza interruzioni) almeno gli ultimi 100 km (200 in bicicletta) di Cammino. (Se percorrete solo gli ultimi 100 km a piedi, o 200 km in bici, sono necessari almeno due timbri al giorno.)
È una regola secondo noi discutibile che contribuisce ad affollare la bella Galizia di gruppi che per ottenere la Compostela e poi mostrarla come un "trofeo di caccia", tolgono la tranquillità di godersi l'ultima parte del Cammino a tutti quei pellegrini che arrivano da molto più lontano.
Al costo di 3 € lo stesso ufficio rilascia anche il Certificado de distancia, con i km percorsi, il Cammino scelto e il giorno di arrivo.
ATTENZIONE: Esistono moltissimi tipi di Credenziale, rilasciati da diversi enti, anche a prezzi alti. Per scoraggiare attività commerciali di lucro, da aprile 2016 la Cattedrale di Santiago si riserva di dare la Compostela solo a chi avrà viaggiato con una Credenziale ufficiale. Meglio quindi procurarsela presso uno degli enti autorizzati (parrocchie, associazioni di Amici del Cammino, albergue municipali, confraternite...): li trovate sul sito dell'Oficina del peregrino (oficinadelperegrino.com). In Italia, per averla prima della partenza, basta chiederla a: Confraternita di San Jacopo di Compostella, p.zza IV Novembre 6, 06123 Perugia, tel. 075-57.36.381 / 340-75.97.549 (dalle 9 alle 13), centro.santiago@unipg.it, segreteria@confraternitadisanjacopo.it , che ve la invia per posta. Sul sito www.confraternitadisanjacopo.it è possibile trovare un modulo per richiederla direttamente ai priori della confraternita più vicini alla vostra zona (sono riportati nel dettaglio i loro recapiti). Non è richiesto alcun pagamento, ma ogni donativo è ben accetto. Alcuni altri punti in cui potete averla sono: il centro di accoglienza dei pellegrini di Saint-Jean-Pied-de-Port, la Collegiata di Roncisvalle, i rifugi pubblici di Pamplona, il convento delle benedettine di León, la chiesa romanica del Cebreiro (questo luogo è l'ingresso in Galizia e molti iniziano il Cammino da lì); in genere ha il costo di 2 €.

Come arrivare a Saint-Jean-Pied-de-Port

Il Cammino francese parte da Saint-Jean-Pied-de-Port, sul versante francese dei Pirenei, a 50 km da Bayonne.
Siamo dell'idea che non bisogna perdere l'attraversamento dei Pirenei quindi, se potete, incominciate a camminare da qui e dormite la prima notte a Roncisvalle. Ma come si arriva a Saint Jean? Ormai il sistema più veloce e meno costoso è quello dei voli low cost: se si prenota con largo anticipo si può spendere davvero poco. Gli aeroporti più vicini sono quelli di Biarritz, Pau, Lourdes e Bordeaux in Francia; Bilbao, San Sebastián, Santander e Pamplona in Spagna. Le offerte variano continuamente, quindi è necessario consultare i siti internet delle diverse compagnie aeree (o i portali come www.skyscanner.it). Ecco alcune idee di itinerario: con Easyjet si va a Parigi o con Ryanair a

Gli aeroporti più vicini a Saint Jean

Londra, e poi con un altro aereo si arriva a Biarritz. Da Biarritz in autobus (www.chronoplus.eu) o in treno fino a Bayonne (ci vogliono 20 minuti, partenza ogni ora, 3 € circa) e poi ancora in treno fino a Saint-Jean-Pied-de-Port (attenzione agli orari: il collegamento non è molto frequente; per info: www.sncf.com, il sito delle ferrovie francesi, in particolare la pagina www.ter.sncf.com/aquitaine).
Oppure, sempre con Ryanair o con altre compagnie, si vola a Lourdes (solo in alcuni giorni della settimana) o a Bordeaux, e poi si raggiunge Saint Jean in treno, sempre cambiando a Bayonne. Per i piccoli gruppi, c'è anche la possibilità di viaggiare con servizi di taxi privati, come taxi-lourdes-pyrenees.com oppure detours-pyreneens.com, che organizza spostamenti per/dai principali aeroporti della zona (un esempio: con 260 € portano fino a 4 persone da Lourdes a Saint Jean).
Si può anche scegliere di arrivare in un aeroporto spagnolo: Ryanair e Iberia offrono voli diretti dall'Italia per Saragozza, Santander, Barcellona e Madrid. Da quest'ultima città, si può raggiungere Pamplona in treno (www.renfe.com) o in aereo, negli altri casi conviene proseguire in autobus (www.alsa.es).
Da Pamplona, tra marzo e ottobre, è attivo un collegamento bus diretto con Saint-Jean-Pied-de-Port (verificare sempre sul sito dell'Alsa), oppure si può condividere un taxi, direttamente fino a Saint-Jean (potete consultare il sito taxipamplona.com).
Da Pamplona c'è anche la possibilità di raggiungere Roncisvalle con i bus Artieda (www.autocaresartieda.com).
In coincidenza con gli autobus che arrivano da Pamplona ci sono in genere taxi collettivi che portano a Saint Jean.
Per chi, provenendo dal nord-ovest dell'Italia, preferisce il treno, il viaggio è un po' scomodo: si passa da Nizza (un collegamento non sempre disponibile) o da Parigi. Si arriva a Bayonne e lì si prende il trenino locale per Saint Jean. Il tragitto in treno è piuttosto lungo e costoso. Per info e prenotazioni www.sncf.fr oppure www.trainline.eu.

In auto

Ovviamente si può raggiungere Saint Jean anche in auto: in paese ci sono parcheggi coperti (circa 30 € la settimana), o all'aperto (2 € al giorno). Chiedete informazioni all'Accueil per i pellegrini, in rue de la Citadelle 39.
Ma il viaggio dall'Italia è lungo e, una volta arrivati a Santiago, bisogna sorbirsi ancora il ritorno a Saint Jean (in autobus, www.alsa.es) e poi il viaggio verso l'Italia. Può essere una soluzione se si è in 3 o 4 persone. Sul sito blablacar.it è possibile trovare od offrire un passaggio, e condividere così il viaggio e le spese.

Partire da un punto intermedio del Cammino

Se non avete un mese di tempo potete pensare di compiere solo un tratto di Cammino: in questo caso potete sempre partire da Saint-Jean-Pied-de-Port.
Molti scelgono anche di partire a metà del Cammino oppure di coprire gli ultimi 100 chilometri. In questi casi conviene programmare il viaggio facendo scalo su uno degli aeroporti low cost della Spagna: alcuni vanno direttamente a Santiago e, da lì tornano indietro sulla rotta jacopea con i comodi autobus di Alsa.

Come ritornare

Una volta, gli antichi pellegrini dopo essere arrivati a piedi a Santiago tornavano a casa... sempre a piedi. Oggi all'aeroporto Labacolla di Santiago arrivano voli low cost abbastanza comodi: Ryanair per esempio collega Santiago a Milano (aeroporto di Orio al Serio e Malpensa). Per le altre città italiane conviene fare scalo a Madrid o a Barcellona e da lì riprendere un altro volo: si perde qualche ora nei cambi ma, se si prenota con largo anticipo, si possono ottenere tariffe davvero convenienti. Per chi non prende l'aereo restano il treno o l'autobus.

Questa scelta è consigliabile a chi ha poco più di una settimana di tempo e vuole coprire solo le ultime tappe. Altrimenti, anche dal punto di vista simbolico, meglio arrivare a Valladolid, Saragoza, Santander e... andare avanti: anche questi aeroporti sono ben collegati con molte tappe importanti del Cammino francese.
La Spagna è collegata da una fitta rete di compagnie di pullman e autobus (nazionali e regionali), quasi sempre potete controllare i prezzi e comprare i biglietti sui siti web delle stesse compagnie.
Un consiglio: se iniziate dall'ultimo tratto del Cammino tenete presente che alcune delle tappe indicate in questa guida sono molto lunghe e, senza allenamento, possono risultare molto faticose; prendete quindi in considerazione l'idea di spezzare in due queste tappe e di programmare le soste secondo le vostre forze.

Per leggere e documentarsi

I libri sul Cammino sono ormai numerosi. Segnaliamo quelli editi da Terre di mezzo.
Per quanto riguarda i diari:
Immacolata Coraggio, *Hospitaleros* (2012).
Alix de Saint-André, *Avanti, in cammino!* (2011).
Ollivier Bernard, *La vita comincia a 60 anni* (2015).
Diego Marani, *Seguendo i propri passi* (2010).
Per conoscere la storia del pellegrinaggio:
P. Caucci von Saucken, P. Asolan, *Cammini in Europa* (2009).

Libri fotografici:
Maurizio Totaro, Miriam Giovanzana, *Inconsueti giorni* (2010).
Leroux Léonnard, Serex Anthony, *In cammino verso Santiago de Compostela* (2010).

Tra gli altri diari sul Cammino consigliamo:
Davide Gandini, *Il portico della gloria. Lourdes, Santiago de Compostela, Finisterre a piedi* (ristampa 2015), edizioni Dehoniane.

Per quanto riguarda i siti web, partite da qui:
www.percorsiditerre.it
www.caminodesantiago.consumer.es
www.gronze.com
www.caminodesantiago.gal (sulla Galizia)
www.caminosantiago.org
www.catedraldesantiago.es
www.oficinadelperegrino.com
www.pellegrinando.it
www.pellegrinibelluno.it

Film:
Il Cammino per Santiago (The Way), di Emilio Estevez (2010).
Sei vie per Santiago, di Lydia B. Smith (2015).

IL PERCORSO

1
SAINT-JEAN-PIED-DE-PORT ➔ RONCISVALLE
bivacco
d'emergenza
Fuente de Roland
Croix d'Urdanarre
Gainekoleta
Vierge de Biakorri
Pic d'Hostatéguy
1144
Pic d'Orisson
1064
Valcarlos
Azoleta
Arnéguy
Orisson
centro
commerciale
Huntto
Saint-Michel
Caro
D301
D933
Lasse
Aincille
D401
Uhart-Cize
Chubitoa
Ispoure
Ascarat
Saint-Jean-Pied-de-Port
D918
N

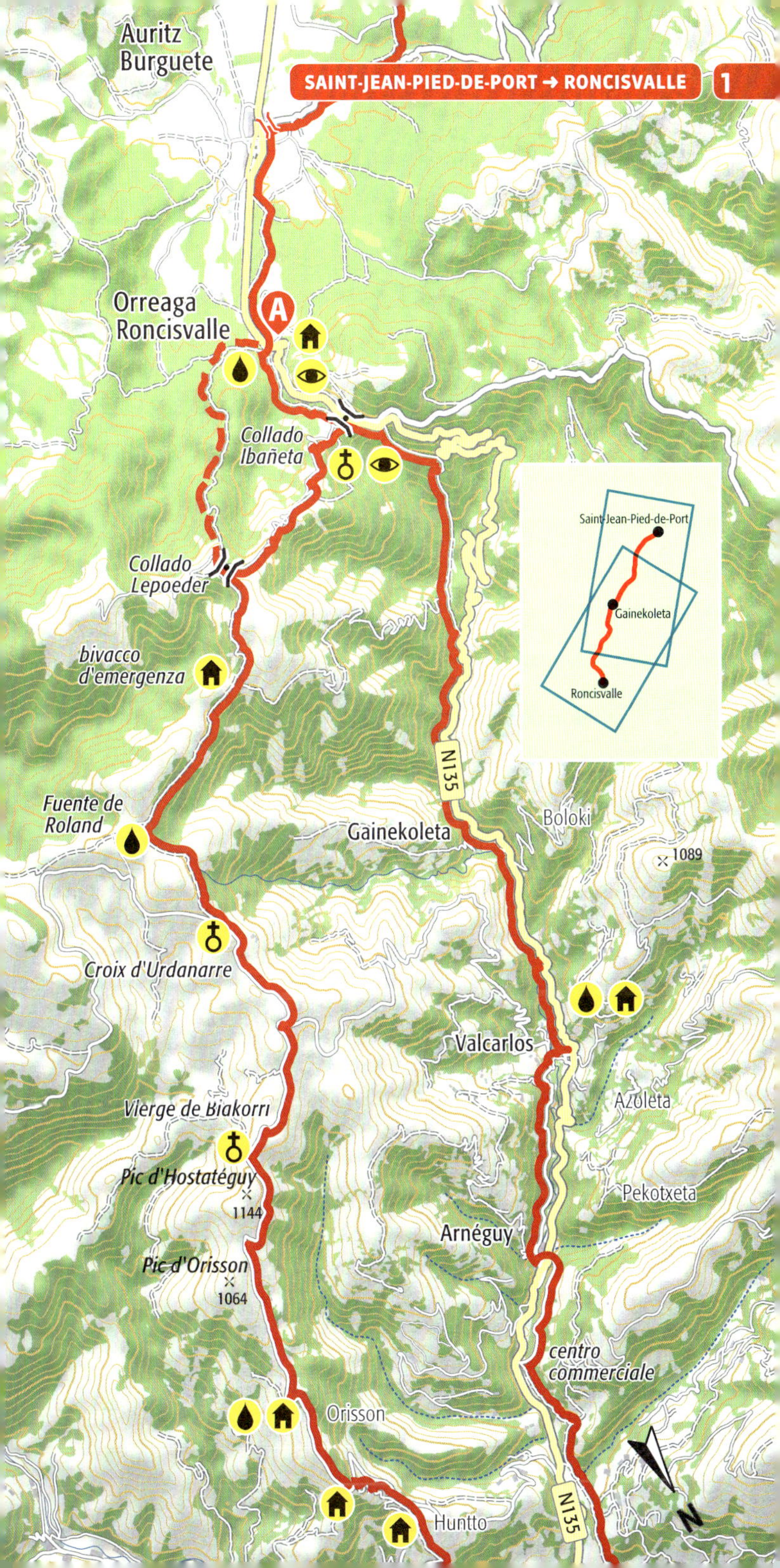

Auritz
Burguete
Orreaga
Roncisvalle
A
Collado
Ibañeta
Collado
Lepoeder
bivacco
d'emergenza
Fuente de
Roland
Gainekoleta
N135
Boloki
1089
Croix d'Urdanarre
Valcarlos
Azoleta
Vierge de Biakorri
Pic d'Hostatéguy
1144
Pekotxeta
Arnéguy
Pic d'Orisson
1064
centro
commerciale
Orisson
Huntto
N
Saint-Jean-Pied-de-Port
Gainekoleta
Roncisvalle

1 Da Saint-Jean-Pied-de-Port a Roncisvalle

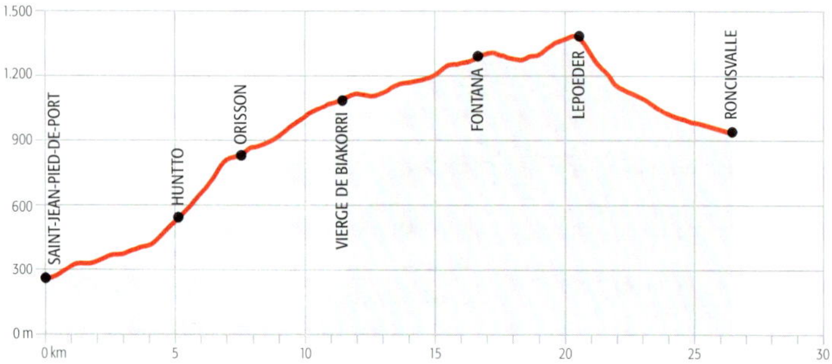

VIA ALTA	
LUNGHEZZA:	**26,4 km**
DISLIVELLO IN SALITA:	**1.487 m**
DISLIVELLO IN DISCESA:	**731 m**
TEMPO:	**8 ore**
DIFFICOLTÀ:	**molto impegnativa**
VIA BASSA	
LUNGHEZZA:	**23,8 km**
DISLIVELLO IN SALITA:	**1.020 m**
DISLIVELLO IN DISCESA:	**268 m**
TEMPO:	**6 ore e 40 minuti**
DIFFICOLTÀ:	**media**

Informazioni e servizi

SAINT-JEAN-PIED-DE-PORT: Sono ormai oltre 50mila i pellegrini che ogni anno passano da qui. Il piccolo paese offre circa 500 posti a ospitalità low cost (non solo albergue espressamente dedicati ai pellegrini, ma anche rifugi, comunque adatti), molti nella storica rue de la Citadelle, dove il Cammino inizia. Se siete in difficoltà nel trovare un posto, chiedete aiuto al *Centro di accoglienza dei pellegrini (Accueil pèlerin)*, rue de la Citadelle 39, caminopa@hotmail.com, tel. +33-(0)559.370.509 (+33 è il prefisso internazionale per la Francia; lo 0 serve solo dalla Francia per la Francia, senza il prefisso internazionale); questo è il punto di riferimento per i pellegrini e offre varie informazioni sul Cammino, fra cui l'elenco di tutti gli albergue. Se non avete la Credenziale chiedetela qui (o, al massimo, a Roncisvalle). Costo 2 €. Potete anche farvi mettere il primo sello. Normalmente chiude mezz'ora dopo l'arrivo dell'ultimo treno (a seconda della stagione, tra le 22 e le 23). In genere l'orario è continuato, ma dipende dai volontari di turno.

Albergue municipale, rue de la Citadelle 55, tel. +33-559.370.509, 32 posti, 10 € con colazione, microonde.

Refuge Accueil paroissial, rue d'Espagne 43, tel. +33-559.376.517, accoglienza molto bella, posto letto e cena condivisa 15-20 €, 14 posti, aprile-ottobre.

Albergue privato Le Chemin vers le étoile, rue d'Espagne 21, tel. +33-559.372.071 / 670.208.213, www.pelerinage-saint-jacques-compostelle.com, eric.viotte@gmail.com (da novembre a marzo avvisare 15 giorni prima dell'arrivo), 20 posti, 17-20 €, cena, colazione, uso cucina.

Albergue privato Ultreia, rue de la Citadelle 8, tel. +33-680.884.622, www.ultreia64.fr, gite.ultreia@vertesmontagnes.fr, aprile-ottobre, 15 posti, 22 €, uso cucina, colazione.

Albergue privato Beilari, rue de la Citadelle 40, tel. +33-559.372.468, www.beilari.info, info@beilari.info, aprile-ottobre, 18 posti, mezza pensione 37 €.

Gîte Buen Camino, rue de la Citadelle 30, tel. +33-663.261.202 / 559.372.523, gitebuencamino@gmail.com, www.gitebuencamino.com, 13 posti,

15-17 €, cena e colazione.
Gîte Izaxulo, avenue Renaud 2, tel. +33-524.341.900, contact@gite-izaxulo.com, marzo-ottobre, 18 posti, 20-23 €, colazione.
Gîte Compostella, route d'Arneguy 6, tel. +33-559.370.236, gitecompostella@sfr.fr, metà marzo-ottobre, 14 posti, solo pernottamento 12-15 €, mezza pensione 30-35 €, microonde.
Gîte Antton, route de Napoléon, tel. +33-665.195.073, compostelle@gite-antton.fr, gite-antton.fr, marzo-ottobre, 14 posti, mezza pensione 35 €.
Gîte La Vita è Bella, place du Trinquet 4, tel. +33-768.234.007, patrizia.giardini67@gmail.com, aprile-metà novembre, 15 posti, 17 €, cena.
Per chi parte il mattino presto: sulla destra di rue de la Citadelle trovate aperta già all'alba una panetteria. Vi consigliamo di prendere qui il pane (e magari anche una brioche) per la giornata.
UHART-CIZE: *Albergue privato La Coquille Napoleón*, Ruta de Napoleón (a 800 m dall'uscita da Saint-Jean-Pied-de-Port), +33-662.259.940, lacoquillenapoleon.simplesite.com, 10 posti, 18-20 €, cena.
HUNTTO: *Albergue privato Ferme Ithurburia*, tel. +33-559.371.117, jeanne.ourtiague@orange.fr, www.gites-de-france-64.com/ferme-ithurburia/, chiuso solo da metà novembre a metà dicembre, 22 posti, 16-18 €, mezza pensione 32 €, colazione.
ORISSON: *Refuge Orisson*, lungo il Cammino, circa 2,5 km dopo Huntto; tel. +33-559.491.303, refuge.orisson@wanadoo.fr, www.refuge-orisson.com, aprile-ottobre, 28 posti, mezza pensione 36 €. Gestiscono anche un'ospitalità più spartana, *Gîte Kayola*, 800 m prima del rifugio, 15 posti, 15 €, uso cucina. *Bar* e fontana.
VALCARLOS/LUZAIDE (SULLA VIA BASSA): *Albergue municipal*, dietro plaza de Santiago, ufficio del turismo tel. 696.231.809 / 948.790.199, ayuntamiento tel. 948.790.117, turismo@luzaide-valcarlos.net, 24 posti, 10 € con colazione, uso cucina. Diverse *casas rurales.*
RONCISVALLE/ORREAGA: *Albergue*, presso la Real Colegiata de Roncesvalles, tel. 948.760.000, www.alberguederoncesvalles.com, 183 posti, 12 €, uso cucina. Rilasciano la Credenziale.
In paese ci sono anche alcuni *hostal e hotel*. A Roncisvalle non ci sono negozi ma i due *ristoranti* offrono menu speciali per i pellegrini (alla Posada conviene prenotare prima della messa, che d'estate è alle 20 nei giorni feriali). La mattina, café con leche al *bar*: non apre prestissimo, ma si può sempre fare colazione al paese successivo, Burguete (dopo 3 km): ci sono un paio di *bar* che aprono presto e *negozi alimentari*. Qui trovate anche il bancomat, che a Roncisvalle invece non c'è.

Il primo mattino ha un sapore unico. Tutto è nuovo, e le domande che a lungo ci hanno accompagnato nella preparazione (Ce la farò? Sto dimenticando qualcosa? Chi incontrerò?) ora si dileguano come la nebbia dell'alba in un giorno d'estate. Si parte, ed è gioia, esultanza e trepidazione. La tappa che ci aspetta, soprattutto se si sceglie la via alta, è una delle più varie del Cammino, e sia che si parta in gruppo sia che si proceda da soli, offre ospitalità a ognuna di queste emozioni. Accordatevi con il paesaggio, guardatelo cambiare sotto i vostri passi tra il versante francese e quello spagnolo, concedetevi qualche pausa - è solo il primo giorno! - e cominciate a trovare il vostro passo. Buon cammino!

Qualcuno considera questa tappa che inizia in territorio francese, attraversa i Pirenei e conduce a Roncisvalle, come un prologo. Per noi invece è, a tutti gli effetti, la prima tappa del Cammino. Intanto perché arrivare a piedi a Roncisvalle è avventura affascinante, come immergersi in un pezzo di storia europea; poi perché questa è una delle tappe più belle e paesaggisticamente varie del Cammino; infine perché Saint-Jean-Pied-de-Port è stata nel Medioevo importante centro di accoglienza per i pellegrini che qui sostavano prima di affrontare la pericolosa (a quel tempo) traversata pirenaica, e non a caso Saint Jean ha una porta di San Giacomo e la via principale è dedicata al Cammino. E poi c'è una questione logistica. Arrivare dall'Italia direttamente a Roncisvalle è un problema. Più facile arrivare invece a Saint-Jean-Pied-de-Port (con il trenino che parte da Bayonne, quasi ormai sull'Atlantico), gettare uno sguardo al passo di Roncisvalle dall'alto della cittadella fortificata, cenare e pernottare in attesa dell'alba.

La tappa è impegnativa (anche considerando che è la prima), abbastanza lunga e con il dislivello maggiore rispetto a tutte le tappe successive: si passa infatti dai 150 m di quota di Saint Jean ai 1.430 del Collado Lepoeder (sulla via alta una parte consistente del Cammino è in quota, attorno ai 1.000 m). Ma ripercorrere i passi degli antichi pellegrini medievali, decidendo di attraversare i Pirenei, significa idealmente entrare in Spagna con lo stesso sguardo che fu loro. Una forte emozione, uno sforzo che ci sentiamo di consigliare anche ai più timorosi: alla fine non si resta delusi.

Se arrivate entro la mattinata a Saint-Jean-Pied-de-Port potete anche scegliere di non pernottare qui e di partire subito per spezzare la fatica della prima tappa: potete quindi pensare di fermarvi a dormire a Huntto oppure a Orisson. Il consiglio vale in particolare per chi non è molto allenato. In ogni caso tra Saint-Jean-Pied-de-Port e Huntto si trovano anche case che offrono stanze.

L'attraversamento dei Pirenei è passaggio impegnativo. Pioggia (a volte neve anche nelle mezze stagioni) e nebbia sono abbastanza frequenti, data la vicinanza dell'Atlantico, e i terreni possono essere fangosi e pesanti, il che può rendere più lenta la marcia. La pendenza è a tratti accentuata; nella seconda parte della tappa si attraversano fitti boschi di castagni, faggi, abeti, pini, noccioli, con un sottobosco rigoglioso (e qui ognuno può trovare il proprio bordone, il bastone che sarà compagno fedele e utile per il resto del Cammino).

Due gli itinerari, entrambi storici, per arrivare a Roncisvalle: quello della Via alta, o Route Napoléon perché percorsa dalle truppe napoleoniche quando invasero la Spagna, e la via del fondovalle.

ATTENZIONE! Da novembre a marzo la Via alta è ufficialmente chiusa. In inverno le condizioni meteo (nebbia e neve) possono infatti essere difficili (ci sono stati diversi incidenti sul Cammino). In ogni caso, prima di intraprendere questa via chiedete sempre consiglio all'Accueil pèlerin.

Via alta o Route Napoléon (o Ruta de les Ports de Cize)

Questa è la via più bella e al tempo stesso la più impegnativa: d'estate è certamente quella da preferire a meno che il tempo non sia brutto (è sempre meglio partire di buon mattino: la tappa è lunga e ha quasi 1.500 m di dislivello in salita e 700 in discesa). Uscite da Saint Jean attraversando il

I PIRENEI. *I paesaggi della Via alta, fra pascoli, boschi e vedute panoramiche.*

ponte sul fiume Nive e proseguite per la rue d'Espagne; passate quindi le antiche mura della città attraversando la Porte d'Espagne; da qui proseguite per la rue Maréchal Harispe. La strada asfaltata si restringe e sale rapidamente in pochi km verso le località di Erreculus e Huntto; da qui l'ascensione continua, il Cammino è ben indicato con il segnale bianco e rosso della Grande Randonnée GR65 e, già prima della frontiera spagnola, con la famosa freccia gialla che arriverà fino a Santiago.

Il paesaggio è proprio bello, sia sul versante francese sia su quello spagnolo. Si aprono le vallate pirenaiche, cime dolci, salite non troppo aspre ma... non finiscono più. Attenzione: soprattutto d'estate partite con la borraccia piena (per un lungo tratto dopo Orisson non ci sono fonti) e per mangiare tenete conto che fino a Roncisvalle s'incontra solo un bar a Orisson. Quindi meglio portare qualcosa con sé da Saint Jean (d'estate potrete trovare lungo la strada qualche camioncino privato che vende bibite e panini).

Dopo circa 11,5 km praticamente tutti su asfalto s'incontra una piccola statua della Vergine (la Vierge de Biakorri o d'Orisson) e il Cammino si fa più lieve; si segue ancora la strada asfaltata fino al cumulo di pietre: qui si devia a destra in salita su un largo sentiero su erba e poi su rocce. Dopo poco si raggiunge una croce di pietra per poi proseguire sulla destra su un prato. Si affronta così una piccola salita che porta al Collado de Bentartea dove si passa il confine con la Spagna. Qui (tra i segnali 43 e 44) s'incontra il piccolo bivacco Izandorre, aperto tutto l'anno, utile d'inverno e in caso di problemi (con un collegamento di emergenza).

Quando si entra in territorio spagnolo il paesaggio cambia: incominciano i grandi boschi, non ci sono più case o paesini, solo alberi, e i propri passi. Anche i greggi di pecore, così numerosi in Francia, si fanno meno frequenti. Seguendo una pista forestale si raggiunge il Collado Lepoeder in prossimità del quale si trova un ripetitore per le comunicazioni.

Dopo tanto salire comincia una discesa vertiginosa. Qui ci sono due possibilità. Il sentiero a sinistra è a tratti ripido e scivoloso, e quindi piuttosto faticoso. Se siete stanchi e desiderate un cammino più dolce sceglierete la piccola strada asfaltata a destra che passa da Puerto de Ibañeta: è un andare più gradevole, si allunga solo di un quarto d'ora e l'ultimo tratto di circa 2 km è comunque in mezzo agli alberi. Si scende e basta, e non ce n'è più per nessuno. D'estate la foresta è refrigerio e benedizione. La Collegiata spunta imponente, come nel tempo che fu.

Via del fondovalle o via bassa La via del fondovalle segue per buona parte stradine che corrono parallele alla nazionale. È un po' più breve, sicuramente più semplice ma anche più monotona della via alta; d'inverno è obbligatoria, nella bella stagione è da scegliere quando il meteo non è buono.

Una volta usciti dalla Porte d'Espagne seguire l'indicazione per Valcarlos e addentrarsi nell'omonima valle. A differenza della via della montagna (dove, a parte il bar di Orisson, non s'incontra nulla fino a Roncisvalle) questo percorso offre qualche possibilità di ristoro: poco dopo aver attraversato la frontiera a Las Ventas, si arriva al piccolo centro di Arnéguy e in poco più di 2 km al primo vero paese in Spagna, Valcarlos. In entrambe le località è possibile trovare da mangiare e da bere. Fate attenzione alle auto nei tratti in cui si cammina su strada. Valcarlos deve il suo nome al fatto che qui, nel 778, sostò Carlo Magno con le sue truppe, mentre la sua retroguardia, guidata dal paladino Rolando, veniva massacrata in un agguato di baschi (che poi la leggenda trasformò in saraceni) al Puerto de Ibañeta nei pressi di Roncisvalle. Il Cammino inizia a essere segnalato da un'inconfondibile freccia gialla (*flecha amarilla*) che ci accompagnerà, amica sicura, fino a Santiago de Compostela.

Dopo Valcarlos si segue per diversi chilometri la statale fino a che si incontra sulla sinistra una deviazione (detta "Cammino de Zabaleta") per un sentiero che porta fino al Puerto de Ibañeta, da dove si scende rapidamente a Roncisvalle (950 m).

Da vedere

Saint-Jean-Pied-de-Port Di origine medievale, questo paesino di meno di 2mila abitanti è davvero la porta di ingresso del Cammino (già citato nella guida di Aimery Picaud). Partendo da qui, c'è tutto il tempo per prendere confidenza con i riti quotidiani del Cammino (trovare l'albergue per la notte, timbrare la credenziale, fare la spesa per il pranzo al sacco del giorno successivo), ma soprattutto scambiare due chiacchiere con gli altri pellegrini, sciogliere gli ultimi dubbi, preparare il cuore al viaggio.

Rue de la Citadelle è la via storica, da cui tutti si parte, da percorrere con calma, tra la Porte d'Espagne (da cui si uscirà superando il ponte sulla Nive, detto romano, in realtà medioevale) e la Porte Saint-Jacques. Alcune delle case che vi si affacciano risalgono al 1500 (per esempio al civico 32, e guardate anche al civico 6 e al 31).

Da vedere: la **CITADELLE**, da cui si gode una bella vista panoramica e lo sguardo si apre verso i Pirenei e il passo di Roncisvalle. La **PRIGIONE DES ÊVEQUES** (biglietto d'ingresso per gli adulti, chiuso il martedì): nelle sue sale sono allestite alcune semplici mostre sul pellegrinaggio storico verso Santiago. La **CHIESA DELL'ASSUNZIONE**, in stile gotico ma su basi romaniche, anticamente dedicata a Notre-Dame du Bout du Pont. Alle 19 in estate (o meglio quando è in vigore l'ora legale) e alle 18 nel resto dell'anno c'è la messa, che dal lunedì al giovedì è seguita dalla benedizione dei pellegrini.

Puerto e Alto de Ibañeta In questa tappa pirenaica non si può fare a meno di godere la natura e i boschi rigogliosi nei quali ci si trova immersi. Al Puerto de Ibañeta, Carlo Magno (come narra la tradizione) pregò rivolto verso Compostela. Qui si trova una piccola cappella moderna, dedicata alla Vergine di Roncisvalle, che ne sostituisce una esistente intorno all'anno 1000: col suono della sua campana segnava la via ai pellegrini, di notte o col maltempo, per evitare che si perdessero. Ancora oggi, in questo luogo si usa pregare la Vergine affinché il cammino prosegua bene, e tradizione vuole che si lasci una piccola croce intrecciando due legni con l'erba.

Poco più su c'è l'Alto de Ibañeta, dove una lapide in pietra ricorda il sacrificio di Rolando e dei suoi paladini: se tendete l'orecchio vi sembrerà di sentire l'olifante, il corno che Rolando suonò fino alla fine per richiamare l'esercito di Carlo Magno.

Roncisvalle Con il Cebreiro (all'inizio della Galizia), ancora oggi indissolubilmente legato alla tradizione e al mito, Roncisvalle è uno dei luoghi di accoglienza di maggiore suggestione e più antichi del Cammino. Qui si associano due mondi distinti, carichi di storia e leggende; la peregrinazione jacopea e il ciclo epico dei franchi.

I primi documenti che attestano la presenza di un hospital per pellegrini e di un monastero sono dell'XI secolo.

Notevole la chiesa in stile gotico della **COLLEGIATA**, del XIII secolo. Fu ricostruita nel '400 dopo che un incendio l'aveva danneggiata ed è considerata una delle prime chiese gotiche presenti in Spagna. È a tre navate, con belle vetrate: sull'altare la statua in oro, argento e diamanti della Vergine di Roncisvalle (il bimbo, in un gesto tenerissimo, sembra appoggiare la mano sul cuore di Maria, quasi a sentirne il battito). La chiesa fu fatta costruire nel 1219 da Sancho VII El Fuerte, re di Navarra.

Nella vicina **CAPPELLA DI SANT'AGOSTINO** o Sala Capitolare si trova la tomba di questo gigantesco re navarro (più di 2 m di altezza!); vicina a essa le catene di un re musulmano da lui sconfitto nei pressi di Tolosa (attorno al 1212), che da allora rappresentano lo stemma della Navarra.

Poco lontano dal perimetro monastico, si trova la cripta quadrangolare detta **CAPILLA DE SANCTI SPIRITUS**, dove la leggenda racconta che morì o fu sepolto Rolando. Con una modica spesa si visitano museo, chiostro e mausoleo (bella la vetrata).

Nella chiesa della Collegiata, non perdetevi l'antico rito della benedizione del pellegrino (in spagnolo, francese e, se occorre, nelle lingue principali), che si celebra ogni sera durante la messa (lun-ven ore 20, sab-dom e festivi ore 18), con vespri cantati; suggestivo e intenso momento che accomuna chi è in cammino per fede e chi solo per sport o altro.

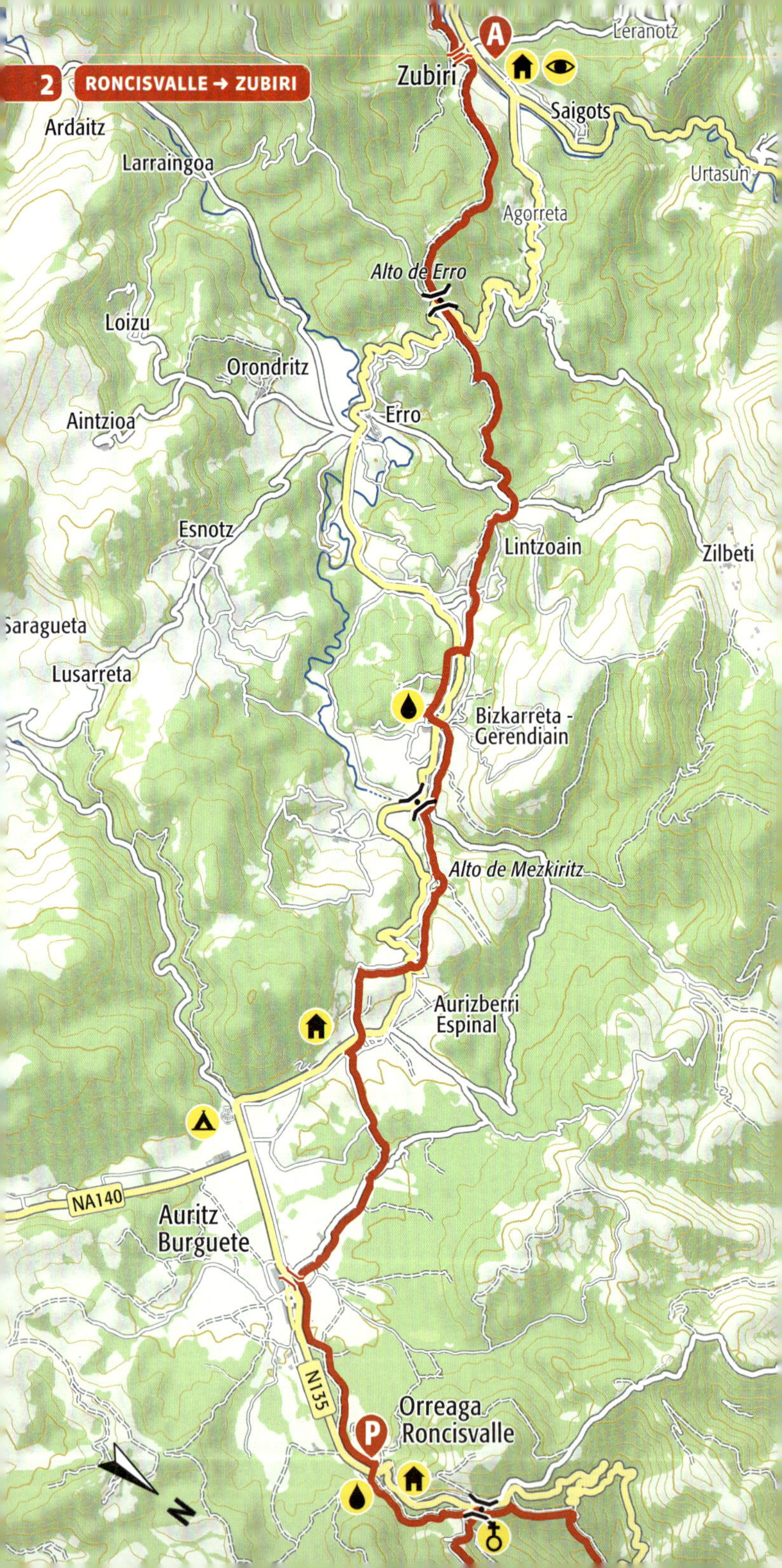

2
RONCISVALLE → ZUBIRI
Leranotz
Zubiri
Saigots
Urtasun
Ardaitz
Larraingoa
Agorreta
Alto de Erro
Loizu
Orondritz
Aintzioa
Erro
Esnotz
Lintzoain
Zilbeti
Saragueta
Lusarreta
Bizkarreta -
Gerendiain
Alto de Mezkiritz
Aurizberri
Espinal
NA140
Auritz
Burguete
N135
Orreaga
Roncisvalle
N

Da Roncisvalle a Zubiri

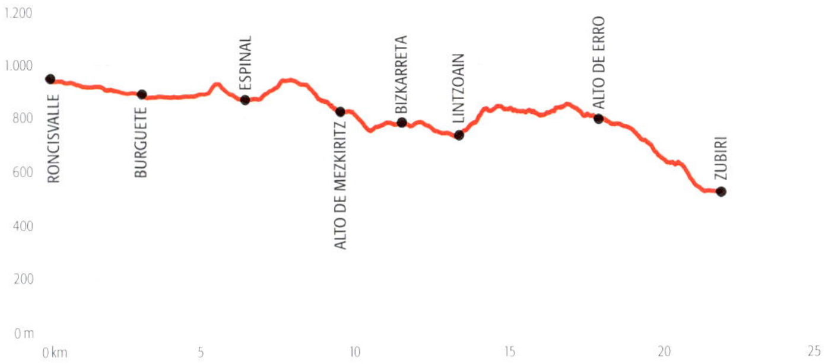

LUNGHEZZA:	**21,9 km**
DISLIVELLO IN SALITA:	**470 m**
DISLIVELLO IN DISCESA:	**895 m**
TEMPO:	**5 ore e 30 minuti**
DIFFICOLTÀ:	**media**

Informazioni e servizi

AURITZ/BURGUETE: Un *alimentari* e vari *bar-ristorante*. Qui e nei paesini successivi si può trovare alloggio in molte *piccole pensioni* o *casas rurales* (25-35 € circa). Circa 2,5 km dopo Burguete, fuori Cammino, c'è il *Camping Urrobi,* con posti letto in stanze multiple (circa 12 €), aprile-ottobre.

AURIZBERRI/ESPINAL: *Albergue privato Irugoienea*, c/ Oihanilun 2, tel. 622.606.196, www.irugoienea.com, info@irugoienea.com, Settimana Santa-ottobre, 21 posti, 11 €, cena e colazione.

Albergue privato Haizea, c/ Saroiberri, tel. 948.760.379, www.hostalhaizea.com, iralepo@hotmail.com, chiuso a novembre, 30 posti, 12 €, cena e colazione.

Bar, ristorante, panadería, supermercatino.

BIZKARRETA/GERENDIAIN: Qualche *negozio* e qualche *bar-ristorante*.

ZUBIRI: *Albergue municipale*, nelle vecchie scuole, abbastanza "freddo", tel. 628.324.186, concejozubiri@yahoo.es, marzo-ottobre, 46 posti, 8 €. Aria condizionata nelle camere, bagni e refettorio nel cortile esterno, piccola cucina. Quando è pieno offrono posti letto in terra nel *frontón* (campo da pelota) a 4 €.

Albergue privato Zaldiko, c/ Puente de la Rabia 1, tel. 609.736.420, www.alberguezaldiko.com, reservas@alberguezaldiko.com, marzo-ottobre (altrimenti su prenotazione), 24 posti, 10 €, colazione, microonde.

Albergue privato El Palo de Avellano, av. Roncesvalles 16, tel. 666.499.175, www.elpalodeavellano.com, info@elpalodeavellano.com, marzo-ottobre, il resto dell'anno a seconda delle prenotazioni, 57 posti, 16-18 € (inclusa colazione), cena.

Albergue privato Río Arga Ibaia, c/ Puente de la Rabia 7, tel. 948.304.243 / 680.104.471, www.alberguerioarga.com, hrioarga@gmail.com, 12 posti, 15 €, uso cucina.

Albergue privato Suseia, c/ Murelu 12, tel. 948.304.353, 22 posti, marzo-ottobre, 15 € (inclusa colazione), cena.

Albergue privato Segunda etapa, av. de Roncesvalles 22, tel. 697.186.560 / 948.304.170, alberguesegundaetapa.com, info@alberguesegundaetapa.com, marzo-ottobre, altrimenti su prenotazione, 12 posti, 15 € con colazione, microonde.

Può essere l'ultima possibilità di fare la spesa prima di Trinidad de Arre (a Larrasoaña c'è solo un piccolo negozio). Se le gambe tengono potete allungare la tappa fino a Larrasoaña, dove c'è un bel rifugio, ma attenzione: lì si fermano un po' tutti, e nei mesi più affollati può essere un problema.

Da qui in avanti, lasciati alle spalle i valichi e i confini - e in qualche misura anche i pensieri e la vita di prima - siamo unicamente pellegrini. La sosta a Roncisvalle, carica di storia e di miti, segna più di altre questo passaggio. Il sentiero offre due salite importanti, ma soprattutto un dentro-fuori tra boschi solitari e orizzonti che si aprono: l'alternarsi di luce e ombra allena all'alternarsi degli stati d'animo che accompagna - e qualche volta sconcerta - chi cammina.

È anche questa una tappa di montagna, però più dolce della precedente (anche perché in parte in discesa). Siamo nella Navarra pedemontana, sempre in zona pirenaica. Passando attraverso i boschi di abeti, roveri e pini, soprattutto tra l'Alto de Mezkiritz (922 m) e l'Alto de Erro (801 m), si può avere un'idea di che cosa doveva essere il Cammino medievale. I sentieri, quasi sovrastati dalla rigogliosa vegetazione che li fiancheggia, sembrano poter nascondere ancora oggi i banditi e i lupi che nei primi secoli del pellegrinaggio facevano tanta paura; talvolta anche la luce del sole fatica a filtrare attraverso queste fronde. Tutto veramente molto bello; e se poi il tempo volge al meglio allora questa può rivelarsi una giornata di cammino molto piacevole. Il terreno, come nella prima tappa, può risultare molto fangoso e a tratti (data la forte umidità) piuttosto scivoloso, con particolari pendenze sulle due alture già citate; comunque è sufficiente fare un po' di attenzione. La seconda metà della tappa sembra più lunga di quel che è effettivamente: preparatevi! Tra Roncisvalle e Zubiri (544 m) si incontrano minuscoli paesi: Burguete, Espinal, Bizkarreta, Lintzoain. Zubiri, sul fondo della valle, appare circa 3,5 km dopo aver oltrepassato l'Alto de Erro (dove, nella bella stagione, c'è un furgoncino-bar); si entra in paese attraversando il *puente de la rabia*, "ponte della rabbia", sul río Arga.

Per chi volesse proseguire il cammino non è necessario scavalcare il fiume ed entrare in paese; conviene restare sulla riva sinistra e proseguire lungo il sentiero.

Da vedere

Godetevi soprattutto la rigogliosa bellezza dell'Alto de Mezkiritz e dell'Alto de Erro; sono sicuramente i boschi meglio conservati nei secoli, non se ne incontreranno di così fitti fino alla Galizia. Sull'Alto de Mezkiritz si trova una lapide in pietra che ricorda la Vergine di Roncisvalle (la tradizione vuole che qui si reciti un Salve Regina). I paesi attraversati sono puliti e ordinati; qui la gente è di cultura basca, popolazione fiera e austera, discendente forse dai celtiberi (tutta la Spagna del Nord bagnata dall'Atlantico fu abitata e colonizzata dai popoli celti).

Zubiri Il ponte gotico sull'Arga merita una breve sosta: è il "ponte della rabbia". Il bestiame veniva fatto girare per tre volte attorno al pilone centrale per proteggerlo da questa malattia. D'estate può essere piacevole un bagno nel fiume: acqua pulita e, in genere, abbondante.

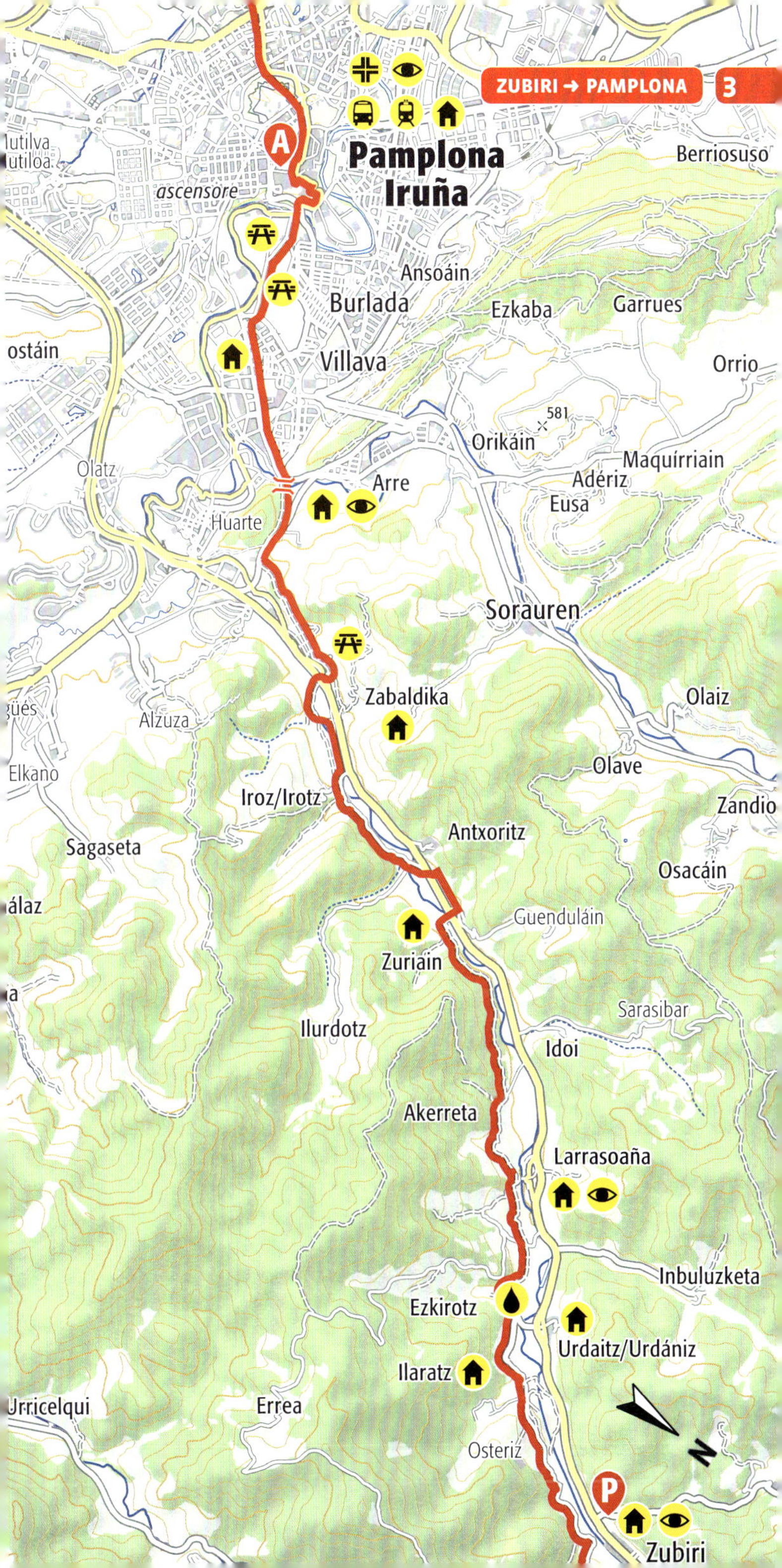
Pamplona
Iruña
Berriosuso
ascensore
Ansoáin
Burlada
Ezkaba
Garrues
Villava
Orrio
581
Orikáin
Maquírriain
Olatz
Arre
Adériz
Eusa
Huarte
Sorauren
Zabaldika
Olaiz
Alzuza
Olave
Elkano
Iroz/Irotz
Zandio
Antxoritz
Sagaseta
Osacáin
Guenduláin
Zuriain
Sarasibar
Ilurdotz
Idoi
Akerreta
Larrasoaña
Inbuluzketa
Ezkirotz
Urdaitz/Urdániz
Ilaratz
Urricelqui
Errea
Osteriz
N
Zubiri
A
P

3 Da Zubiri a Pamplona

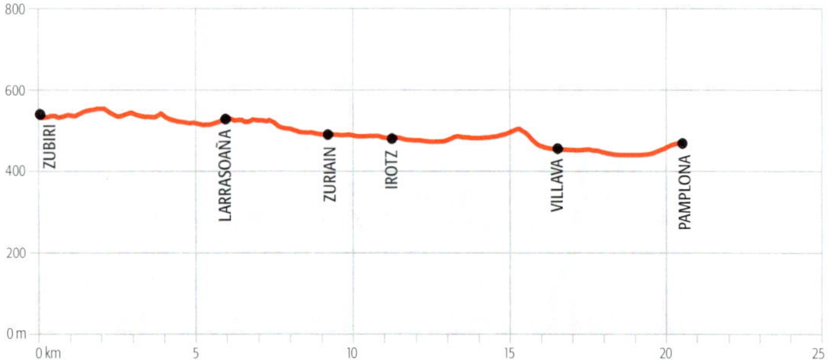

LUNGHEZZA:	**20,5 km**
DISLIVELLO IN SALITA:	**180 m**
DISLIVELLO IN DISCESA:	**255 m**
TEMPO:	**5 ore**
DIFFICOLTÀ:	**facile**

Informazioni e servizi

ILARRATZ: *Albergue privato Ezpeleku*, c/ San Martín 3, tel. 948.304.721 / 696.808.894, albergueezpeleku.com, aprile-settembre (altrimenti solo gruppi su prenotazione), 6 posti, 15 €, cena e colazione.

URDÁNIZ: *Albergue Acá y Allá*, a 500 m dal Cammino, tel. 615.257.666, alojamientosacayalla.com, 6 posti, 18 € compresa colazione, uso cucina.

LARRASOAÑA: *Albergue municipal*, c/ San Nicolás, tel. 626.718.417, Settimana Santa-ottobre, 36 posti, 6-8 €, colazione, uso cucina.

Albergue privato San Nicolás, c/ Sorandi 5-7, tel. 619.559.225 / 659.815.961, www.alberguesannicolas.com, marzo-ottobre, 40 posti, 12 €, uso cucina, cena.

C'è un piccolo *supermercato*.

ZURIAIN: *Albergue privato Parada de Zuriain*, tel. 699.556.741 / 616.038.685, laparadadezuriain@yahoo.es, marzo-ottobre, 16 posti, 10 €, colazione, *bar-ristorante*.

ZABALDIKA: *Albergue parroquial*, gestito da hospitaleri volontari, presso la chiesa San Esteban, tel. 948.330.918 / 619.436.863, zabaldika@rscj.es, metà aprile-metà ottobre, 18 posti, donativo, uso cucina, colazione e cena comunitaria.

TRINIDAD DE ARRE: *Albergue parrocchiale de la Trinidad*, adiacente all'omonima chiesa (subito dopo il ponte), tel. 948.332.941, alberguetrinidadarre@gmail.com, marzo-dicembre, 34 posti, 8 €; un po' spartano, ma con uso cucina, soggiorno e giardino. Anche se non ci si ferma conviene bussare e farsi apporre il particolare *sello* sulla Credenziale.

Alimentari e *bar-ristorante*.

VILLAVA: *Albergue municipale*, alla periferia di Pamplona, c/ Pedro de Atarrabia 17/19, tel. 948.517.731 / 649.713.943, 54 posti, 13,50 €, colazione, uso cucina.

PAMPLONA: *Albergue municipale Jesús y María*, situato in quella che fu l'omonima chiesa del XVI secolo in c/ Compañia (vicino alla cattedrale), sostituisce quello che appartenne alle Madres Adoratrices, tel. 948.222.644 / 648.008.932, jesusymaria@aspacenavarra.org, chiuso la settimana di San Firmino (5-14 luglio) e per le feste di Natale, 114 posti, 8 €, colazione, uso cucina. Qui è possibile richiedere la Credenziale.

Casa Paderborn, albergue privato della

associazione Jakobusfreunde Paderborn, plaza de Caparroso 6 (all'ingresso della città, a sinistra lungo il fiume dopo aver passato il ponte della Maddalena), tel. 948.211.712, www.jakobusfreunde-paderborn.eu, jakobuspilger@paderborn.com, marzo-novembre, 26 posti, 7 €, colazione. Qui è possibile richiedere la Credenziale.
Albergue privato Casa Ibarrola, c/ del Carmen 31, tel. 692.208.463 / 948.223.332, info@casaibarrola.com, www.casaibarrola.com, chiuso la settimana di San Firmino (5-14 luglio), 20 posti, 16 € con colazione. Piccola cucina.
Aloha Hostel, c/ Sangüesa 2, primo piano, tel. 648.289.403 / 948.153.367, www.alohahostel.es, chiuso la settimana di San Firmino, 26 posti, 15 € con colazione (prezzo con Credenziale), uso cucina.
Xarma Hostel, av. Baja Navarra 23, tel. 948.046.449, xarmahostel@gmail.com, www.xarmahostel.com, 23 posti, 16 € con colazione, uso cucina.
Albergue de Pamplona - Iruñako Aterpea, c/ del Carmen 18, tel. 948.044.637 / 685.734.207, alberguedepamplona.info, 24 posti, 16 € con colazione, uso cucina.
Albergue privato Plaza Catedral, c/ Navarrería 35, tel. 620.913.968 / 948.591.336, 46 posti, 15-18 € con colazione, uso cucina.
Nelle vie di San Nicolás e San Gregorio si trovano le *pensioni più economiche* (alberghi e pensioni in città sono piuttosto cari). In città *negozi, bar, ristoranti* e *servizi di ogni tipo*.
ATTENZIONE: in luglio, durante la settimana di San Fermín (5-14), scordatevi di trovare posto in città: si festeggia durante il giorno e per tutta la notte. Meglio in questo periodo non pensare di pernottare a Pamplona o, anche, scegliere il Cammino aragonese (che parte dal passo del Somport e si congiunge al Cammino francese a Puente la Reina).

I ponti - soprattutto due: quello di Trinidad de Arre e il ponte della Maddalena a Pamplona - sono da gustare in questa giornata dove il cammino è quasi piano. I ponti sono testimoni che i nostri passi ripercorrono quelli di milioni di pellegrini prima di noi. Segnano il cammino storico verso Santiago. Prima di fotografarli, fermatevi a guardarli e lasciate che vi si imprimano nel cuore. E a Pamplona, dopo qualche giorno immersi nella natura, concedetevi un tempo per lasciarvi sorprendere, e ricordare: com'è rientrare nella civiltà e nel tempo di tutti?

Per uscire da Zubiri si riattraversa il *puente de la rabia* riprendendo così il sentiero lungo la riva sinistra del río Arga che a partire da qui ci orienta nel cammino verso Pamplona. Il percorso fino a Larrasoaña passa accanto a una brutta fabbrica a cielo aperto di magnesio e attraversa due piccole località, Ilarratz e Ezkirotz. Dopo Larrasoaña si nota che la statale N135 occupa la parte inferiore della valle; il sentiero si articola invece, in buona parte, seguendo gli antichi tracciati, sul lato sinistro della valle. Fortunatamente il rumore dei veicoli a motore resta sullo sfondo. È un continuo salire e scendere: a risaltare sono, come in precedenza, i fitti boschi e i paesini che sembrano rimasti fermi ad altri tempi; si attraversano nell'ordine Akerreta, Zuriain, Irotz (dove c'è una fontanella), e tocchiamo le località di Zabaldika e Arleta.

PAMPLONA. *L'antico Puente de la Magdalena, che segna l'ingresso in città.*

Ci vogliono circa 4 ore per raggiungere Trinidad de Arre; poi, in poco tempo, si giunge a Burlada (si torna a fare i conti con il traffico automobilistico; in città la conchiglia e la freccia gialla non ci abbandonano); proprio all'inizio di Burlada le frecce gialle indicano due percorsi diversi, uno lungo il río Arga (leggermente più lungo ma molto piacevole) e l'altro più diretto; entrambi comunque conducono alle porte della prima importante città jacopea: Pamplona ci accoglie con il suo Puente de la Magdalena, medievale, e le antiche mura, il che rende più tollerabile il doversi "rituffare" (seppur per poco) nel traffico umano e urbano.

Dopo alcuni giorni è la prima volta che ci si ritrova in un ambiente cittadino vestiti da pellegrini (zaino, scarponi e bordone). Fa uno strano effetto. La gente che fa la pausa pranzo, le nonne che vanno a prendere i bambini all'uscita della scuola, i pendolari che aspettano l'autobus, i bancari che escono a prendere un caffè: è il tempo di una normalità che sfiora soltanto il pellegrino, come un fiume che gli scorre accanto senza bagnarlo. Per chi inizia il Cammino da Pamplona: è possibile richiedere la Credenziale all'albergue Casa Paderborn, alla cattedrale e all'albergue municipale.

Il percorso alternativo che si imbocca a Burlada, volendo si può già prendere da Irotz. All'uscita del paese, anziché proseguire il Cammino ufficiale che resta più vicino alla statale N135, è possibile, girando subito a sinistra, seguire un percorso campestre (ciclistico e pedonale) che è stato realizzato dalle autorità locali. In questo modo si arriva direttamente al Ponte della Maddalena (entrata in Pamplona) attraverso un percorso fluviale, dato che tutto questo tratto (11,5 km circa, contro i circa 9 km della via ufficiale) costeggia il río Arga che vi fa da "guida"; fate sempre attenzione in questo caso a non seguire altre deviazioni lungo il percorso.

Da vedere

Larrasoaña Può meritare una visita la chiesa dedicata a San Nicola di Bari (XIII secolo).

Trinidad de Arre Il ponte e la chiesa della Trinità meritano. Nella chiesa le statue di san Giuseppe e di Maria sono in due nicchie, una di fronte all'altra. Particolare curioso, è Giuseppe a tenere in braccio il bimbo.

Pamplona Capitale della Navarra fondata da Pompeo Magno nel 75 a.C. circa, ha molti luoghi interessanti da visitare.

La **CATTEDRALE**: l'originale struttura romanica, alla cui costruzione collaborò il maestro Esteban (che fu anche architetto per la cattedrale di Santiago), fu distrutta da un incendio nel 1390. Venne ricostruita in stile gotico prendendo a modello il chiostro che era stato ultimato nel 1356. La cattedrale che oggi ammiriamo è a croce latina, con tre navate e abside poligonale. Davanti all'altare maggiore si trovano le tombe di Carlo III e di Leonor de Trastámara, del XV secolo, splendidi esempi del gotico di Borgogna. Notevoli le cappelle di San Giovanni Battista, del Santissimo, la Barbazana e, soprattutto, la Cappella Maggiore, dove è conservata la bella immagine romanica di Santa María la Real, risalente al XII secolo. L'attuale facciata, opera di Ventura Rodríguez, è del XVIII secolo.

Il **MUSEO DIOCESANO**, adiacente alla cattedrale, ne custodisce le opere d'arte assieme a pezzi di altre chiese navarre (sculture, pitture, reliquiari, codici...).

La **CHIESA DI SAN CERNÍN**, nell'antico quartiere di San Saturnino, risale al XIII secolo (vi si venera la patrona di Pamplona, la Vergine del Cammino).

La **CHIESA DI SAN LORENZO**: qui è conservata la reliquia del santo patrono della città, San Fermín (grandi feste dal 6 al 14 luglio, con le famose corse dei tori per le vie della città).

Il **PALACIO NAVARRO**, sede dell'archivio generale di Navarra, enorme tesoro di documenti.

L'antica **CITTADELLA**, oggi trasformata in parco.

Le **MURA DI CINTA DELLA CITTÀ**, ultimate nel XVI secolo. Costeggiandole si entra nella città attraverso il Portal de Francia.

Il **PUENTE DE LA MAGDALENA**, per entrare in città, medievale.

4 PAMPLONA → PUENTE LA REINA

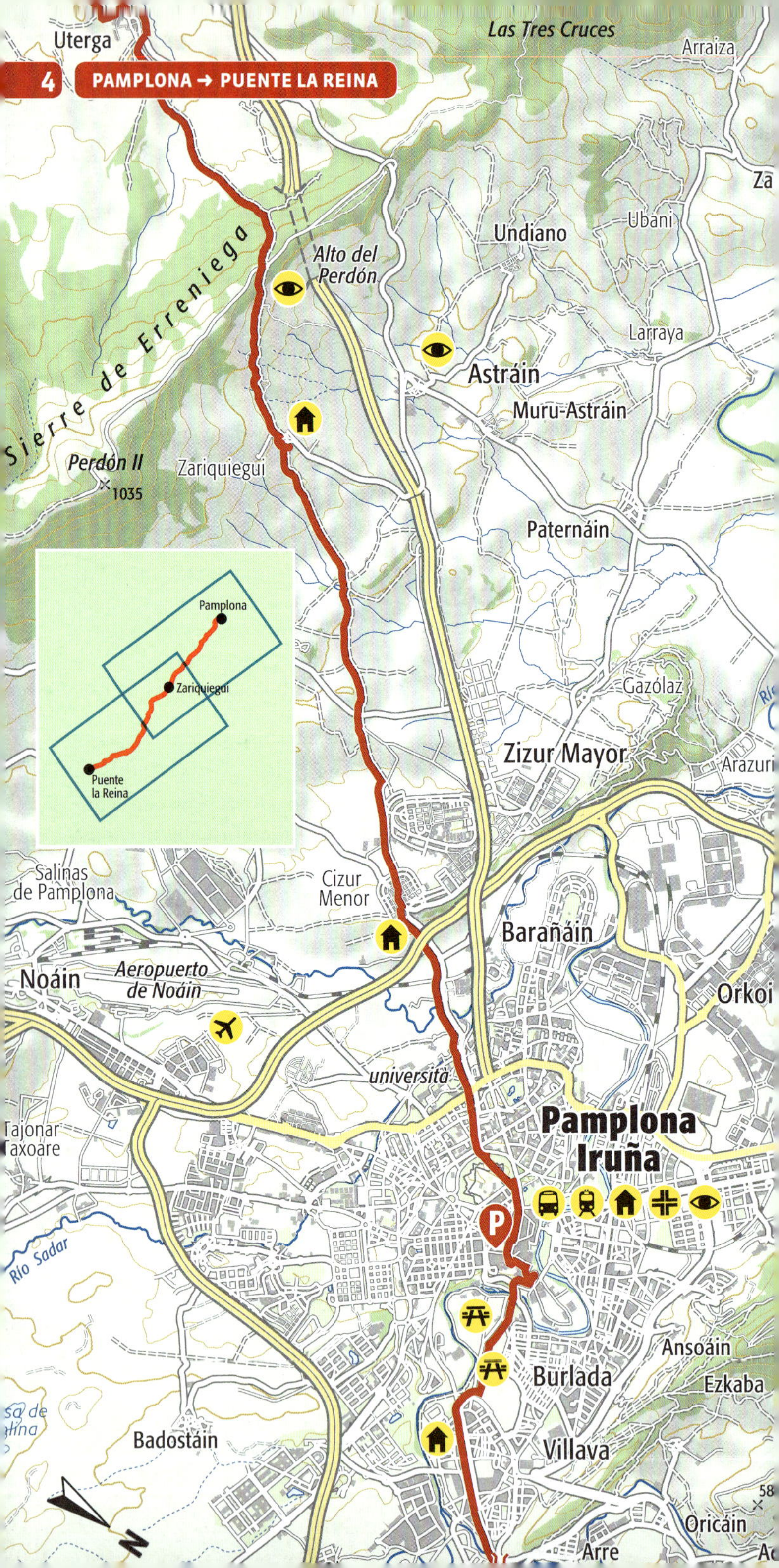

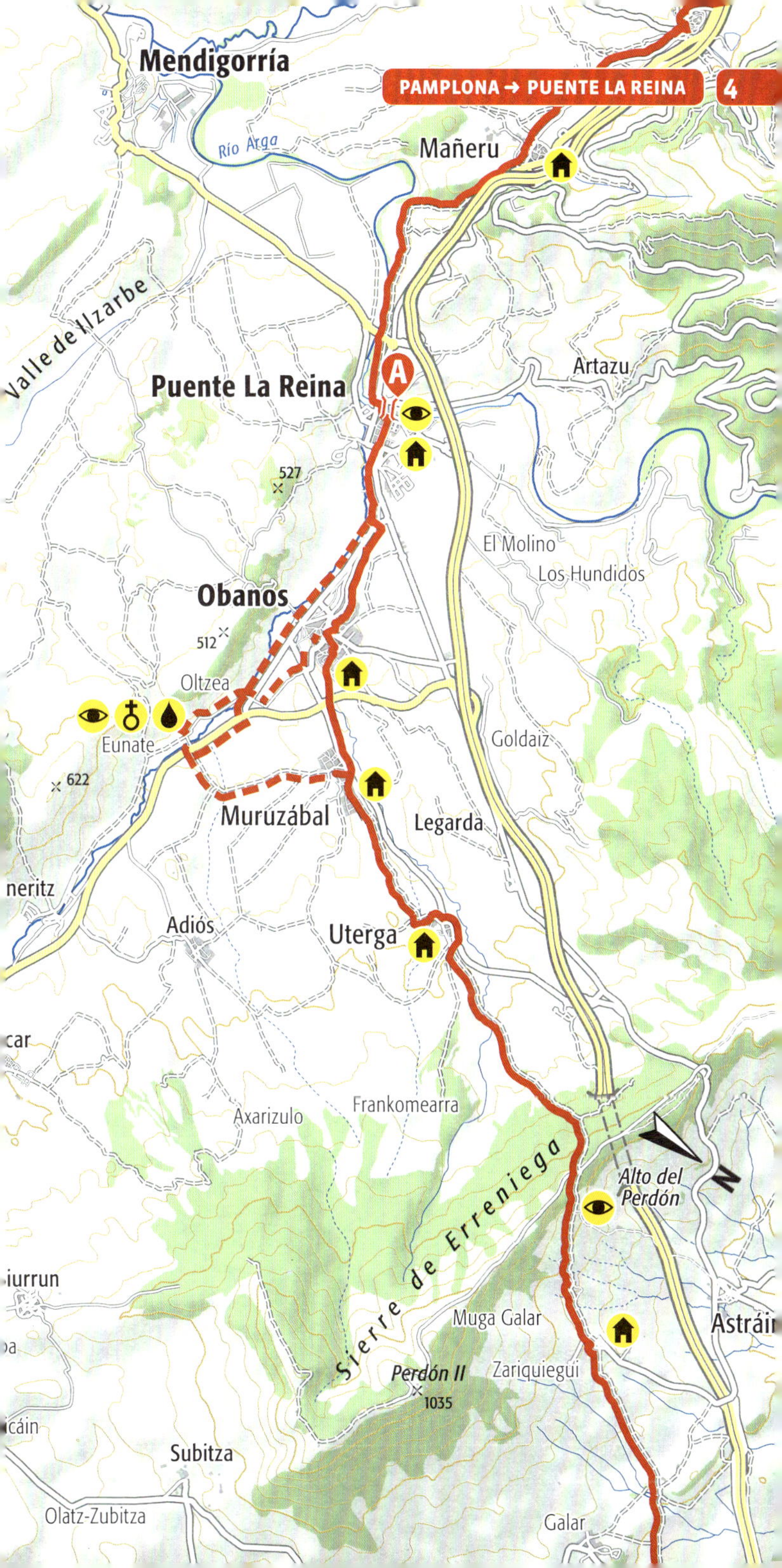
Mendigorría
Río Arga
Mañeru
Valle de Ilzarbe
Puente La Reina
A
Artazu
527
El Molino
Los Hundidos
Obanos
512
Oltzea
Eunate
Goldaiz
622
Muruzábal
Legarda
neritz
Adiós
Uterga
car
Axarizulo
Frankomearra
Sierre de Erreniega
Alto del Perdón
N
iurrun
Muga Galar
Astráin
Perdón II
1035
Zariquiegui
icáin
Subitza
Olatz-Zubitza
Galar

4 Da Pamplona a Puente la Reina

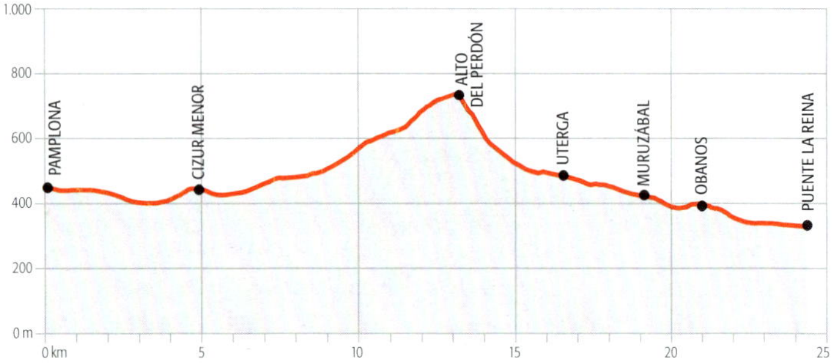

LUNGHEZZA:	**24,3 km**
DISLIVELLO IN SALITA:	**375 m**
DISLIVELLO IN DISCESA:	**491 m**
TEMPO:	**6 ore**
DIFFICOLTÀ:	**media**

Informazioni e servizi

CIZUR MENOR: *Albergue de peregrinos de la Orden de Malta*, accanto alla cappella sanjuanista, tel. 616.651.330, 27 posti, 7 €, maggio-settembre, uso cucina. Spartano. *Albergue privato Familia Roncal*, paseo de Lurbeltz, tel. 670.323.271 / 948.183.885, elalberguedemaribel.com, maribelroncal@ jacobeo.net, marzo-novembre, 52 posti, 12 €; gestito da 32 anni da María Isabel (Maribel), bello e accogliente, uso cucina, giardino. Lungo la via principale vari *bar-ristorante*.

ZARIQUIEGUI: *Albergue privato San Andrés*, c/ Camino de Santiago 4, tel. 948.353.876, www.alberguezariquiegui.com, info@ arberguezariquiegui.com, 18 posti, 10 €. *Negozio di alimentari.*

UTERGA: *Albergue privato Camino del Perdón*, tel. 948.344.598 / 690.841.980, www.caminodelperdon.es, marzo-ottobre, 16 posti, 10 €, *bar-ristorante*. *Albergue privato Casa Baztán*, c/ Mayor 46, tel. 948.344.528, cargocollective.com/casabaztan, albergue@ casabaztan.com, 24 posti, 10 €, colazione, uso cucina, *bar-ristorante*.

MURUZÁBAL: *Albergue privato El Jardín de Muruzábal*, tel. 696.688.399, www. eljardindemuruzabal.com, aprile-ottobre, 23 posti, 10 €, uso cucina. *Albergue privato Mendizabal*, tel. 948.344.631 / 678.010.119, alberguemendizabal@gmail. com, 10 posti, 18 € (con colazione), cena.

OBANOS: *Albergue privato Usda*, c/ San Lorenzo 6, tel. 676.560.927, aprile-metà ottobre, 36 posti, 8 €, uso cucina, colazione. *Albergue Atseden*, tel. 646.924.912, atseden1234@gmail.com, www. atsedenhostel.com, metà marzo-metà ottobre, 12 posti, 12 € (con colazione), uso cucina. In paese si trovano *negozi*, *bar* e *ristoranti*.

PUENTE LA REINA: *Rifugio gestito dai padri Reparadores* (è uno dei più importanti del Cammino), all'entrata della città, vicino alla chiesa del Crocifisso, c/ Crucifijo 1, tel. 948.340.050 / 689.447.222, 100 posti, 5 €, uso cucina, un bel giardino. *Albergue privato Jakue*, c/ Irunbidea 34, tel. 948.341.017, www.jakue.com, ospitalità pellegrina da metà marzo a metà ottobre, il resto dell'anno in camere private, 46 posti, 12 €, cena a buffet 13 € (anche per chi non dorme qui), uso cucina. *Albergue Santiago Apostol*, paraje El Real (uscendo dal paese, circa 500 m a destra dopo aver attraversato il ponte), tel. 948.340.220 / 660.701.246, alberguesantiagoapostol@ hotmail.com, Settimana Santa-ottobre, 100

posti, 14 €, piscina, cena e colazione.
Albergue privato Puente, paseo de los Fueros 57, tel. 661.705.642, www.alberguepuente.com, albergue@alberguepuente.com, metà marzo-metà novembre, 38 posti, 13 € con colazione, uso cucina, cena.
Albergue privato Estrella Guia, c/ Población 2, tel. 948.340.001 / 622.262.431, albergueestrellaguia@gmail.com, da novembre a gennaio su prenotazione, 14 posti, 15 € (con colazione), microonde.
Albergue privato Amalur, c/ Cerco Viejo, tel. 948.341.090, www.albergueamalur.com, aprile-metà novembre, 20 posti, 12 € con colazione.

Abbandonato il versante pirenaico della Navarra, boscoso e spesso carico di umidità (il clima atlantico influisce), ormai c'è da familiarizzare con le colline e le pianure coltivate. Incontriamo ancora una salita significativa, quella all'Alto del Perdón: le pale eoliche sono giganti, guidano e s'ingrandiscono a ogni passo. Poi via, veloci fino a Puente la Reina: qui due delle strade che portano a Santiago (il Cammino francese e il Cammino aragonese) si riuniscono e, guarda caso proprio sul ponte, diventano una sola strada che punta a Ovest.

Usciamo da Pamplona attraversando il moderno e piacevole campus universitario, passiamo da Cizur Menor e raggiungiamo Zariquiegui. Fin qui il cammino è comodo e rilassante, inizialmente in lieve discesa; a questo punto inizia la vera e propria salita al monte, che si risolve in circa tre quarti d'ora lungo un sentiero. Dominano la sommità della sierra i mulini a vento, che sfruttano la notevole forza del vento della zona: un vero e proprio "parco eolico" per il quale è stato costruita anche una sterrata ad hoc. Poco prima di arrivare sull'Alto del Perdón, c'è la *fuente de la reniega*, "la fonte del rinnegamento": una leggenda narra che il demonio offrisse acqua ai pellegrini in cambio del rinnegamento della loro fede.

Giunti in cima all'altura (qui nella bella stagione trovate un furgoncino-bar), quasi protetti dalle silhouette dell'originale monumento al pellegrino, per la prima volta si può osservare, voltandosi indietro, il cammino compiuto finora: le cime pirenaiche, l'Alto de Erro, la valle del río Arga... e, guardando avanti, il futuro che ci attende.

Dopo la discesa, il percorso è facile: si incontrano le località di Uterga, Muruzábal, Obanos. Una curiosità: il forte vento che soffia sull'Alto si placa non appena si scollina sul versante opposto.

Tra Cizur Menor e Uterga, l'unico punto di rifornimento è a Zariquiegui.

Puente la Reina, punto di arrivo di questa tappa, è uno di quei nomi che si imprimono nella memoria del pellegrino ancora prima di partire. In questo importante centro medievale i cammini verso Santiago, quello navarro sin qui descritto e quello aragonese (che giunge dal passo pirenaico del Somport), si congiungono divenendo uno solo, il Cammino francese.

Annotazione culinaria: se è stagione, comprate e cucinate i peperoni che qui coltivano in abbondanza (sono spesso a seccare alle finestre).

Da vedere

Astráin Bellissima cattedrale in rovina, poco fuori il Cammino.

Alto del Perdón Lo si vede da lontano, con la sua fila di moderni mulini eolici. In cima si staglia il "Monumento al pellegrino" (eretto nel 1996 dagli Amici del Cammino di Navarra sul luogo ove anticamente sorgeva un hospital per pellegrini e, fino a poco tempo fa, un'ermita dedicata alla Vergine del Cammino). Sul monumento sono incise queste parole: *Donde se cruza el camino del viento con el de las estrellas* ("dove si incrocia il cammino del vento con quello delle stelle").

Eunate Vale la pena, soprattutto se amate l'arte, di allungare un po' la tappa odierna per arrivare alla solitaria e straordinaria ermita de Nuestra Señora de Eunate (fine XII secolo), ottagonale, di origine templare.

Si può raggiungere da Muruzábal, con una deviazione a sinistra (prestate attenzione, altrimenti rischiate di passare oltre) di circa 2,5 km. Il sentiero (segnato) prosegue poi fino a Puente la Reina lungo gli ultimi chilometri del Cammino aragonese. Oppure si può raggiungere da Obanos, dove c'è un albergue: in questo caso si può anche pensare di fare tappa qui, visitando Eunate al pomeriggio del giorno di arrivo (dopo aver lasciato lo zaino in albergue), oppure alla mattina del giorno successivo.

Gli orari cambiano spesso a seconda dei mesi e degli anni. In inverno è generalmente chiusa. Meglio chiedere telefonando al 628.872.835.

Puente la Reina È il perfetto esempio di un paese nato per il Cammino, con la calle Mayor che accompagna il pellegrino dall'entrata fino all'uscita.

Il **PONTE ROMANICO** dell'XI secolo è semplicemente bellissimo. Fu fatto costruire dalla regina Munia, sposa di Sancho III di Navarra, per facilitare il transito dei pellegrini sul río Arga. Il paese deve il suo nome a questo.

La **CHIESA DEL CROCIFISSO** è unita con una volta a crociera all'antico hospital dei pellegrini, ed è probabilmente di fondazione templare. Al suo interno si possono ammirare in particolare un'immagine romanica di santa María de las Huertas e, soprattutto, un crocifisso ligneo a forma di Y del XIV secolo, detto "Cristo renano". Questa splendida opera dà il nome alla chiesa e fu donata da un pellegrino tedesco.

La **CHIESA DI SANTIAGO**: situata a metà della calle Mayor, conserva l'imponente facciata romanica del XII secolo; la navata centrale, gotica, è del 1534, il pavimento è tutto in legno. All'interno: il *retablo mayor* (XVIII secolo), dorato, dedicato a San Giacomo; un'immagine di San Bartolomeo e la scultura lignea di San Giacomo raffigurato qui non come il *matamoros* guerriero ma come un pellegrino (è questa l'idea che preferiamo di San Giacomo): piedi nudi, bastone in mano e, soprattutto, nero. Questa statua gotica è chiamata Santiago *Beltza* (che significa appunto "negro").

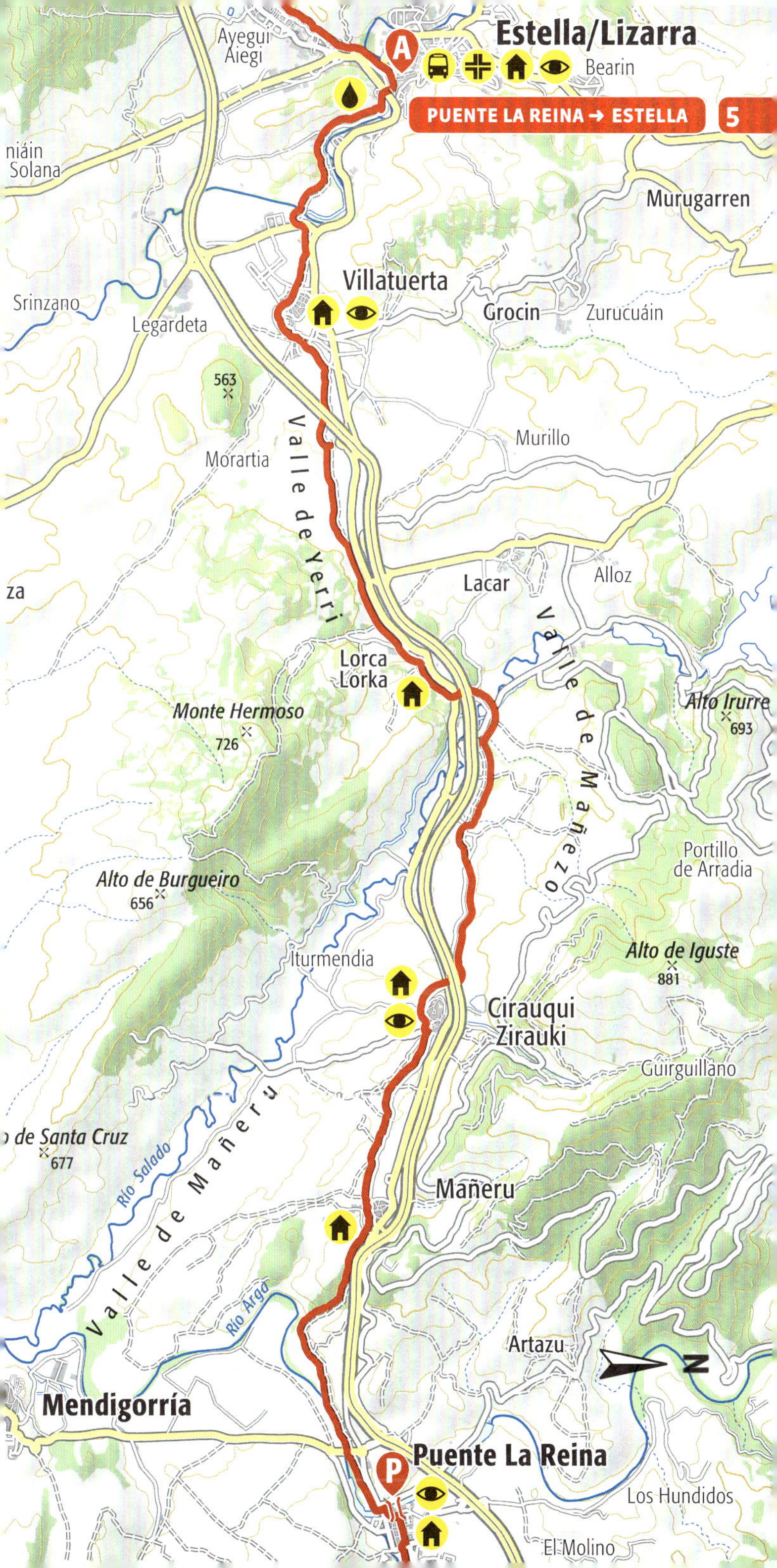

Estella/Lizarra
Bearin
PUENTE LA REINA → ESTELLA
5
Ayegui
Aiegi
niáin
Solana
Murugarren
Villatuerta
Srinzano
Legardeta
Grocin
Zurucuáin
563
Morartia
Murillo
Valle de Yerri
Lacar
Alloz
za
Valle de Mañezo
Lorca
Lorka
Monte Hermoso
726
Alto Irurre
693
Portillo
de Arradia
Alto de Burgueiro
656
Alto de Iguste
881
Iturmendia
Cirauqui
Zirauki
Guirguillano
de Santa Cruz
677
Río Salado
Valle de Mañeru
Mañeru
Río Arga
Artazu
N
Mendigorría
Puente La Reina
Los Hundidos
El Molino
A
P

5 Da Puente la Reina a Estella

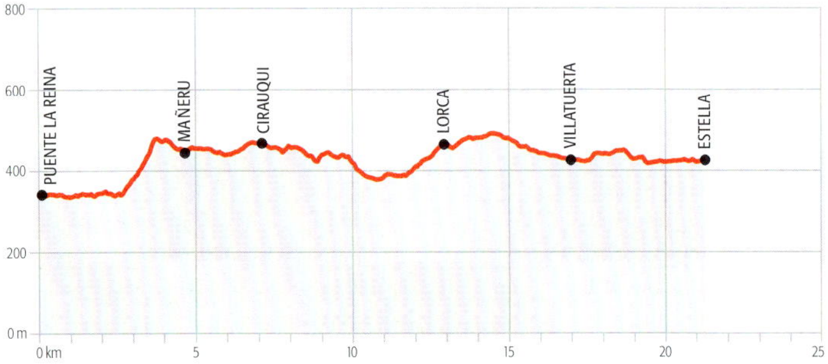

LUNGHEZZA:	**21,3 km**
DISLIVELLO IN SALITA:	**562 m**
DISLIVELLO IN DISCESA:	**482 m**
TEMPO:	**5 ore e 45 minuti**
DIFFICOLTÀ:	**facile**

Informazioni e servizi

MAÑERU: *Albergue El Cantero*, c/ Esperanza 2, tel. 948.342.142, www.albergueelcantero.com, Settimana Santa-ottobre, 26 posti, 11 €, uso cucina, *bar-ristorante*.
Vari *alimentari* e un *bar* a lato della chiesa.
CIRAUQUI: *Albergue privato Maralotx*, plaza Grande, tel. 678.635.208, marzo-ottobre, 28 posti, 12 €, *ristorante* e *bar*.
All'entrata del paese c'è un *alimentari*; lungo la strada, *bar* per mangiare.
LORCA: *Albergue privato La bodega del camino*, c/ Placeta 8, tel. 948.541.162 / 948.541.327, Pasqua-ottobre (poi solo per gruppi su prenotazione, o in casi speciali, tel. 948-54.11.20), 30 posti, 9 € (con Credenziale), uso cucina, cena.
Albergue privato, c/ Mayor 40, tel. 948.541.190, txerra26@mixmail.com, Pasqua-ottobre, 14 posti, 7 €, uso cucina, *bar*.
In paese, *bar-ristorante*.
VILLATUERTA: *Albergue privato La Casa Mágica*, c/ Rebote 5, prima del vecchio ponte, tel. 948.536.095, alberguelacasamagica.com, hola@alberguelacasamagica.com, marzo-ottobre, 35 posti, 14 €, cena vegetariana e colazione.
Ci sono un *negozio di alimentari* e un *bar* poco lontano. Seguendo il Cammino, lungo la strada si trovano *mesones* dove servono menu del día.
ESTELLA/LIZARRA: Grande e moderno (un po' "freddo") *albergue municipale* in calle de la Rúa, all'ingresso della città, tel. 948.550.200, caminodesantiagoestella@gmail.com, chiuso metà dicembre-metà gennaio, 96 posti, 6 €, uso cucina.
Rifugio Anfas, in calle Corderelos (all'entrata del paese girare a destra), gestito dall'Asociación Anfas (si occupa di disabili mentali) e "affidato" nella conduzione soprattutto a persone disabili; una bella iniziativa per il Cammino e lungo il Cammino. Tel. 639.011.688 / 948.554.551, albergue@anfasnavarra.org, www.albergueanfas.org, maggio-settembre. Con semplicità e cortesia offrono 34 posti e l'uso cucina; i 7 € di quota richiesta per dormire diventano anche un aiuto affinché questa iniziativa di solidarietà possa continuare a svilupparsi. Pensateci!
Albergue parrocchiale San Miguel, gestito da hospitaleri volontari, c/ Mercado Viejo 18, tel. 635.866.009 / 948.550.431, j.miguelarellano@gmail.com, Settimana Santa-ottobre, 32 posti, donativo, uso cucina. Colazione comunitaria.
Albergue juvenil Oncineda, c/ Monasterio

Iraqe 11, tel. 948.555.022 / 666.199.939, info@albergueestella.com, marzo-ottobre, 150 posti, 10 €, colazione e pasti, ma bisogna prenotare.
Albergue Capuchinos Rocamador, c/ Rocamador 6, tel. 948.550.549 / 948.550.013, 54 posti, 13-20 € con biancheria, uso cucina.
Hostel Ágora, c/ Callizo Pelaires 3, tel. 948.546.574 / 681.346.882, info@dormirenestella.com, www.dormirenestella.com, marzo-novembre, 26 posti, 20 € con colazione, uso cucina.
Albergue La Hostería de Curtidores, c/ Curtidores 43, tel. 948.550.070 / 607.813.759, curtidores@albergueestella.com, 45 posti, 15 €, colazione, uso cucina (1 €/h).
La sera, per chi incomincia a soffrire di crampi o dolori muscolari, non è difficile trovare a Estella (ma anche nelle altre tappe del Cammino, almeno in estate) un massaggiatore. La città offre *ogni tipo di servizio*. È anche possibile fare un bagno nel fiume, se la stagione lo consente.

Sterrati, sentieri, resti di antiche strade e ponti romani, e poi... l'autostrada. Si cammina a fianco, si passa a lato, sotto e, in altre tappe, anche sopra: la storia e la modernità insieme. La giornata è breve, ma la stanchezza che si accumula non è solo quella dovuta ai chilometri: qui i saliscendi, se li sottovaluti, alla fine sfiancano. Per resistere ognuno deve trovare ciò che lo ristora e lo sostiene: i campi di grano, i paesini arroccati come fortezze imprendibili, che poi s'arrendono umili ai viandanti, la compagnia... Tutto è prezioso per giungere alla meta.

Si esce da Puente la Reina passando per il famoso ponte (la tradizione vuole che i pellegrini lo attraversassero scalzi). Voltatevi e godetevelo da tutte le prospettive, è uno dei ponti più suggestivi di tutto il Cammino.

Dopo aver attraversato la NA-1110, la rotta scorre lungo il fondo della valle su sentieri e terra battuta; dopo qualche chilometro si passa per Mañeru per poi giungere a Cirauqui (in lingua basca "nido di vipere"), la cui entrata presenta vie con pendenza accentuata. In questo paese medievale arroccato su una collina, i resti delle antiche mura e le due chiese del XIII secolo testimoniano un passato splendore, merita uno sguardo la piazza, dalla quale si passa obbligatoriamente. Qui vicino, sotto un arco e su una mensola trovate un sello. Il cammino prosegue imboccando l'antica strada romana, suggestiva, ultima gloria della gran rotta imperiale, che sarebbe diventata poi la via jacopea. Dopo il ponte romano si sale a valicare l'autostrada su un ponte di cemento. Tra Cirauqui e Lorca il Cammino è affiancato dall'autostrada A12 e purtroppo ripercorre solo in brevi tratti l'antica strada romana. A Lorca si trova una fonte rinomata tra i pellegrini per la bontà delle sue acque.

Nuovi tratti di Cammino, realizzati a seguito della costruzione dell'autostrada della Navarra, hanno parzialmente rettificato il precedente percorso. Portano al ponte medievale sul río Salado (le cui acque salate, secondo il *Codex Calixtinus*, avrebbero ucciso i cavalli) e dopo aver passato la località di Lorca si giunge a Villatuerta, dove il

PUENTE LA REINA. *All'uscita dal paese, voltatevi per godervi la vista del ponte.*

vecchio ponte medievale ci orienta verso l'uscita del paese. Attraversata una strada asfaltata, dove un monumento ricorda una pellegrina canadese morta lì in un incidente nel 2002, si prende un sentiero (ben segnalato da un cartello metallico) che ci inoltra nella valle dell'Ega dove, poco dopo aver passato il ponte sul río Ega, si arriva a Estella.

Da vedere

Cirauqui Non è solo uno dei piccoli paesi che la tappa odierna propone: è soprattutto la sorprendente antica strada romana.

La **CHIESA DI SAN ROMÁN**: bella facciata romanica del XIII secolo.

La **CHIESA DI SANTA CATERINA D'ALESSANDRIA**, iniziata nel XIII secolo.

Villatuerta La **CHIESA PARROCCHIALE DE LA ASUNCIÓN**; il campanile è del XIII secolo, il resto del XIV. L'altare maggiore e le cappelle laterali sono di ottima fattura rinascimentale e barocca.

Estella Una delle città artisticamente più interessanti del Cammino. Bisogna però arrivarci avendo risparmiato un po' di forze e di tempo. Alle 17 aprono le chiese che però chiudono di lì a poco (dopo la messa in genere). Fondata da Sancho Ramírez attorno al 1090 proprio per il gran numero di pellegrini, fu inizialmente un borgo franco, per la presenza di numerosi artigiani di origine francese.

La **CHIESA DI SAN PEDRO DE LA RÚA**, con tre navate gotiche e un bel chiostro adiacente; nell'abside non perdetevi la colonna con i 3 serpenti.

La **CHIESA DI SAN MIGUEL**, con facciata tardo romanica.

Il **CONVENTO DI SANTO DOMINGO**, fondato da Teobaldo II nel 1259.

Il **PALACIO DE LOS REYES DE NAVARRA**, XII secolo: il miglior esempio di architettura romanica civile di tutta la regione.

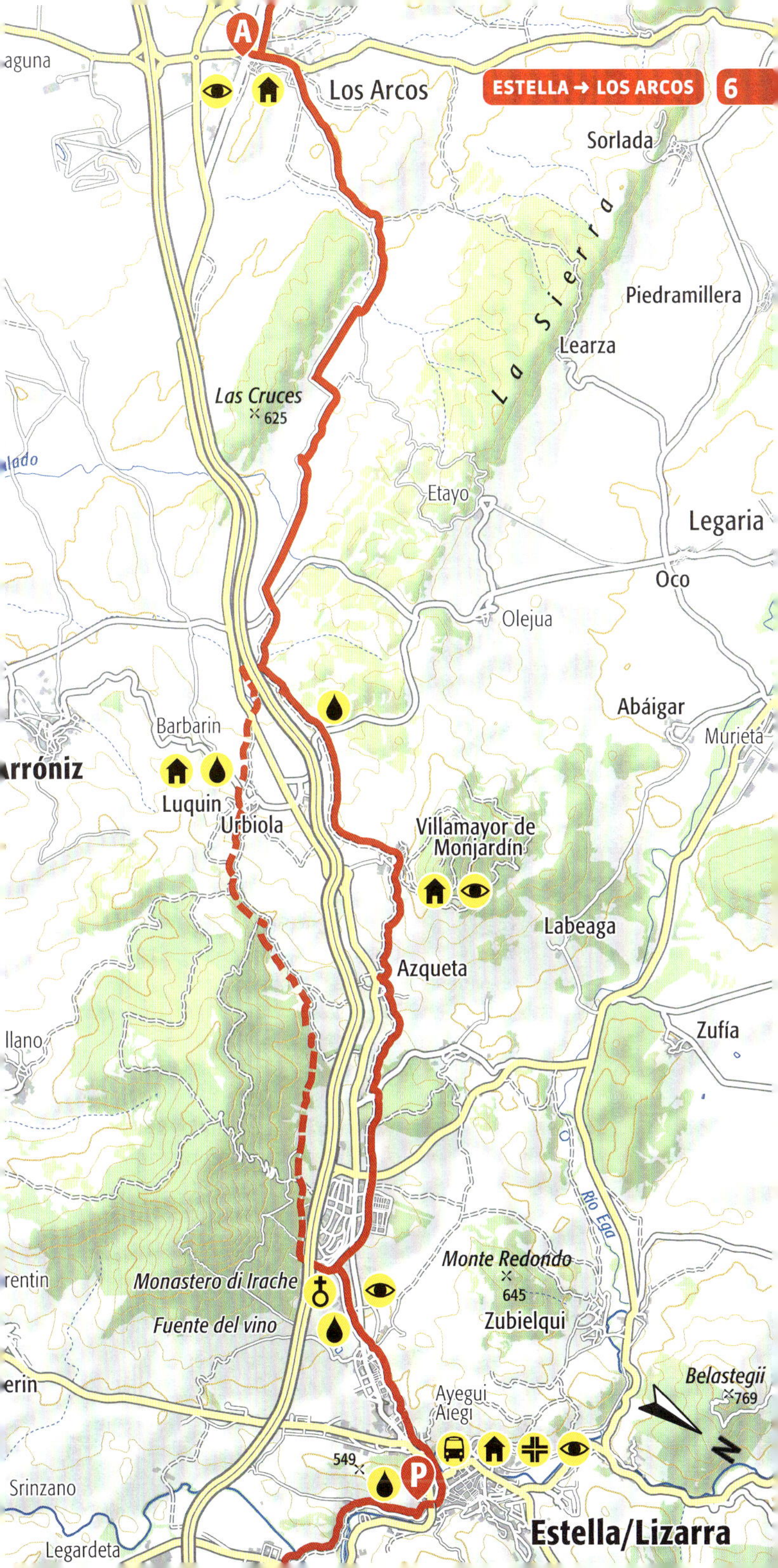
A
Los Arcos
aguna
Sorlada
La Sierra
Piedramillera
Learza
Las Cruces
625
lado
Etayo
Legaria
Oco
Olejua
Abáigar
Murieta
Barbarin
Arróniz
Luquin
Urbiola
Villamayor de Monjardín
Labeaga
Azqueta
Zufía
llano
Río Ega
Monte Redondo
645
rentin
Monastero di Irache
Fuente del vino
Zubielqui
Belastegii
769
erin
Ayegui
Aiegi
N
549
P
Srinzano
Estella/Lizarra
Legardeta

6 Da Estella a Los Arcos

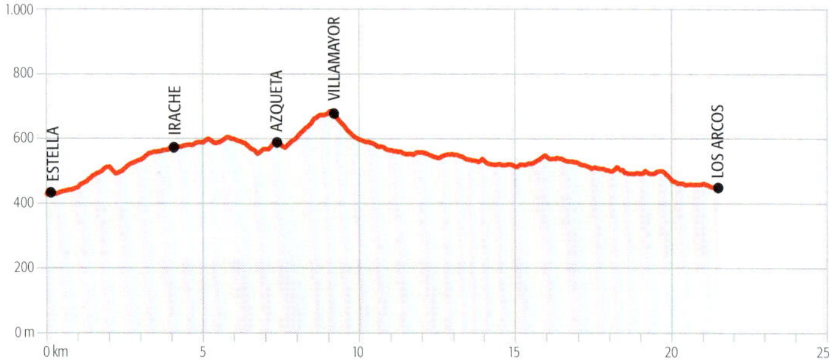

LUNGHEZZA:	**21,5 km**
DISLIVELLO IN SALITA:	**482 m**
DISLIVELLO IN DISCESA:	**460 m**
TEMPO:	**5 ore e 30 minuti**
DIFFICOLTÀ:	**facile**

Informazioni e servizi

Attenzione: lungo la tappa si trovano bar e negozi ad Ayegui, Irache, Azqueta e Villamayor de Monjardín. Da lì in poi è solitudine piena: attrezzarsi prima.

AYEGUI: *Albergue municipale San Cipriano*, tel. 948.554.311, 42 posti, 10 €, uso cucina, cena e colazione.

LUQUIN (SULLA VARIANTE): *Albergue privato Casa Tiago*, c/ San Martín 11, tel. 626.240.862, www.alberguecasatiago.com, alberguecasatiago@gmail.com, 14 posti, 12 €, uso cucina.

VILLAMAYOR DE MONJARDÍN: *Albergue privato*, c/ Mayor 1, tel. 677.660.586, www.alberguevillamayordemonjardin.com, info@alberguevillamayordemonjardin.com, marzo-ottobre, 20 posti, 15 € con colazione, uso cucina.

Albergue Oasis Trails (ex *Hogar Monjardín*), c/ plaza 4, nella parte alta del paese, in un'antica casa, gestito da una fondazione protestante olandese, tel. 948.537.136, aprile-ottobre, 25 posti, 10 €, cena e colazione.

In paese c'è un *bar* che però apre solo il fine settimana. Nelle vicinanze (domandare) qualche *trattoria* offre menu del día.

LOS ARCOS: *Rifugio municipale Isaac Santiago*, c/ San Lázaro, a poche centinaia di metri dall'ingresso in città, appena fuori dalle mura della parte vecchia, tel. 948.441.091 / 948.640.172, aprile-ottobre, 70 posti, 6 €. Confortevole, gestito dalla locale associazione, uso cucina, sala da pranzo. D'estate vi si avvicendano volontari di tutta Europa: il clima è familiare e ci si trova bene. C'è anche un po' di giardino (ottimo per stendere i panni o, nei mesi di pienone, per srotolare il sacco a pelo o piantare la tenda).

Albergue privato Casa de la Abuela, plaza de la Fruta, tel. 948.640.250 / 630.610.721, contacto@casadelaabuela.com, www.casadelaabuela.com, marzo-ottobre, 32 posti, 12 €, uso cucina.

Albergue privato La Fuente-Casa de Austria, travesía del Estanco, tel. 948.640.797 / 636.018.348, lafuentecasadeaustria@gmail.com, chiuso per le feste di Natale e a gennaio, 48 posti, 9-11 €, colazione, uso cucina.

Albergue privato Casa Alberdi, c/ Hortal 3, tel. 650.965.250, alberdikontxi@gmail.com, www.alberguecasaalberdi.com, 30 posti, 10 €, colazione, uso cucina.

In paese si trovano tutti i *servizi principali*. Nei periodi di grande affluenza i pellegrini possono dormire nel palazzetto dello sport.

Il tema della tappa, dopo l'ebbrezza e la sorpresa della fonte del vino di Irache, e dopo le aree recentemente costruite, è la solitudine: fatene tesoro! Aiutano e tengono compagnia i campi di grano, con i colori che incantano e perdurano nella memoria, a seconda delle stagioni: l'ocra scuro dei campi arati in autunno, il verde di ciò che nasce in primavera, l'oro maturo delle spighe, quello più irto delle stoppie. D'estate si apprezza l'ombra di qualche bosco: se è l'ora di pranzo non pensateci due volte e fermatevi. Poi potreste non avere un'altra così fortunata coincidenza. Los Arcos, dopo tanti passi nei campi, appare come un abbraccio.

È l'ultima tappa in Navarra. Poco dopo la partenza, passati per Ayegui, il sentiero si divide, ma non ci sono dubbi: bisogna svoltare a sinistra per il monastero di Irache. Diritto si proseguirebbe direttamente verso Azqueta, ma poche centinaia di metri in più valgono sicuramente la vista del monastero, il più antico degli hospitales per i pellegrini in Navarra, l'unico al mondo a disporre di una fontana, accessibile a tutti, dalla quale sgorga del buon vino oltre all'acqua. Sulla fonte c'è un cartello che invita a berne un bel sorso affinché, rinfrancati nello spirito, si possa continuare il Cammino con più forza e vitalità.

Dopo la fonte si presentano di nuovo due possibili percorsi: uno è un pochino più breve, va verso sinistra, e passa per Luquin; l'altro è quello tradizionale: va a destra e passa per Azqueta e Villamayor de Monjardín. I due percorsi si ricongiungono prima di arrivare a Los Arcos. Noi scegliamo quello tradizionale, che ci porta ad attraversare una carretera e a costeggiare un'area di campeggi.

Dopo Azqueta si attraversano una zona di allevamento di bestiame, alcune vigne e, poco dopo essere passati davanti a un'antica fonte medievale, detta *de los Moros*, del XIII secolo (attenzione l'acqua è stagnante e non potabile), molto suggestiva soprattutto d'estate, si arriva a Villamayor de Monjardín; poi il Cammino scende attraversando i vigneti su una buona pista in terra battuta.

Poco più avanti, dopo un pioppeto, inizia un lungo tratto di completa solitudine, dove l'unica compagnia sono i campi coltivati, le colline che si perdono verso orizzonti infiniti e il silenzio. Dopo 12 km così, fuori dal tempo, si arriva a Los Arcos.

Attenzione: fra Villamayor e Los Arcos non s'incontra acqua se non a una fonte all'incrocio con una strada asfaltata poco dopo aver lasciato Villamayor, e a un chiosco che si trova a metà di questo tratto, e che apre solo in primavera-estate.

Da vedere

La fonte del vino Adiacente al monastero di Irache, il Cammino vi passa accanto. È una fontana che, insieme all'acqua, offre a ogni viandante del buon vino. Sembra una leggenda ma è invece realtà. L'unica cosa che si chiede al pellegrino è di non riempire la borraccia: se lo si vuole portare via va infatti comprato.

Irache Il complesso del **MONASTERIO DE SANTA MARÍA LA REAL**, soprattutto la chiesa (XII-XIII secolo), è grandioso con i suoi tre chiostri. Vale la pena di mettere in conto una visita (apertura: tra aprile e ottobre 10-13.30, 16-19, chiuso il lunedì e il martedì; negli altri mesi orari ridotti. Messa la domenica alle 11).

In questo stesso luogo, già nel 958 esisteva una comunità di benedettini. L'abate Veremundo consacrò la sua vita ai pellegrini: oggi è il santo patrono del Cammino in Navarra. Nel 1054 il re di Navarra donò l'hospital ai benedettini. Nel XVII secolo Irache fu anche sede dell'università.

La fuente de los Moros Fonte-cisterna molto bella, del XIII secolo. La si incontra poco prima di Villamayor. D'estate, sotto il sole, è un inaspettato frammento di ombra e di fresco. Ideale per un po' di riposo.

Villamayor de Monjardín La **CHIESA DI SAN ANDRÉS**, romanica con torre barocca, conserva al suo interno una croce processionale in argento, del XII secolo, e alcune statue raffiguranti santi. La chiesa ha un'acustica eccezionale: se sapete cantare sperimentatela.

Los Arcos Cittadina medievale, citata già nel *Codex Calixtinus* (su preesistenze romane). Merita in particolare la **CHIESA DI SANTA MARÍA**: a navata unica. Si mescolano elementi romanici, gotici, platereschi e barocchi; gli affreschi che la decorano sono di Cristóbal Gonzales, dipinti su legno e argento. Fin troppo cariche le decorazioni barocche. Il chiostro è gotico, il coro è del 1561. Il campanile rinascimentale è del XVI secolo.

Il parroco, potendo, amministra la benedizione ai pellegrini di passaggio e regala loro una visita guidata al complesso.

Ladera de Urbina
Río de Cornava
La Barranco
Alto de Poyo
Río Linares
Bargota
El Arco
La Rad
Torres del Río
Valdascua
Sansol
El Busto
Muelas
Río de San Pedro
Los Arcos
Alto de Poyo
Logroño
Río de Valseca
P
Los Arcos
Mues
593
Las Lombas
Sorlada
Río Cardiel
711
La Sierra
Piedramillera
Learza
N
Las Cruces
625
Río Salado

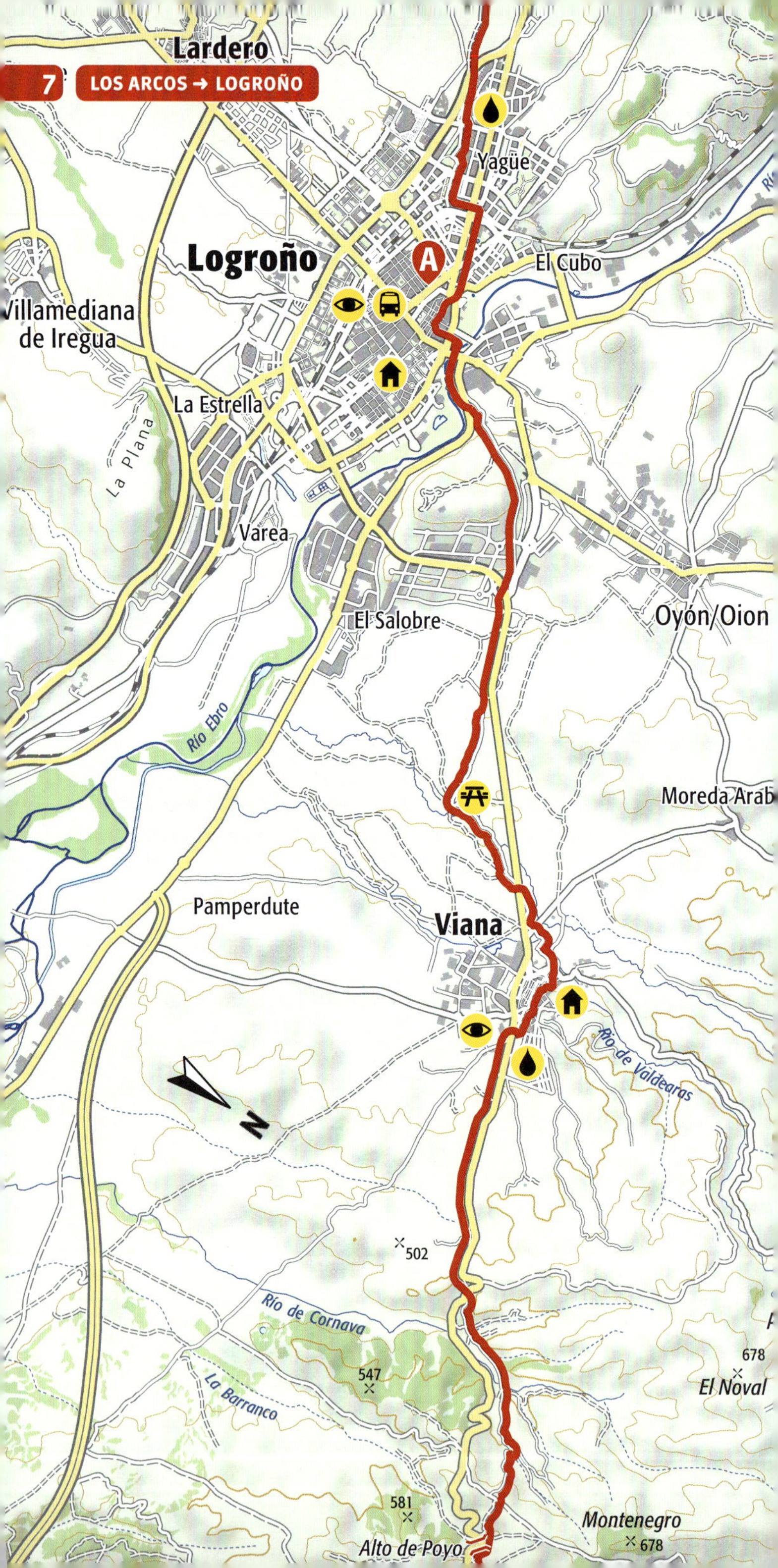
Lardero
Yagüe
Logroño
A
El Cubo
Villamediana
de Iregua
La Estrella
La Plana
Varea
El Salobre
Oyón/Oion
Río Ebro
Moreda Arab
Pamperdute
Viana
Río de Valdearas
N
502
Río de Cornava
678
547
El Noval
La Barranco
581
Montenegro
678
Alto de Poyo

Da Los Arcos a Logroño

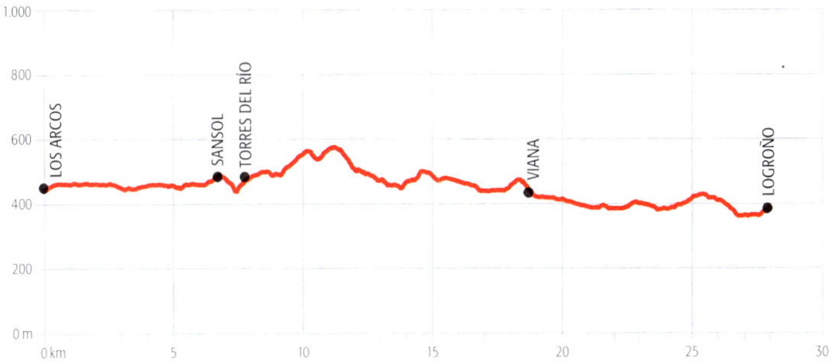

LUNGHEZZA: **27,9 km**
DISLIVELLO IN SALITA: **601 m**
DISLIVELLO IN DISCESA: **660 m**
TEMPO: **7 ore**
DIFFICOLTÀ: **media**

Informazioni e servizi

SANSOL: *Albergue privato*, c/ Barrio Nuevo 4, tel. 948.648.473 / 609.203.206, www.deshojandoelcamino.com, info@deshojandoelcamino.com, Settimana santa-ottobre, 26 posti, 10 €, cena e colazione.
Albergue Codés, tel. 689.804.028, alberguerestaurantecodes@gmail.com, www.alberguerestaurantecodes.com, aprile-ottobre, 20 posti, 10 €, *bar-ristorante*.
In paese c'è un *bar* che serve panini e qualche piatto.
TORRES DEL RÍO: *Albergue Casa Mariela*, plaza Ordoñez 6, tel. 948.648.251, fernando_berdeja_7@hotmail.com, 70 posti, 10 €, colazione; collegato all'accogliente *ristorante Casa Lili*, con ottimo menu del pellegrino. Nell'albergue c'è anche un *alimentari*.
Albergue la Pata de Oca, c/ Mayor 5, tel. 948.378.457 / 608.250.121, alberguelapatadeoca@gmail.com, 42 posti, 10-14 €, *bar-ristorante*.
Nel centro del paese, *bar-ristorante* e *alimentari*.
VIANA: *Rifugio municipale Andrés Múñoz*, c/ El Portillo, al lato della chiesa di San Pedro, tel. 948.645.530 / 609.141.798, alberguedeviana@hotmail.com, sempre aperto (da novembre a metà marzo prenotare), 46 posti, 8 €. Uso cucina, patio.
Rifugio parrocchiale, gestito da hospitaleros voluntarios, plaza de los Fueros, accanto alla chiesa di Santa María, tel. 948.645.037 / 646.666.738, parroquiaviana@gmail.com, giugno-settembre, 17 posti su materassi al suolo, cena condivisa, a donativo; con uso cucina. Ottima accoglienza.
Albergue Izar, c/ El Cristo 6, tel. 660.071.349 / 948.090.002, albergueizar@gmail.com, www.albergueizar.com, marzo-ottobre, 42 posti, 10 €, uso cucina.
Nella cittadina tutti i *servizi principali*.
LOGROÑO. *Rifugio municipale*, proprietà e gestione Asociación Amigos del Camino, c/ Rua Vieja 32, tel. 941.239.201 / 941.248.686, www.asantiago.org, info@asantiago.org, 68 posti, 7 €, uso cucina. Grande, con piccolo cortile interno, ma un po' freddino.
Rifugio parrocchiale, gestito da hospitaleros voluntarios, c/ Barriocepo 8 (dall'albergue municipale continuate sempre diritti), tel. 941.209.501, 30 posti (quando è pieno, alloggio in locali parrocchiali, su materassini), cena condivisa e colazione, a donativo. La parrocchia è quella di Santiago de Logroño.
Albergue privato Albas, plaza Martínez

Flamarique 4 bajo, tel. 941.700.832, albas@alberguealbas.es, www.alberguealbas.es, 22 posti, 12 €.
Hostel Entresueños, c/ Portales 12, tel. 941.271.334, hostellogrono.com, info@hostellogrono.com, 98 posti, 10 €, uso cucina.
Albergue privato Santiago Apóstol, c/ Ruavieja 42, tel. 941.256.976, ruavieja42@gmail.com, d'inverno prenotare, 80 posti, 10 €, uso cucina.
Albergue privato Check in Rioja, c/ los Baños 2, tel. 941.272.329, www.checkinrioja.com, info@checkinrioja.com, marzo-ottobre, 30 posti, 12 €.
Albergue privato Logroño, c/ Capitán Gallarza 10, tel. 941.254.226 / 608.234.723, info@casaconencanto.net, 30 posti, 10 €, uso cucina.
Winederful Hostel & Café, c/ Herrerías 2-14, tel. 941.139.618, winederful@winederful.es, www.winederful.es, 18 posti, 16-25 €, colazione, uso cucina.
La città è una delle più grandi del Cammino, offre *servizi di ogni tipo*.

Oggi lasciamo dietro di noi la Navarra ed entriamo nella Rioja, piccola regione autonoma (dal 1982) famosa per il suo vino.
È una tappa un po' temuta per le continue salite che la movimentano e per le distanze ingannevoli.
A Logroño la festa della vendemmia, attorno alla ricorrenza di san Matteo (21 settembre), dura una settimana. Un brindisi alla cena di fine tappa è d'obbligo.

Da Los Arcos a Sansol il paesaggio è ricco di vigneti e la salita che si percorre impedisce di scorgere più in là Torres del Río, dove si arriva dopo circa un'ora e 45 minuti di cammino. Qui c'è uno dei capolavori del Cammino: la chiesa ottagonale del Santo Sepolcro.

Da Torres inizia un lungo tratto da molti chiamato *rompepiernas* (spaccagambe) per i continui saliscendi (e vari incroci con la statale NA-1110) che caratterizzano gli 11 km che ci separano da Viana. Il sentiero si dirige prima all'Alto de Poyo (dove c'è l'ermita de la Virgen del Poyo, del XVI secolo, e dove in alta stagione, dalle 8 alle 15, apre un piccolo bar), e poi scende verso la statale (NA-1110), per presto lasciarla e salire a una collina da dove si domina la pianura riojana. In fondo si intravede Logroño; in mezzo c'è però Viana che sembra non arrivare mai. La città è lì, la vedi presto, ma mancano ancora molti chilometri per raggiungerla (fra Torres e Viana, a parte il baretto alla Virgen del Poyo, non si trova nulla: è bene rifornirsi d'acqua!).

Alla fine di questo lungo tratto, a ripagare della fatica ci sono le strade medievali, le mura di fortificazione, l'imponente chiesa di Santa María ma, soprattutto, le rovine scoperchiate della chiesa di San Pietro e il bel rifugio intitolato ad Andrés Múñoz (Viana arrivò ad avere anche quattro rifugi). In questa città (nota anche per la tomba di Cesare Borgia che ispirò a Machiavelli la figura de *Il Principe*) è possibile rifocillarsi un po' prima di compiere gli ultimi 9,5 km che mancano fino a Logroño.

Lasciata Viana si scende nuovamente verso la statale dove, girando a sinistra, si prende una stradina campestre che porta all'ermita de la Virgen de las Cuevas; passato un nodo autostradale, il Cammino si dirige verso Logroño (ma l'entrata in città è lunga).

Un particolare: sulla discesa, poco prima di entrare a Logroño, si incontra la casa della señora Felicia (personaggio conosciuto da chi ha compiuto in passato il Cammino, morta nel 2002, che riceveva i pellegrini con "fichi, acqua fresca e amore"): ora la figlia, María, accoglie i pellegrini con lo stesso calore della madre e, se si vuole, pone un sello personale sulla Credenziale. Finalmente si arriva a Logroño entrando in città dal famoso ponte di pietra sul grande río Ebro.

Da vedere

Torres del Río La **CHIESA DEL SANTO SEPOLCRO** (fine del XII secolo): di forma ottagonale, è senza dubbio uno degli elementi architettonici più singolari di tutto il Cammino, un vero e proprio gioiello (per visitarla contattate Mari Carmen, tel. 626.325.691, costo della visita 1 €). Simile all'ermita di Eunate (anch'essa ottagonale), fu costruita forse dai Templari.

Nel timpano dell'entrata si nota una croce patriarcale simbolo dell'ordine del Santo Sepolcro. L'interno è di sobria eleganza; la cupola, di influenza araba, mostra nervature a forma di stella a otto punte fra le quali sono poste piccole finestre. Dentro, i due capitelli di fianco all'altare hanno scolpite da una parte la scena della deposizione (le figure, più che deporre, sembra che stiano strappando il Cristo dalla croce) e dall'altra le donne che vanno al sepolcro, ormai vuoto, il mattino di Pasqua. Gli altri capitelli sono un universo allegorico di uccelli, serpenti e centauri. Sull'altare regna discreto il crocifisso a quattro chiodi (molto particolare). Sulla torre centrale, probabilmente, un tempo si accendeva un fuoco che si poteva vedere anche da molto lontano. In fondo al paese è possibile scorgere i resti dell'entrata dell'antico monastero benedettino, sormontato da una croce celtica del X secolo.

Viana La **CHIESA DI SANTA MARÍA**, con facciata rinascimentale. Qui c'è la tomba di Cesare Borgia: figlio di papa Alessandro VI, arriva in Navarra nel 1506. Muore nel 1507 in un duello con il conte Lerín presso Viana e viene sepolto qui.

La **CHIESA DI SAN PEDRO**: concedetevi uno sguardo dall'alto delle mura.

Logroño Capoluogo dell'attuale La Rioja, è un'altra città importante sulla rotta jacopea. La parte storica, che merita una passeggiata, si articola fra la rúa Vieja e la rúa Mayor.

Il **PONTE IN PIETRA**, sul fiume Ebro: il pellegrino lo percorre entrando in città. L'attuale struttura è del 1884 e sostituisce quella medievale che arrivò ad avere fino a 12 arcate e varie torri difensive.

La **CHIESA DI SANTA MARÍA DEL PALACIO**, iniziata nel XII secolo, la cui cupola piramidale appare ai pellegrini molto prima di entrare in città.

La **CHIESA DI SANTA MARÍA LA REDONDA**, gotica del XV secolo, con le imponenti torri gemelle del XVIII secolo. Dal 1959 è cattedrale.

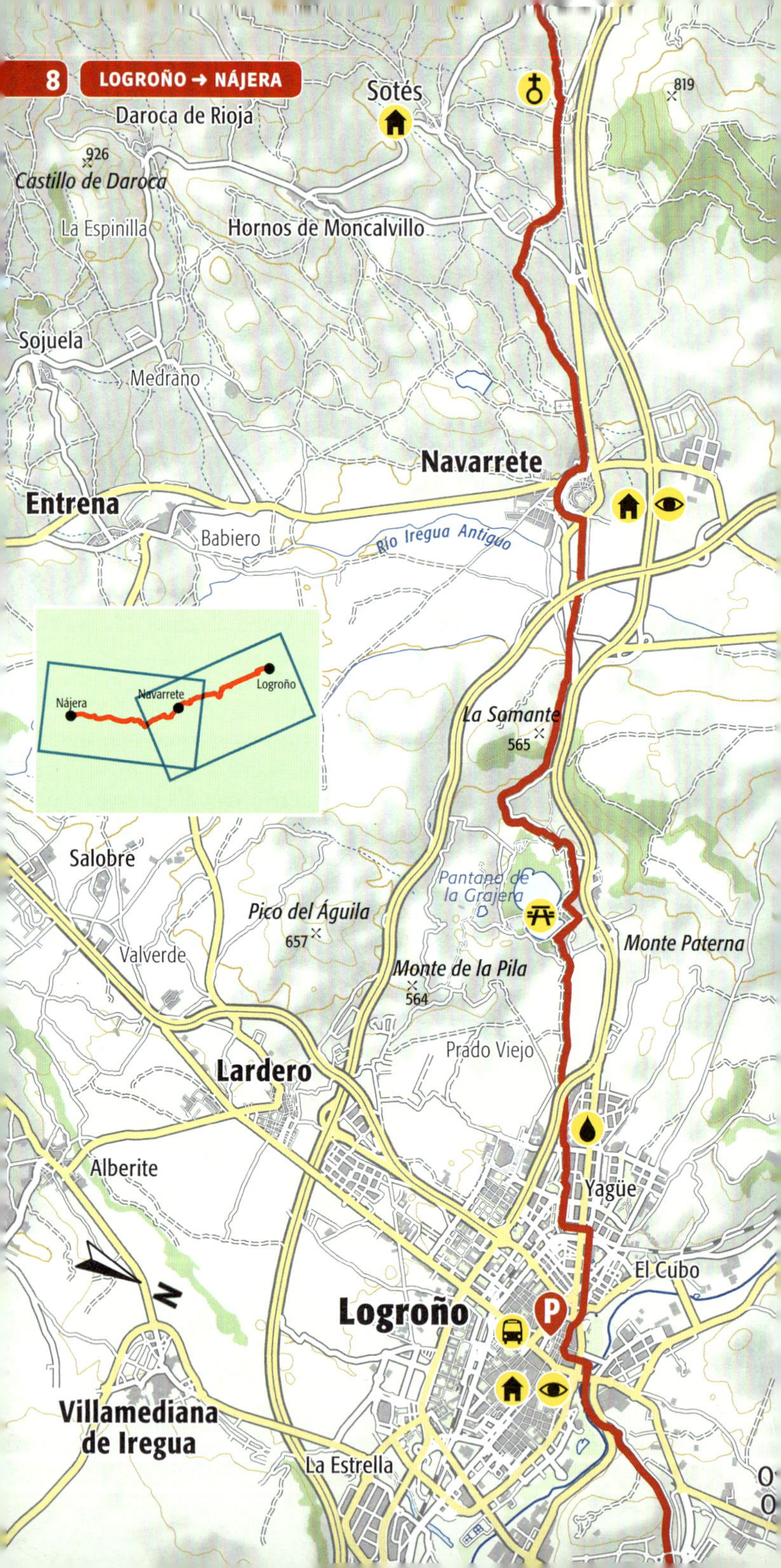
Sotés
819
Daroca de Rioja
926
Castillo de Daroca
La Espinilla
Hornos de Moncalvillo
Sojuela
Medrano
Navarrete
Entrena
Babiero
Río Iregua Antiguo
Nájera
Navarrete
Logroño
La Somante
565
Salobre
Pantano de la Grajera
Pico del Águila
657
Monte Paterna
Valverde
Monte de la Pila
564
Prado Viejo
Lardero
Yagüe
Alberite
El Cubo
N
Logroño
P
Villamediana de Iregua
La Estrella

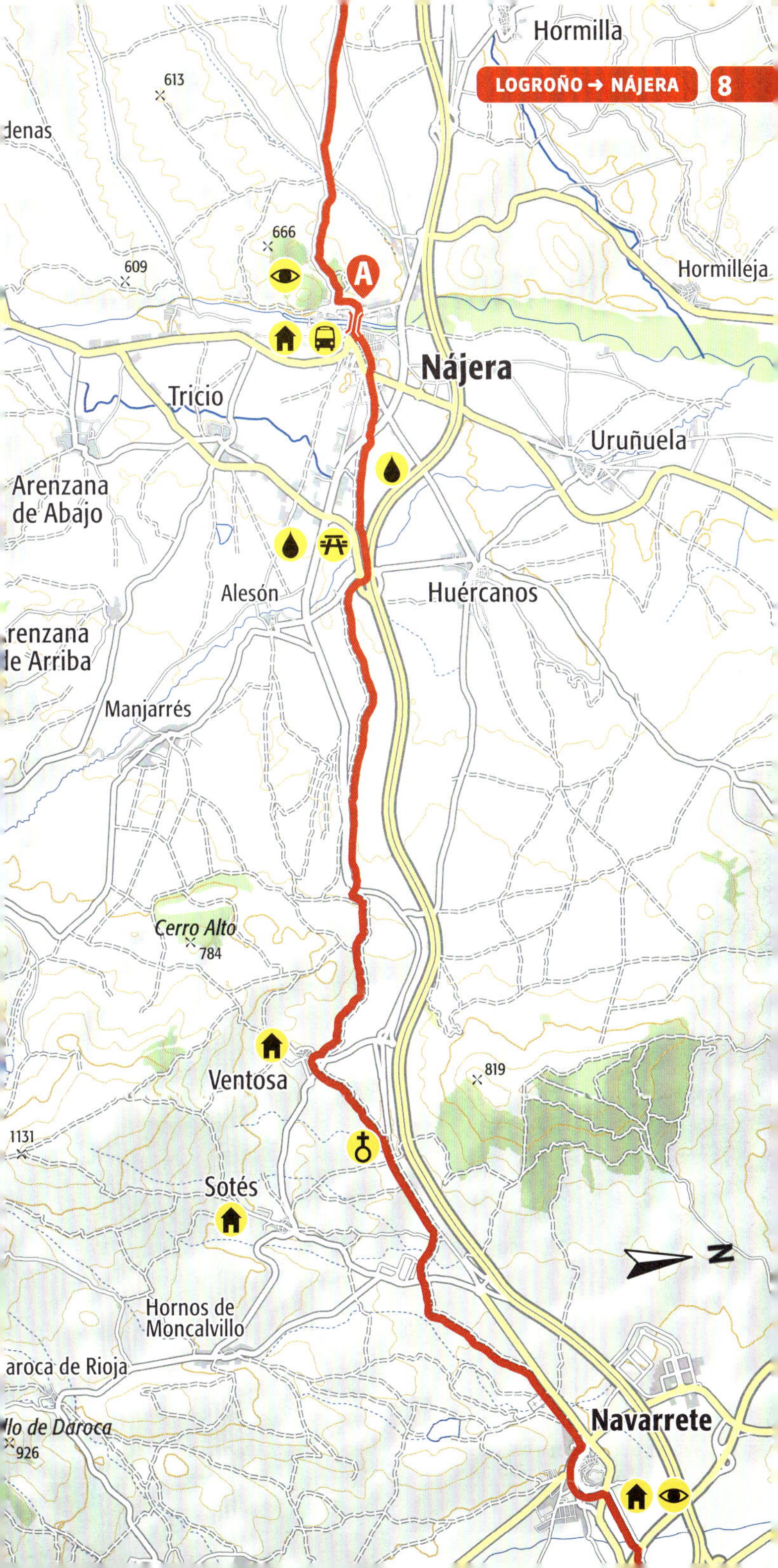
Hormilla
613
denas
666
609
A
Hormilleja
Nájera
Tricio
Uruñuela
Arenzana
de Abajo
Alesón
Huércanos
renzana
le Arriba
Manjarrés
Cerro Alto
784
Ventosa
819
1131
Sotés
N
Hornos de
Moncalvillo
aroca de Rioja
llo de Daroca
926
Navarrete

8 Da Logroño a Nájera

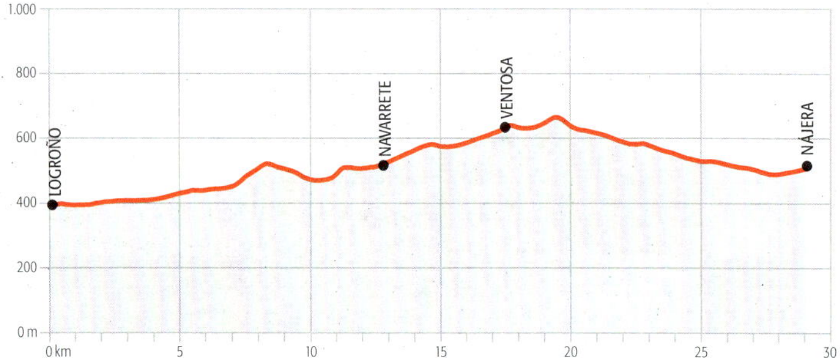

LUNGHEZZA:	**29,1 km**
DISLIVELLO IN SALITA:	**340 m**
DISLIVELLO IN DISCESA:	**247 m**
TEMPO:	**7 ore e 30 minuti**
DIFFICOLTÀ:	**facile**

Informazioni e servizi

NAVARRETE: *Albergue municipale*, c/ San Juan 2, tel. 941.440.722 / 941.260.234 (sede de la Asociación Amigos del Camino de Logroño), www.asantiago.org, info@asantiago.org, aprile-ottobre, 50 posti, 7 €. Bello e ben tenuto, uso cucina.
Albergue privato El Cántaro, c/ Herrerías 16, tel. 941.441.180, www.albergueelcantaro.com, info@albergueelcantaro.com, 27 posti, 10 €, 3 € colazione.
Albergue privato La Casa del Peregrino, c/ Las Huertas 3, tel. 630.982.928, alberguenavarrete@gmail.com, www.alberguenavarrete.wordpress.com, aprile-ottobre, 10 €, 18 posti, uso cucina.
Albergue privato El Camino de las Estrellas,
carretera de Burgos 9 (all'ingresso del paese), tel. 618.051.392, albergueelcaminodelasestrellas.com, alberguedelasestrellas@gmail.com, 40 posti, 10 €, *bar-ristorante*.
Albergue privato Buen camino, c/ la Cruz 2, tel. 941.440.318 / 641.252.222, reservas@alberguebuencamino.es, marzo-novembre, 10 posti, 9 €.
Albergue privato A la Sombra del Laurel, carretera de Burgos 52 (all'uscita di Navarrete), tel. 639.861.110, www.alasombradellaurel.com, info@alasombradellaurel.com, in inverno solo per gruppi, 16 posti, 15 €.
In paese *negozi* e *panetterie*; al lato del rifugio municipale, nel *bar Los Arcos* si può chiedere il menu del día.

SOTÉS: (circa 2 km fuori Cammino, bivio in corrispondenza di Cooperativa Vitivinícola de Sotés) *Albergue privato San Martín*, c/ San Miguel 67, tel. 650.962.625 / 941.441.768, alberguesotes@gmail.com, 8 posti, 10 €, uso cucina, cena e colazione.

VENTOSA: *Albergue privato San Saturnino*, c/ Mayor 33, tel. 941.441.899 / 657.823.740, jacobeos.net, ventosa@jacobeos.net, in inverno solo su prenotazione, 42 posti, 11 €, uso cucina.
Alimentari e *bar-ristorante*.

NÁJERA: Il *rifugio municipale* (90 posti, a donativo) è in un moderno prefabbricato ai margini della zona vecchia della città, lungo la riva del río Najerilla. Lo trovate seguendo le indicazioni per Azofra, all'uscita di Nájera. Uso cucina.
Albergue privato Puerta de Nájera, c/ Ribera del Najerilla 1, tel. 941.362.317 / 683.616.894, www.alberguedenajera.com,

albergue@alberguedenajera.com, marzo-ottobre, 40 posti, 10-15 €.
Albergue privato Nido de Cigueña, c/ Cuarta San Miguel 4, tel. 611.095.191, alberguenajera@gmail.com, alberguenajera.es, aprile-ottobre, 22 posti, 10-15 €, uso cucina.
Albergue Las Peñas, c/ Costanilla 56, tel. 621.209.432 / 621.209.410, alberguelaspenas@gmail.com, 11 posti, 10 €, colazione.

Campi coltivati, piccoli boschi ma soprattutto vigneti e ancora vigneti: gli occhi si beano di tanta dolcezza. Le gambe e il resto del corpo invece patiscono un po': la tappa in effetti è senza strappi ma piuttosto lunga, e i paesi intermedi pochi (in verità soltanto due, Navarrete e Ventosa). Bisogna trovare qualche punto di riferimento per interrompere l'andare, e non bastano le fondamenta dell'antico hospital dei pellegrini intitolato a San Juan de Acre. Ma ormai l'abbiamo ben chiaro: anche nei momenti di fatica, è la meta che attrae e sostiene, e Nájera è lì ad aspettarci.

Si esce da Logroño passando per la Puerta del Camino e l'interminabile e rumorosa calle del Marqués de Murrieta: dopo aver incrociato la trafficata autostrada (un sottopassaggio permette di attraversarla senza pericolo), il Cammino passa nel Parque de la Grajera, zona alberata intorno all'omonimo laghetto artificiale. Successivamente si arriva all'Alto de la Grajera per poi passare, in breve tempo, accanto alle rovine dell'antico hospital per pellegrini di San Juan de Acre (fondato nel 1185).

Dopo circa 13 km dall'inizio della tappa si giunge a Navarrete: centro di fondazione più antica di Logroño, fu testimone in passato di numerose battaglie fra castigliani e navarri. Oggi è famoso per la produzione di ceramiche. Uscendo da Navarrete lanciate uno sguardo sul cimitero, con l'antico portale gotico; poco distante un rilievo ricorda Alice de Graemer, pellegrina belga morta nel 1986 in un incidente dovuto al traffico. Di lì in avanti infatti, fino a poco tempo fa, il Cammino coincideva con la carreggiata della pericolosa e trafficata statale N120. Ora finalmente c'è una pista pedonale che permette di evitare la statale, anche se fino a Ventosa (circa 7,5 km dopo Navarrete) ogni tanto la si riaffianca: il pellegrino può camminare tranquillo senza la temuta "compagnia" dei camion.

Ventosa è una minuscola località con un bel rifugio: il paesino una volta si trovava lateralmente al Cammino ma ora ne è parte ufficiale (seguendo per Ventosa si allunga di qualche centinaio di metri ma per lo meno si sta un po' al largo dell'autostrada), dato che il percorso per i pellegrini è stato riadattato in base ai lavori di ampliamento degli assi stradali. Usciti da Ventosa, prendete una pista di terra che sale all'Alto de San Antón, 668 m slm, da dove si vedono, in fondo alla pianura, le valli del Najerilla e Nájera.

Il Cammino che resta si snoda tra terreni detritici e zone industriali (dopo tanta campagna non è proprio il massimo). Sulla parete di una fabbrica di farina, Eugenio Garibay (parroco di un paese vicino) ha

DOPO NÁJERA. *In cammino tra frutteti, vigne e sentieri agricoli.*

scritto un piccolo poema sul Cammino. Si entra infine a Nájera dopo aver passato un ponte pedonale sul río Yalde; bisogna attraversare tutto il paese per arrivare al rifugio.

Da vedere

Navarrete **CHIESA DE LA ASUNCIÓN**, del XVI secolo, con un interessante retablo barocco. Subito fuori da Navarrete osservate l'**ERMITA SANTA MARÍA DE JESÚS** (il portale romanico è del XII secolo, il resto del XVI).

Nájera Punto d'arrivo della tappa odierna, Nájera è una città nata al riparo di uno sperone di roccia. È stata capitale della Navarra fino al 1076, dopo la distruzione di Pamplona a opera dei musulmani. La città vecchia è unita alla nuova da un ponte romanico a otto arcate. Il principale complesso storico e architettonico è il **MONASTERO DI SANTA MARÍA LA REAL** (se fate in tempo visitatelo appena arrivati: la mattina il monumento, come molti in Spagna, non apre prima delle 10; chiuso il lunedì. In ogni caso, se volete, fermatevi il giorno dopo l'arrivo per la visita: la tappa successiva è infatti breve). Il monastero è stato fondato nel 1052 su una grotta considerata miracolosa. Notevoli il chiostro gotico, il retablo maggiore di influenza barocca, il coro; sotto la chiesa, praticamente scavata nell'argilla della grotta originale, si trova il Panteón Real, dove sono sepolti gli antichi monarchi di Navarra.

Nella grotta, illuminata *ad hoc*, una statua lignea della Vergine.

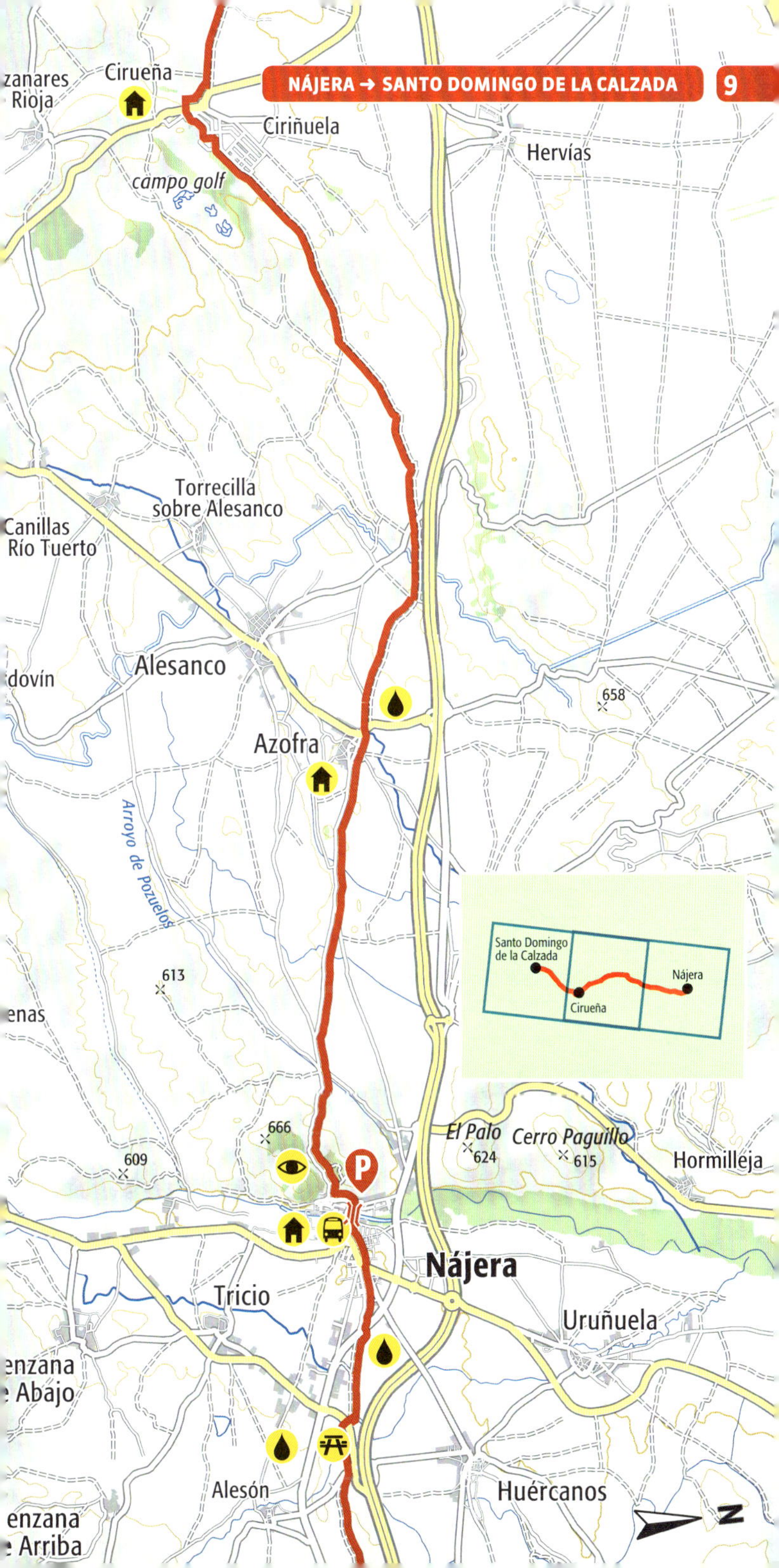
zanares
Rioja
Cirueña
Ciriñuela
Hervías
campo golf
Torrecilla
sobre Alesanco
Canillas
Río Tuerto
Alesanco
dovín
658
Azofra
Arroyo de Pozuelos
613
enas
Santo Domingo
de la Calzada
Cirueña
Nájera
666
609
El Palo
624
Cerro Paguillo
615
Hormilleja
Nájera
Tricio
Uruñuela
enzana
Abajo
Alesón
Huércanos
enzana
Arriba
N

Grañón
809
Cerro Grañón
N120
Morales
Corporales
LR201
Santurde de Rioja
Santo Domingo de la Calzada
LR111
A
LR308
N120
Gallinero de Rioja
Los Mártires
821
Bañares
Manzanares de Rioja
Ciriñuela
Cirueña
San Torc
Hervías
campo golf
LR204
Canillas de Río Tuerto
Cañas
LR206
Torrecilla sobre Alesanco
Alesanco
N
Cordovín
N120
658
Azofra

Da Nájera a Santo Domingo de la Calzada

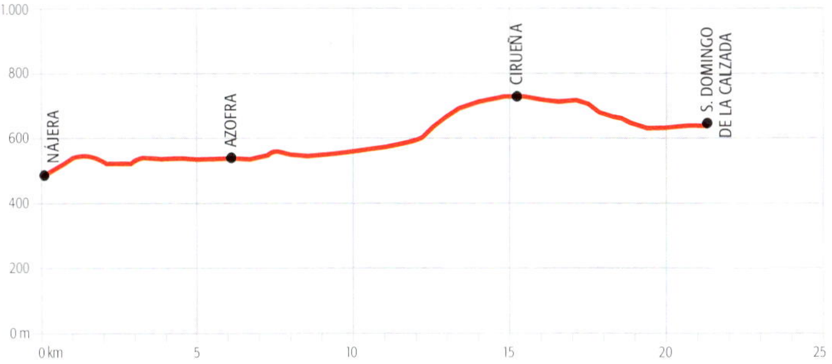

LUNGHEZZA:	**21,3 km**
DISLIVELLO IN SALITA:	**323 m**
DISLIVELLO IN DISCESA:	**170 m**
TEMPO:	**5 ore**
DIFFICOLTÀ:	**facile**

Informazioni e servizi

AZOFRA: *Albergue municipale*, c/ Las Parras 7, tel. 941.379.325 / 638.261.432, www.azofra.org, ayuntazofra@riojatel.com, 60 posti, 10 €, uso cucina. Camere doppie, belle e pulite.
In questo paese, che sino a qualche anno fa era deserto, ora si trovano diversi *negozi* e *bar-ristoranti*.

CIRUEÑA: *Albergue privato Virgen de Guadalupe*, c/ Barrio Alto 1, tel. 638.924.069, virgendeguadalupe1@gmail.com, www.albergue-virgendeguadalupe.webnode.es, metà marzo-metà ottobre, 35 posti, 7 €, cena e colazione.
Albergue privato Victoria, c/ San Andrés, tel. 628.983.351, www.casavictoriarural.com, info@casavictoriarural.com, 16 posti, 10 €, cena e colazione.
A circa 200 m dal cammino c'è un *bar*.

SANTO DOMINGO DE LA CALZADA: *Albergue Casa de la Cofradía del Santo*, c/ Mayor 38-42, tel. 941.343.390, albergue@alberguecofradiadelsanto.com, www.alberguecofradiadelsanto.com, 217 posti, 7 €. È stato inaugurato un nuovo edificio nel 2009, quello vecchio si usa quando quello nuovo è pieno, o nei mesi di minore affluenza. Gestito dalla confraternita locale, molto grande, uso cucina, cortile interno.
Albergue de la Abadía Cisterciense Nuestra Sra. de la Anunciación, c/ Mayor 29, tel.941.340.700, www.cister-lacalzada.com, hospederia@cister-lacalzada.com, maggio-settembre, 32 posti, 8 €, uso cucina, cena e colazione.
In città si trovano tutti i *servizi principali*. Una curiosità: l'antico rifugio dei pellegrini è oggi un *parador*, uno degli hotel pluristelle ricavati in edifici storici della Spagna.

L'uscita da Nájera regala una suggestione particolare, con il rosso della terra che pare essere ovunque. Ma questa è la giornata che ci introduce a uno dei luoghi simbolo del Cammino. Santo Domingo de la Calzada è tutto, e tutto insieme: un luogo, un ponte, un santo. Deve il suo nome a un eremita della prima metà dell'XI secolo; non doveva essere strano, a quel tempo, che un eremita si occupasse di coloro che, ugualmente dimessi e vulnerabili, andavano pellegrinando verso Santiago. Per loro

Santo Domingo costruì soprattutto ponti, ma poi anche un hospitale (oggi trasformato in *parador*, albergo di lusso) e certamente una chiesa. Poi, alla sua morte, per custodirne le spoglie, venne edificata la chiesa di Santo Domingo de la Calzada. Se non trovate posto (o se avete ancora forza dopo aver visitato il paese) potete proseguire fino a Grañón.

Il percorso è sicuramente più piacevole e rilassante della giornata precedente: si svolge interamente tra campi coltivati, vigneti e sentieri agricoli. L'unico vero paese che si incontra è Azofra (in realtà si passa anche dal paesino di Cirueña, dopo un nuovo surreale quartiere fantasma frutto del boom edilizio) dove conviene comperare qualcosa per il pranzo perché per i successivi 16 km si troverà ben poco, e l'unica compagnia per il pellegrino saranno i campi di cereali e la confortante vista della sierra de la Demanda (la tappa d'estate è tutta sotto il sole: non scordatevi l'acqua!). Considerando che questo tratto è un labirinto di sentieri e crocevia, è necessario porre attenzione alle frecce gialle; in ogni caso, se agli incroci dei sentieri siete in dubbio mantenete semplicemente la direzione da cui provenite.

Per chi ha voglia, tempo e gambe, una lunga deviazione porta al monastero di San Millán de la Cogolla, anticamente molto visitato dai pellegrini che spesso vi facevano sosta.

Dopo lunghi chilometri solitari ecco Santo Domingo de la Calzada, importante cittadina del Cammino, forse la tappa più interessante nella provincia riojana.

Il paese deve il nome a Santo Domingo che fu uno dei più grandi benefattori nella storia della rotta jacopea; la località fu inoltre teatro di una delle prime leggende-miracolo indissolubilmente legate alla letteratura del Cammino.

Se non siete troppo stanchi, una volta visitata la città, vi consigliamo di andare a cercare ospitalità presso il piccolo ma significativo rifugio di Grañon. Per 6,5 km di strada in più (che comunque dovreste fare il giorno successivo) riceverete in cambio l'accoglienza semplicemente straordinaria del parroco della chiesa di San Giovanni Battista (il rifugio è... nel campanile, quasi millenario).

Da vedere

Santo Domingo de la Calzada Santo Domingo de la Calzada è definita la "Compostela riojana". Deve la sua esistenza a santo Domingo detto poi *de la calzada* (letteralmente "della strada"), originario però della vicina Viloria. Egli, dopo essere divenuto frate, dedicò gran parte della sua lunga vita (90 anni) al Cammino tracciando la rotta da Nájera a Redecilla, erigendo un ponte sul río Oja, costruendo chiese e hospitales, accogliendo pellegrini. Quando morì, nel 1109, fu sepolto nel luogo dove oggi sorge la cattedrale. La sua opera fu continuata dal suo discepolo, Juan de Ortega (vedi le tappe successive).

La leggenda di Santo Domingo

Narra un'antica leggenda che una famiglia di pellegrini, padre, madre e giovane figlio, proveniente da Colonia, sostò in una locanda di Santo Domingo per trascorrervi la notte. La figlia del locandiere si invaghì del figlio e cercò di sedurlo.
Il giovane resistette e la ragazza, indispettita, per vendicarsi nascose nella sua bisaccia una coppa d'argento, poi lo denunciò per furto al magistrato del paese. Il ragazzo venne perquisito e gli si trovò addosso la refurtiva: riconosciuto colpevole venne quindi impiccato come ladro.
I genitori affranti dal dolore continuarono ugualmente la loro peregrinazione verso Santiago; sulla via del ritorno, con grande stupore, trovarono il figlio appeso alla forca ma ancora vivo, sostenuto per i piedi da santo Domingo (o da san Giacomo, secondo alcune tradizioni: a Santo Domingo de la Calzada raccontano che fu Domenico, a Santiago… che fu Giacomo. La storia pare accettare ufficialmente entrambe le versioni).
Corsero dunque a dirlo al magistrato, perché il miracolo testimoniava l'innocenza del giovane. Il giudice, interrotto durante il pranzo, non trovò di meglio che ridere di loro dicendo: "Vostro figlio è vivo - gli urlò in faccia - come sono vivi questi polli arrostiti che mi sto mangiando". Ma, come finì di parlare, ecco che i polli si rivestirono di piume, ripresero vita e si misero a cantare.

La **CATTEDRALE ROMANICA** con due facciate (quella laterale destra è rinascimentale) e tre navate con volta gotica. Il campanile e il retablo maggiore sono barocchi; quest'ultimo non molti anni fa fu spostato lateralmente rispetto all'altare maggiore per lasciare in vista (giustamente) la splendida e originale abside romanica.

Ma la particolarità assoluta (unica al mondo) di questa cattedrale è quella di conservare al suo interno una gabbia intagliata, dove ci sono due polli bianchi... vivi! Questa singolare tradizione ricorda il miracolo che qui accadde molti secoli fa.

Arrivati a Santo Domingo andate a vedere la chiesa e il **MUSEO** prima delle 19, ora di chiusura. In particolare il museo illustra, con una serie di disegni, la storia di come si progettavano e si costruivano i grandi altari di legno dorato (*retablos*) che si ammirano in molte chiese della Spagna.

Lo scultore al quale era affidato il lavoro, con tutti i suoi aiutanti, si trasferiva in città, prendeva con sé i migliori artigiani, presentava il progetto ai committenti e, dopo l'approvazione, andava anche a scegliersi gli alberi da tagliare. Un lavoro che durava anni. E, qualche volta, come nel caso del *retablo* di Santo Domingo, l'artista moriva prima e non arrivava neanche a vedere finito il proprio lavoro.

P.S. Portate con voi la Credenziale: mostrandola all'ingresso del museo otterrete uno sconto sul biglietto d'entrata.

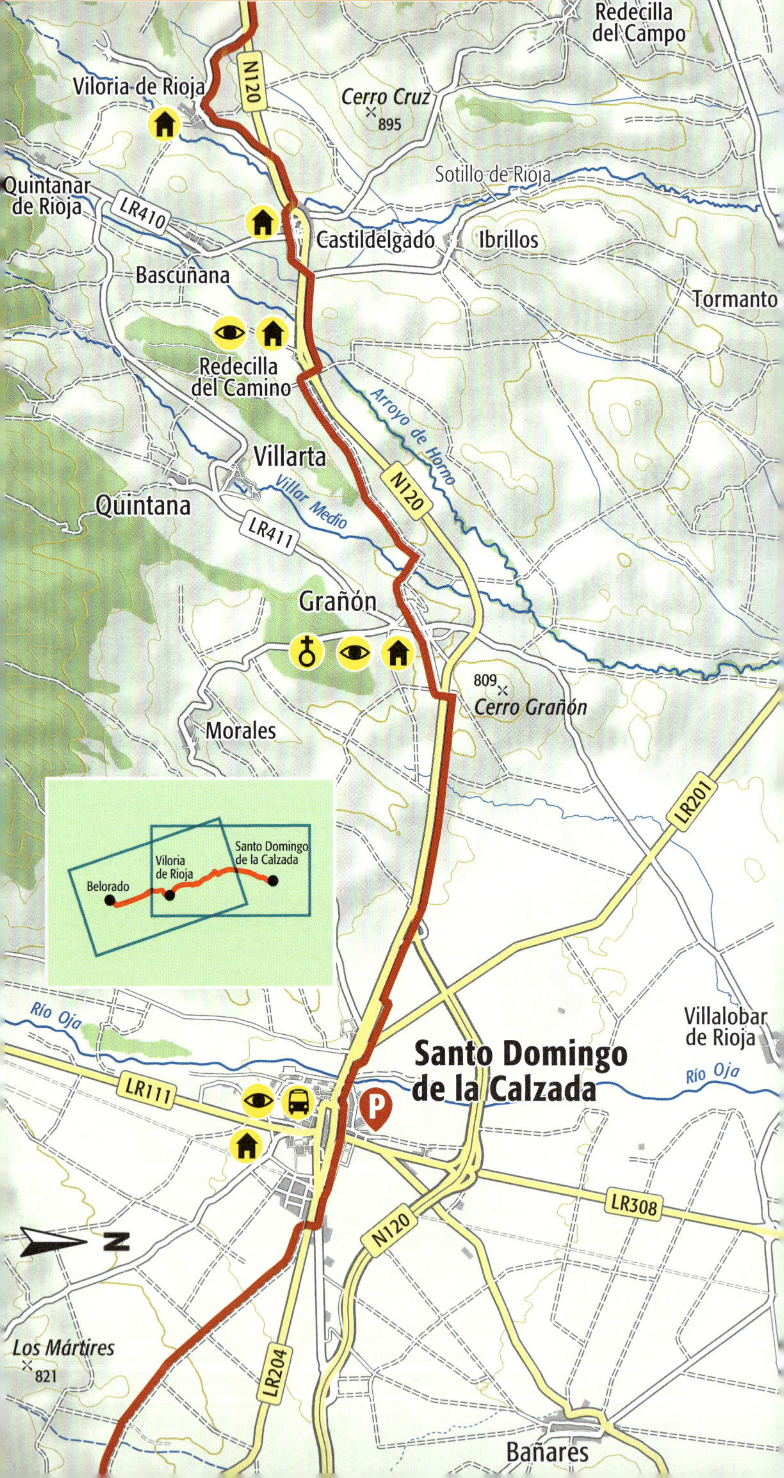
Río Redecilla
Cerezo de Río Tir
Redecilla del Campo
Viloria de Rioja
N120
Cerro Cruz
895
Sotillo de Rioja
Quintanar de Rioja
LR410
Castildelgado
Ibrillos
Bascuñana
Tormanto
Redecilla del Camino
Arroyo de Horno
Villarta
Quintana
Villar Medio
LR411
Grañón
809
Cerro Grañón
Morales
LR201
Viloria de Rioja
Santo Domingo de la Calzada
Belorado
Río Oja
Villalobar de Rioja
Santo Domingo de la Calzada
LR111
P
LR308
N
Los Mártires
821
LR204
Bañares

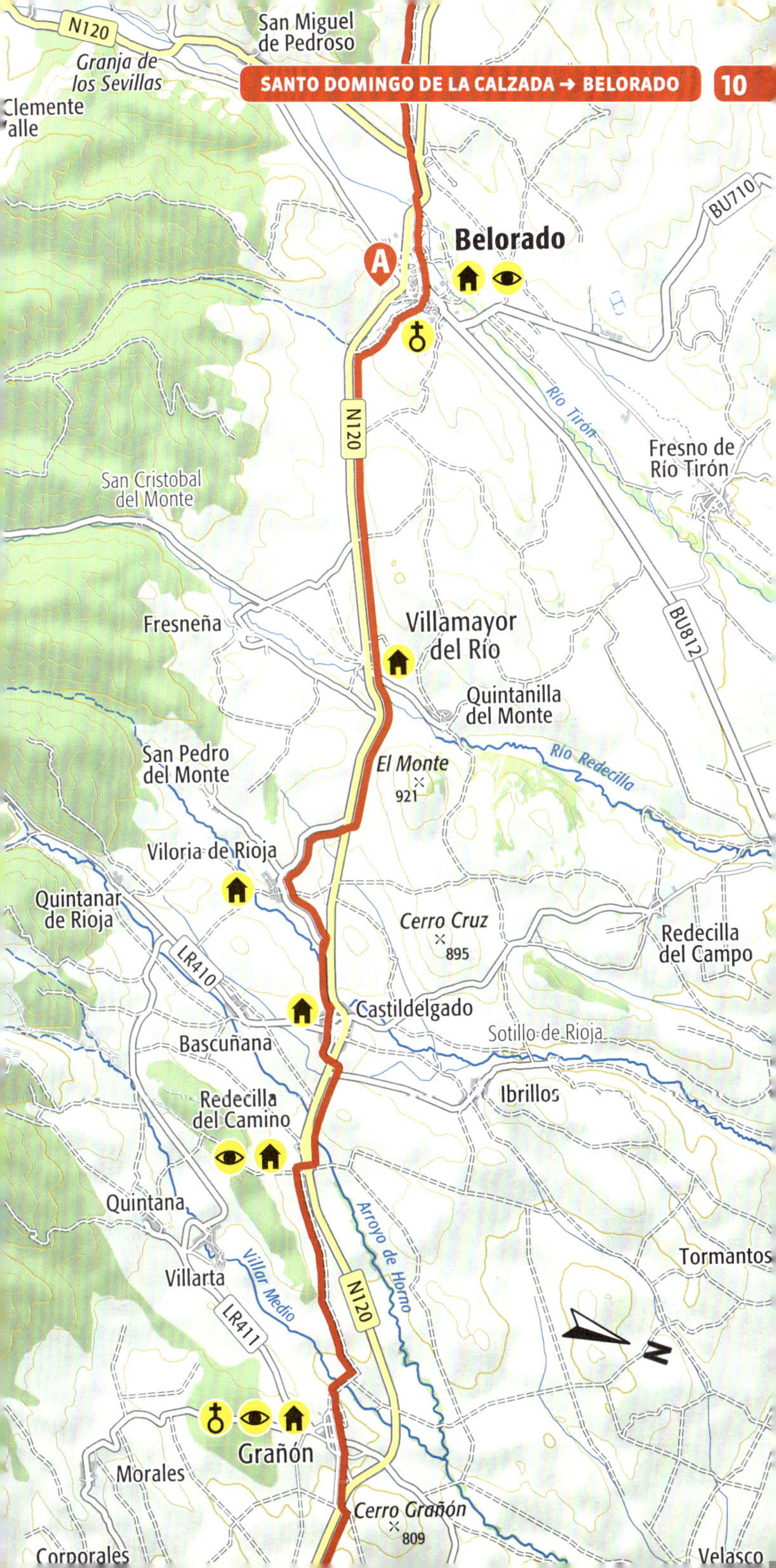
N120
San Miguel
de Pedroso
Granja de
los Sevillas
Clemente
alle
BU710
Belorado
A
Río Tirón
Fresno de
Río Tirón
N120
San Cristobal
del Monte
Fresneña
Villamayor
del Río
BU812
Quintanilla
del Monte
Río Redecilla
El Monte
921
San Pedro
del Monte
Viloria de Rioja
Quintanar
de Rioja
Cerro Cruz
895
Redecilla
del Campo
LR410
Castildelgado
Sotillo de Rioja
Bascuñana
Ibrillos
Redecilla
del Camino
Quintana
Arroyo de Horno
Tormantos
Villarta
Villar Medio
N120
LR411
N
Grañón
Morales
Cerro Grañón
809
Corporales
Velasco

10 Da Santo Domingo de la Calzada a Belorado

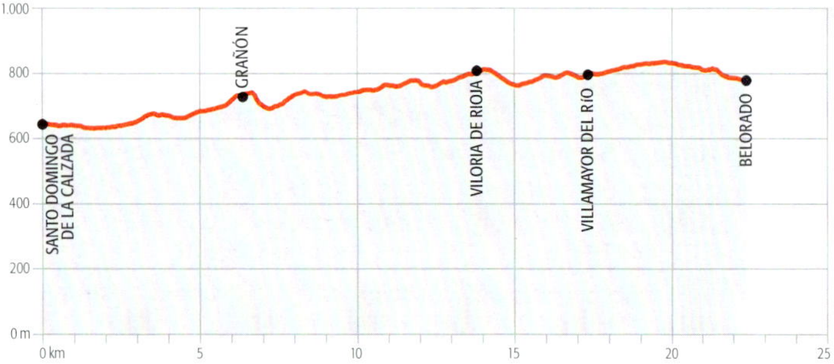

LUNGHEZZA:	**22,4 km**
DISLIVELLO IN SALITA:	**392 m**
DISLIVELLO IN DISCESA:	**265 m**
TEMPO:	**6 ore**
DIFFICOLTÀ:	**facile**

Informazioni e servizi

GRAÑÓN: *Albergue municipal Nuestra Señora de Carrasquedo*, a circa 2 km dal Cammino, si raggiunge con una deviazione a sinistra, prima di Grañon, tel. 627.341.907 / 665.284.685, 42 posti, 8 €.

Rifugio parrocchiale, nella chiesa di San Juan, tel. 941.420.818. Molto bello e accogliente (citato nella tappa precedente), ha circa 40 posti. Comunque sia, nessun pellegrino verrà lasciato fuori perché "quando finisce il suolo apriamo il coro, e quando finisce lo spazio nel coro, la chiesa. I posti qui sono infiniti come il cielo". Cena e colazione comunitarie. In cambio di un'accoglienza così semplice ma totale, generosa, fraterna, è chiesto solo un donativo (se si può). Sulla cassetta delle offerte (sempre aperta) c'è una scritta che dice: "Deja lo que puedes o toma lo que necesite" (lascia ciò che puoi o prendi ciò di cui hai bisogno). Più ospitalità di così...

Casa de las Sonrisas, c/ Mayor 16, tel. 687.877.891, 28 posti, donativo, cena comunitaria e colazione.

Albergue privato Ave de Paso, tel. 666.801.051, www.albergueavedepaso.com, in inverno solo su prenotazione, 14 posti, 10 €, uso cucina.

In paese *alimentari* e *bar*; a poco più di un km, fuori dall'abitato, c'è un *ristorante*.

REDECILLA DEL CAMINO: *Albergue municipale San Lázaro*, c/ Mayor 24, tel. 686.563.548 (albergue) / 947.585.221 / 947.588.078 (ayuntamiento), 46 posti, 5 €, uso cucina, cortile interno, *bar-ristorante*. Molto bello.

Albergue privato Essentia, c/ Mayor 34, tel. 606.046.298, 10 posti, 8 €, cena e colazione.

CASTILDELGADO: *Albergue privato Bideluze*, tel. 616.647.115, www.alberguebideluze.com, info@alberguebideluze.com, 16 posti, 10 €, cena e colazione.

In paese *alimentari* e una fontana.

VILORIA DE RIOJA: *Albergue privato Acacio y Orietta*, c/ Nueva 6, tel. 947.585.220 / 679.941.123, acaciodapaz@gmail.com, acacioyorietta.com, aprile-ottobre, 10 posti, 6 €, cena e colazione a donativo.

Albergue privato La Parada Viloria, c/ Bajera 37, tel. 610.625.065 / 639.451.660, albergueparadaviloria@gmail.com, marzo-ottobre, 16 posti, 5 €, cena e colazione a donativo, uso cucina.

VILLAMAYOR DEL RÍO: *Albergue privato San Luis de Francia*, carretera de Quintanilla (circa 300 m a destra della nazionale), tel. 947.580.566 / 659.967.967, alberguesanluisdefrancia@hotmail.com, aprile-ottobre, 26 posti, 5 €, cena e

colazione. L'albergue è vicino a un locale notturno molto rumoroso.
In paese c'è un *ristorante*.
BELORADO: *Rifugio parrocchiale*, ricavato nell'ex teatro, unito alla chiesa di Santa María; tel. 947.580.085, aprile-ottobre, 20 posti, donativo, uso cucina.
Albergue municipale El Corro, c/ Mayor 68, tel. 947.581.419 / 629.507.470, albergueelcorro@gmail.com, 45 posti, 10 €, uso cucina, cena e colazione.
Albergue privato A Santiago, camino Redoña, all'entrata del paese, tel. 677.811.847, www.a-santiago.es, albergueasantiago@hotmail.com, aprile-ottobre, circa 100 posti, 5-10 €, piscina, uso cucina, *bar-ristorante*.
Albergue privato Cuatro Cantones, c/ Hipólito López Bernal 10, tel. 947.580.591 / 686.906.492, www.cuatrocantones.com, info@cuatrocantones.com, marzo-ottobre, 65 posti, 8-12 €, uso cucina, cena e colazione, giardino, piscina. Ben attrezzato e pulito.
Albergue privato Caminante, c/ Mayor 36, tel. 947.580.231 / 656.873.927, www.alberguecaminobelorado.es, g.caminante@hotmail.com, marzo-ottobre, 22 posti, 6 €, cena e colazione.
Albergue privato El Salto, Camino de los Cauces s/n, tel. 669.415.636 / 947.614.324, elsalto@elsalto.eu, www.elsalto.eu, 24 posti, 15 €, cena e colazione.
Hostelpuntob, c/ Cuatro Cantones 4, tel. 699-53.85.65 / 947-58.16.20, www.hostelpuntob.com, hola@hostelpuntob.com, 13 posti, 12 €, uso cucina.
In paese vari *alimentari* e *ristoranti*.
Famoso il pane di queste zone.

Fino a Viloria è come rimettere i passi sulle orme di Santo Domingo, ed è bello, a cominciare dal ponte sul río Oja (edificato dal santo per i pellegrini). Passate dalla parrocchia di Grañón: anche qui l'ospitalità ha il sapore della fede, umile e accogliente verso tutti. Una meraviglia che viaggia di bocca in bocca fra i pellegrini.

Attenzione: il tracciato di questa tappa potrebbe subire modifiche, a causa dei lavori di estensione dell'autostrada A-12 approvati tra il 2017 e il 2018. Conviene chiedere informazioni a Santo Domingo de la Calzada.

Lasciamo la provincia/regione di La Rioja per entrare nella grande e storica Castiglia-León.

Fortunatamente anche questa tappa, che prima presentava lunghi tratti da percorrere sull'asfalto, col tempo è stata migliorata grazie alla realizzazione di una pista pedonale che procede per diversi chilometri parallelamente alla statale. Il percorso, anche se non evita il rumore incessante dei camion e del continuo traffico, quantomeno allontana il pellegrino dal pericolo di incidenti. In ogni caso, anche se ci saranno giorni migliori dal punto di vista del percorso, il Cammino insegna ad avere pazienza.

Da Santo Domingo, dopo aver attraversato il río Oja, si costeggia la statale N120; dopo un'ora circa è consigliabile abbandonare la statale con la piccola variante sulla sinistra fino a Grañón (dove comunque arrivano entrambe le piste). Dall'entrata in Grañón fino a poco dopo il confine (segnalato) con la regione Castiglia, si gode di un po' di tranquillità: il Cammino devia rispetto alla statale. Infatti, lasciata Grañón alle spalle, una comoda pista di terra scende attraverso i bei campi coltivati della zona, tappezzati di vigne e cereali, fino a giungere alla sommità di una collina dove c'è il pannello che segna l'entrata in Castiglia-León. Succes-

LA RIOJA. *Regione di fertili pianure ondulate e ben coltivate.*

sivamente si incontrano, camminando sempre tra asfalto e campagna, i paesi di Redecilla del Camino, dove in una chiesa è conservato un prezioso fonte battesimale del XII secolo (qui fu battezzato santo Domingo), Castildelgado, Viloria (dove il 12 maggio 1019 nacque santo Domingo) e Villamayor del Río per arrivare infine a Belorado.

Da vedere

Grañón Se decidete di sostare qui per la notte, il parroco (che è stato uno dei protagonisti della rinascita del pellegrinaggio jacopeo), oltre ad accogliervi, vi farà da guida per una visita alla bella chiesa di San Giovanni Battista. Ogni sera dopo cena, nel coro della chiesa, c'è un momento molto bello di preghiera per i pellegrini (si è liberi di partecipare).

Redecilla del Camino La chiesa del paese conserva al suo interno una preziosa pila battesimale del XII secolo.

Viloria È il paese natale di santo Domingo. Oggi non sono rimaste che poche case.

Belorado In periodo medievale è stato un centro importante. Meritano in particolare: La **CHIESA DI SAN PIETRO**, del XVII secolo, in plaza Mayor; chiusa in estate. La **CHIESA DI SANTA MARÍA**, del XVI secolo, attigua ai locali del rifugio (chiusa in inverno). Vi è conservata una scultura della Vergine del XIII secolo. In estate il parroco organizza incontri di preghiera, in varie lingue, per i pellegrini. All'uscita del paese si trova il **MONASTERO DELLE CLARISSE DI SANTA MARÍA DE LA BRETONERA**.

Sui campanili, sulle torri e sui pali dei dintorni tanti nidi di cicogne (come se ne vedranno molti in tutta la Castiglia).

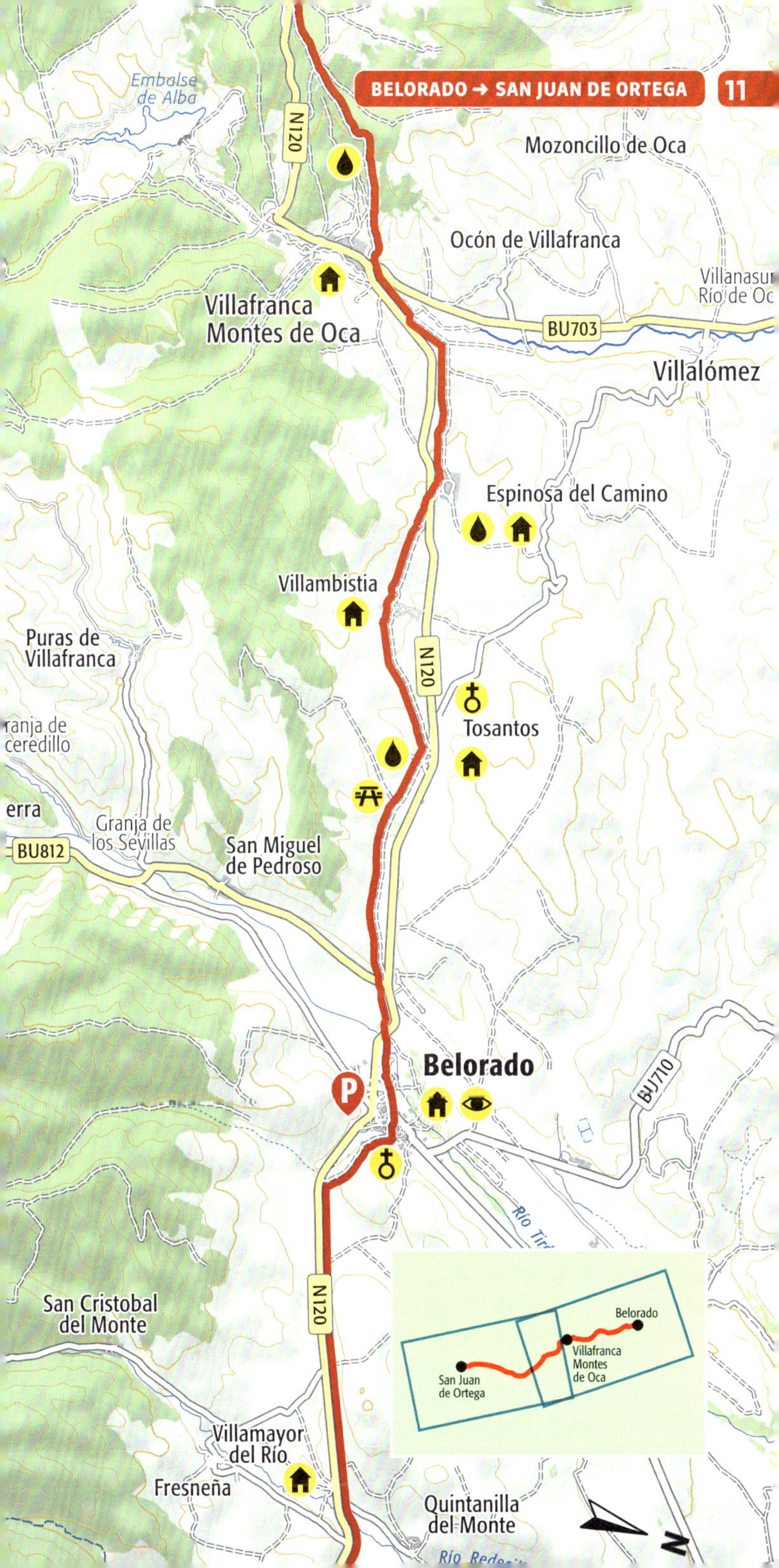
Embalse de Alba
N120
Mozoncillo de Oca
Ocón de Villafranca
Villanasur Río de Oc
Villafranca Montes de Oca
BU703
Villalómez
Espinosa del Camino
Villambistia
Puras de Villafranca
Tosantos
ranja de ceredillo
erra
Granja de los Sevillas
BU812
San Miguel de Pedroso
Belorado
BU710
Río Tir
San Cristobal del Monte
Belorado
Villafranca Montes de Oca
San Juan de Ortega
Villamayor del Río
Fresneña
Quintanilla del Monte
Río Redes

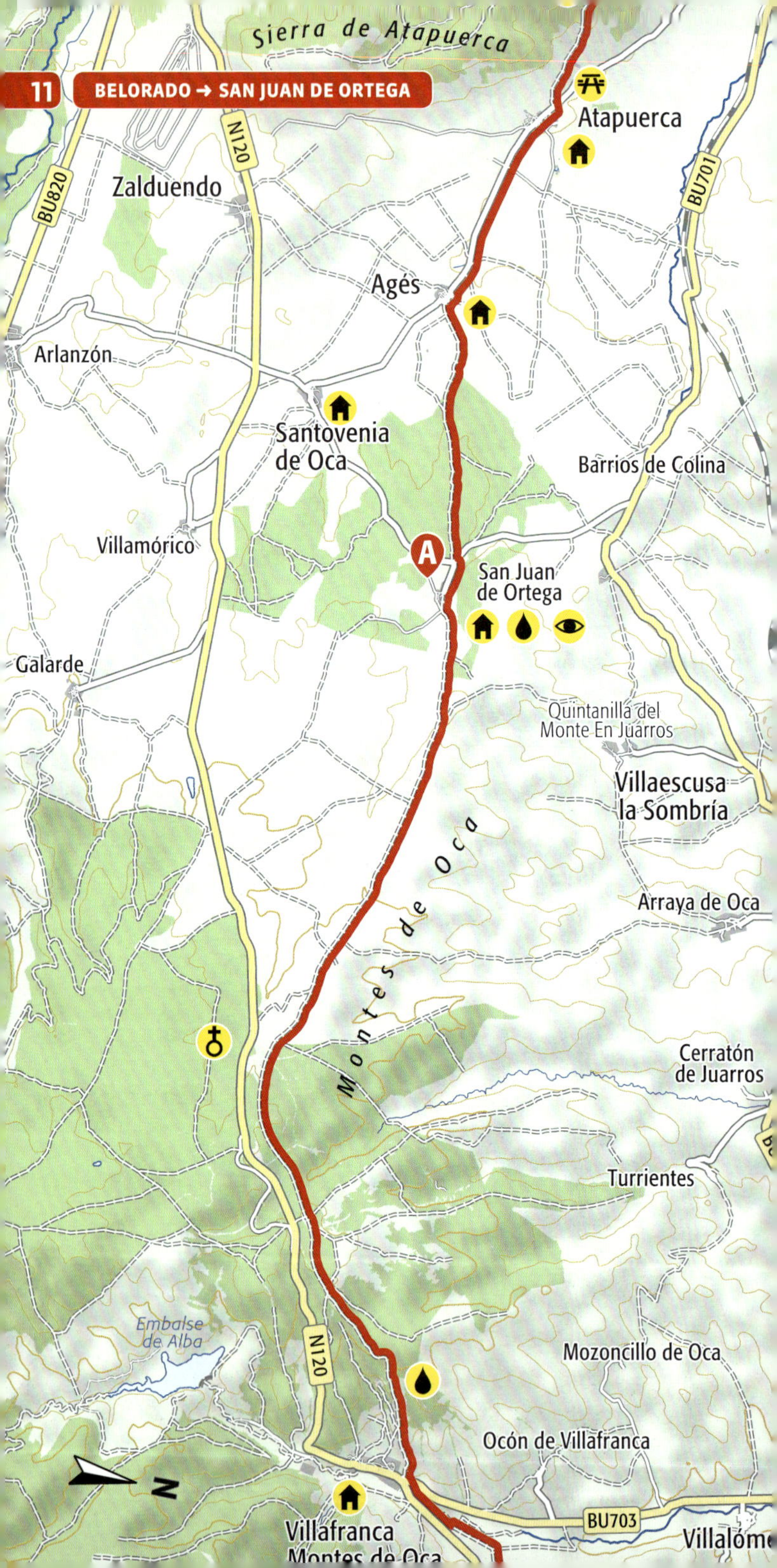
Sierra de Atapuerca
Atapuerca
BU820
N120
BU701
Zalduendo
Agés
Arlanzón
Santovenia
de Oca
Barrios de Colina
Villamórico
A
San Juan
de Ortega
Galarde
Quintanilla del
Monte En Juarros
Villaescusa
la Sombría
Montes de Oca
Arraya de Oca
Cerratón
de Juarros
Turrientes
Embalse
de Alba
N120
Mozoncillo de Oca
Ocón de Villafranca
N
BU703
Villafranca
Montes de Oca

Da Belorado a San Juan de Ortega

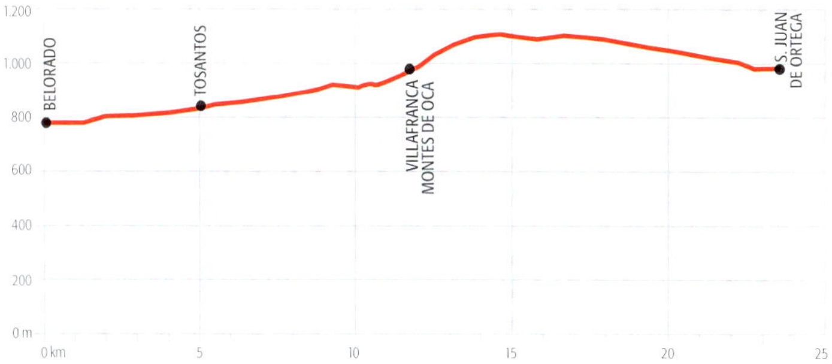

LUNGHEZZA:	**23,6 km**
DISLIVELLO IN SALITA:	**503 m**
DISLIVELLO IN DISCESA:	**281 m**
TEMPO:	**6 ore e 30 minuti**
DIFFICOLTÀ:	**media**

Informazioni e servizi

TOSANTOS: *Rifugio parrocchiale*, c/ Santa Marina, tel. 947.580.371, aprile-novembre, 30 posti (se occorre accolgono anche più persone), uso cucina. È molto semplice ed essenziale, però di quelli dove l'accoglienza è fraterna e generosa, nello stile di Grañón. La sera invitano a cenare tutti insieme e dopo, per chi vuole, è proposto un momento di preghiera e condivisione. Offrono la colazione al mattino; il tutto per un donativo libero. L'hospitalero responsabile, José Luis, è una gran persona, tutto cuore e generosità: conoscerlo può essere un regalo del Cammino.
Albergue privato Los Arancones, tel. 947.581.485 / 693.299.063, 16 posti, 10 €, preparano pasti.
In paese si trova solo il *bar El Castaño*, per qualche panino e bevande.
VILLAMBISTIA: *Albergue municipale San Roque*, plaza Mayor 1, tel. 656.930.220, in inverno bisogna avvisare prima, 14 posti, 6 €, *bar-ristorante*.
ESPINOSA DEL CAMINO: *Albergue privato* in centro, tel. 630.104.925 - 922, chiuso il martedì, 10 posti, 5 €, preparano pasti.
Solo un *bar-negozio* nella piazza del paesino.
VILLAFRANCA MONTES DE OCA: *Albergue privato San Antón Abad*, c/ Hospital 4, tel. 947.582.150, www.hotelsanantonabad.com, hotelsanantonabad@gmail.com, metà marzo-metà novembre, 5-10 €, 49 posti, *bar-ristorante*.
In paese ci sono *negozi*, *panetterie* un paio di *ristoranti* e un *bar*.
SAN JUAN DE ORTEGA: *Rifugio parrocchiale*, nel grande monastero ormai deserto, tel. 947.560.438, alberguesanjuandeortega.es, sanjuandeortega@gmail.com, marzo-ottobre, 60 posti, 10 €, cena comunitaria. Benedizione del pellegrino alle 18. C'è un *bar* che propone menu del día e panini. È tradizione comunque arrivare al rifugio con qualcosa da condividere in tavola. Spesso, infatti, nel rifugio si serve ancora la zuppa d'aglio ai pellegrini (i quali poi condividono le altre provviste che hanno portato nello zaino).
Albergue El descanso de San Juan, tel. 690.398.024, eldescansodesanjuan@gmail.com, 7 posti, 12 €, cena e colazione.
SANTOVENIA DE OCA: La località si trova a circa 3 km da San Juan de Ortega lungo una variante (vedi tappa successiva), *Albergue El Camino de Santovenía*, plaza Mayor 1, tel. 650.733.150, elcaminodesantovenia@gmail.com, 24 posti, 10 €, uso cucina.

Ormai in Castilla, il Cammino riprende a salire verso i Montes de Oca (sfioriamo i 1.200 metri). È, in ogni tempo, tappa di grande suggestione. Forse, verso la conclusione, potrete pensare di esservi persi, o di non riuscire ad arrivare, e forse i boschi e la solitudine vi tenteranno a dubitare. Ma non temete, San Juan da quasi mille anni si prende cura dei pellegrini come porto sicuro. Il monastero da almeno un decennio deve essere restaurato e ridonato al suo antico splendore. Ma non è ancora così, e ci si deve accontentare delle storie sulle antiche ospitalità.

Si lascia Belorado attraversando il ponte sul río Tirón e si supera la deviazione per San Miguel de Pedroso: in un'ora e un quarto si arriva a Tosantos, dove, scavata in una roccia, si può ammirare l'ermita di Nuestra Señora de la Peña (*peña* significa "roccia"). Più avanti c'è Villambistia, dove si distingue la chiesa di Santo Stefano.

Passata Espinosa del Camino, un sentiero agricolo conduce ai ruderi del monastero mozarabico di San Felice (VI-VII secolo) dove, secondo una leggenda, sono sepolti i resti del conte Diego Porcelos, fondatore della città di Burgos.

Si giunge quindi a Villafranca-Montes de Oca, antica sede episcopale, località rinomata nel Medioevo per l'accoglienza ai pellegrini. (Se ne avete bisogno, fate un po' di spesa: fino a San Juan de Ortega non si trova nulla). Qui termina la parte pianeggiante della tappa e si comincia a salire per i Montes de Oca. È il tratto più faticoso della tappa, ma anche il più bello che porta fino all'Alto della Pedraja (1.130 m slm); per fortuna si incontra, in breve, una fonte d'acqua fresca, la fuente de Mojapán (l'acqua che ne sgorga è buonissima a detta degli hospitaleros e degli abitanti, ma non è collegata alla rete idrica e i cartelli non ne assicurano la potabilità).

Poco prima di giungere all'Alto si passa davanti a un monumento ai caduti della guerra civile spagnola; una volta arrivati sulla sommità dell'altopiano ondulato (siamo sempre intorno ai 1.000-1.100 m slm), il lungo sentiero che costeggia gli interminabili boschi porta fino a San Juan de Ortega.

Quando finalmente appare il complesso architettonico del monastero, unica oasi in mezzo a chilometri e chilometri di solitudine e silenzio, è un'emozione forte.

Siamo a 1.000 m d'altezza e, come cala la notte, il freddo si fa sentire, anche in piena estate.

San Juan de Ortega è una sosta (anche se un po' spartana) a nostro parere da non saltare.

Un'informazione: per chi ha già conosciuto questi luoghi, o ne ha sentito i racconti, sappiate che il vecchio parroco don José María, che un tempo si curava del rifugio celebrando la messa per i pellegrini, offrendo la sua famosa zuppa d'aglio e vivendo per il Cammino, ha lasciato questo mondo nel febbraio 2008. Lo ricordiamo con affetto. Al suo posto prestano servizio dei volontari.

TOSANTOS. *L'ermita de Nuestra Señora de la Peña, scavata nella roccia.*

Da vedere

San Juan de Ortega Senza dubbio uno dei luoghi più significativi e suggestivi del Cammino.

Vi si arriva da un paesaggio solitario e selvaggio. Un tempo i Montes de Oca facevano paura, per i briganti, i lupi e i mille pericoli naturali, ma anche oggi scorgere il complesso architettonico del monastero di San Juan de Ortega è un'emozione. L'isolamento è reale e sottolinea ancora di più la bellezza dei luoghi.

La località deve il suo nome, anche in questo caso, al santo a cui è legata. San Juan nacque nel 1080 in una ricca famiglia. Dopo l'ordinazione sacerdotale collaborò con santo Domingo nella costruzione di ponti e nel miglioramento della via jacopea. Dopo un pellegrinaggio in Terra Santa, si ritirò da queste parti per aiutare i pellegrini nel difficile transito dei Montes de Oca. Eresse una cappella dedicata a san Nicola e attorno a lui si creò una piccola comunità monastica.

Quando morì, nel 1163, fu sepolto nella stessa cappella romanica che aveva iniziato a costruire. Nel 1477 Isabella la Cattolica, pellegrina in questo luogo (attratta dalle proprietà miracolose contro la sterilità attribuite al santo), fece ampliare la chiesa romanica fino portare a termine il complesso architettonico che oggi vediamo.

Al suo interno il mausoleo del santo, opera di Gil de Siloe, in stile isabellino. La volta è gotica con gli scudi di Ferdinando e Isabella.

L'unico capitello romanico rimasto, bellissimo, rappresenta su un lato l'Annunciazione a Maria ed è legato al fenomeno che qui chiamano il "miracolo della luce"; il capitello viene infatti illuminato direttamente dal sole nei giorni dell'equinozio (20-21 marzo / 22-23 settembre), quando un raggio di sole riesce a entrare, con la giusta angolazione, attraverso la finestra sinistra della facciata della chiesa, andando a lambire di luce dorata il prezioso rilievo. Si pensi, dunque, con quale maestria gli architetti del tempo avevano calcolato la posizione della chiesa, in corrispondenza di quella assunta da Terra e Sole a seconda delle stagioni.

12 SAN JUAN DE ORTEGA → BURGOS

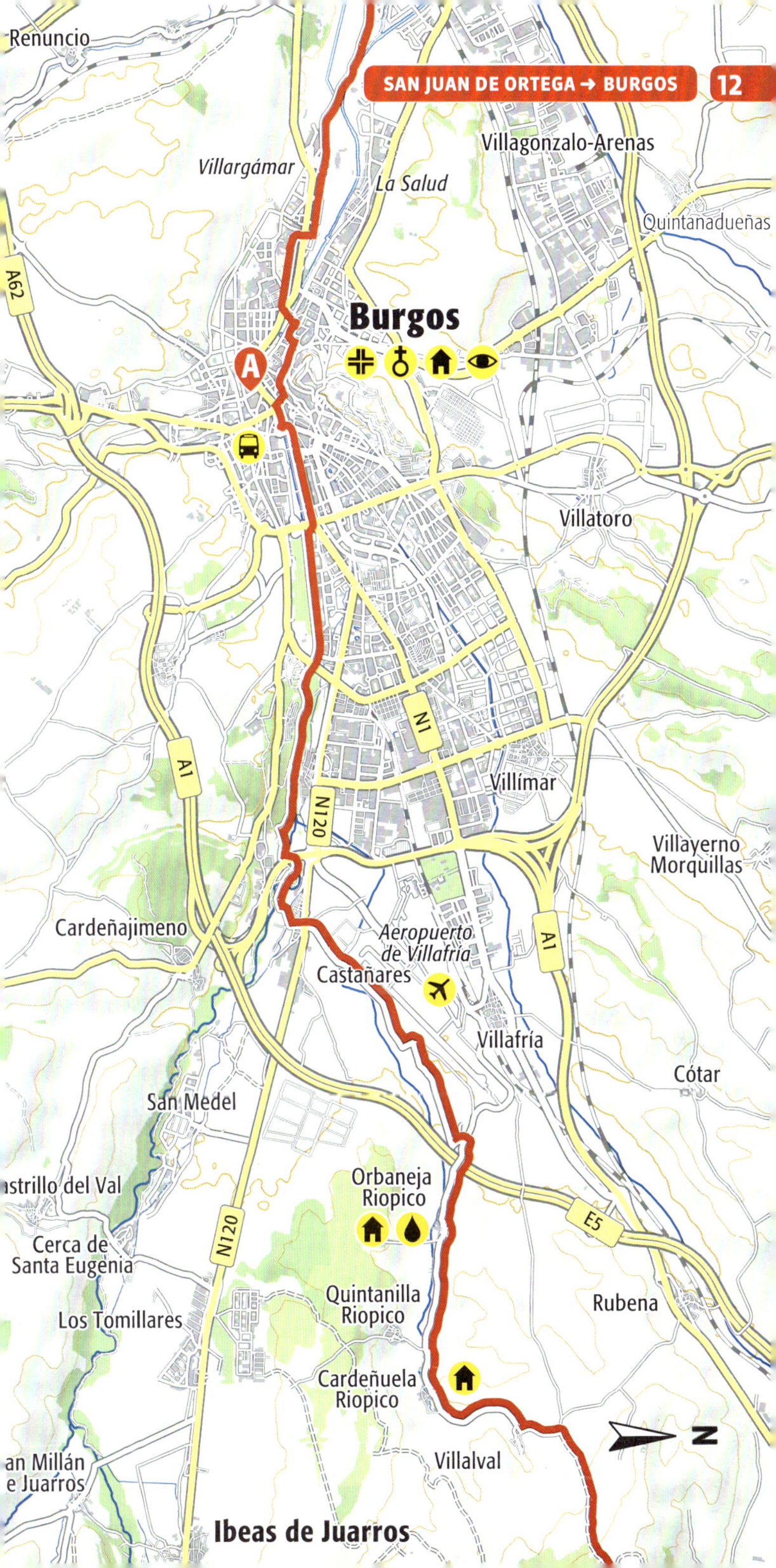
Renuncio
Villagonzalo-Arenas
Villargámar
La Salud
Quintanadueñas
A62
Burgos
A
Villatoro
A1
N1
Villímar
N120
Villayerno
Morquillas
Cardeñajimeno
Aeropuerto
de Villafría
Castañares
A1
Villafría
Cótar
San Medel
astrillo del Val
Orbaneja
Riopico
E5
N120
Cerca de
Santa Eugenia
Quintanilla
Riopico
Rubena
Los Tomillares
Cardeñuela
Riopico
N
Villalval
an Millán
e Juarros
Ibeas de Juarros

12 Da San Juan de Ortega a Burgos

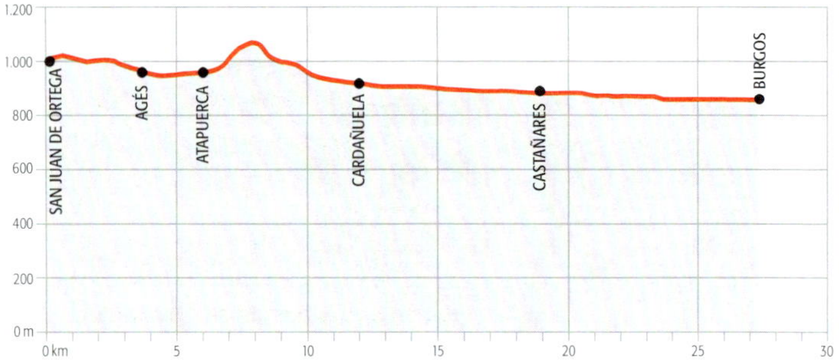

LUNGHEZZA:	**27,3 km**
DISLIVELLO IN SALITA:	**206 m**
DISLIVELLO IN DISCESA:	**347 m**
TEMPO:	**7 ore/7 ore e 30 minuti**
DIFFICOLTÀ:	**impegnativa**

Informazioni e servizi

AGÉS: *Albergue municipale La taberna de Agés* (a gestione privata), c/ del Medio 21, tel. 947.400.697 / 660.044.575, www.alberguedeages.com, info@alberguedeages.com, 36 posti, 9-10 €, *bar-ristorante*.
Albergue privato El Pájar de Agés, c/ Paralela del medio 12, tel. 947.400.629 / 699.273.856, www.elpajardeages.es, info@elpajardeages.es, marzo-novembre, circa 70 posti suddivisi in due strutture, 10 €, cena e colazione.
Ad Agés c'è un *bar* e un *negozio di alimentari* che serve la colazione dalle 6 della mattina.
ATAPUERCA: *Albergue privato La Hutte*, c/ de Enmedio 38, tel. 947.430.320, www.burgosturismorural.com, 18 posti, 5 €.
Albergue privato El peregrino, c/ Camino de Santiago 25, tel. 661.580.882, albergueatapuerca.com, rocio@albergueatapuerca.com, marzo-ottobre, 36 posti, 9 €, uso cucina.
In paese *bar-ristorante*.
OLMOS DE ATAPUERCA: *Albergue privato La Golondrina*, fuori dal Cammino, tel. 661.026.495 / 649.157.547, www.rusticaweb.com, 21 posti, 7 €, uso cucina.
CARDEÑUELA RIOPICO: *Albergue municipale*, c/ Real 28, tel. 661.438.093 / 660.050.594, sempre aperto, tranne feste di Natale, 12 posti, 5 €, cena al *bar La parada*.
Albergue privato Vía Minera, c/ La Iglesia 1, tel. 652.941.647, albergueviaminera@gmail.com, marzo-ottobre, 26 posti, 8 €, piscina, *bar-ristorante*.
Albergue privato Santa Fe, c/ los Huertos 2, tel. 947.560.722 / 626.352.269, www.baralberguesantafe.com, alberguesantafe@hotmail.com, 18 posti, 8-10 €, *bar-ristorante*.
ORBANEJA RIOPICO: *Albergue privato El Peregrino*, tel. 947.430.980 / 622.931.076, laura_crislaine@hotmail.com, 18 posti, 5 €, bar-ristorante.
In paese c'è un punto di accoglienza per i pellegrini.
CASTAÑARES: *Bar, ristorante, panetteria*.
BURGOS: La Asociación de amigos del Camino locale ha aperto, proprio vicino alla cattedrale, in calle Fernán Gonzáles 28, nella cosiddetta Casa del Cubo, un *albergue municipale*, tel. 947.460.922, www.caminosantiagoburgos.com, asociacion@caminosantiagoburgos.com, 150 posti, 5 €. Sostituisce il rifugio municipale del Parral (una sorta di villaggio di casette in legno che i vecchi pellegrini si

ricorderanno anche perché, per raggiungerlo, bisognava attraversare tutta la città).

Albergue parrocchiale Emaús, c/ de San Pedro de Cardeña 31bis, annesso alla parrocchia di San José Obrero, tel. 947.252.851, peregrinosemaus@gmail.com, aprile-ottobre, 20 posti, 5 €, accoglienza fraterna, cena e colazione in comune (a donativo). Preghiera e riflessione se si vuole.

Albergue Santiago y Santa Catalina (o Divina pastora), c/ Lain Calvo 10, tel. 947.207.952, Settimana Santa-ottobre, 16 posti, 6 €. È gestito dall'Asociación de Comerciantes e Industriales de Burgos.

Hostel Burgos, c/ Miranda 4, tel. 654.492.979 / 947.250.801, info@hostelburgos.com, www.hostelburgos.com, 68 posti, 16,50 € (colazione inclusa), bar-ristorante.

Naturalmente in città si trovano *tutti i servizi*.

Si comincia la mattina con la salita fino alla croce che è stata posta sulla Sierra de Atapuerca e da qui si apre, quasi come da un balcone naturale, la piana di Burgos. Il Cammino annuncia così il suo voltare pagina: prima la grande città, poi le mesetas.

Tappa che presenta diverse alternative. All'uscita di San Juan de Ortega, al primo incrocio (segnato da una croce) ecco la prima scelta: si può seguire la via per Santovenia de Oca; da qui si prende la statale N120 che porta direttamente fino a Burgos attraversando le località di Zalduendo, Ibeas de Juarros, Castrillo del Val, San Medel, Castañares y Villayuda o La Ventilla; da Santovenia il percorso è praticamente lungo l'asfalto, un po' più lungo e senza servizi fino a Castañares.

Altrimenti, ed è il percorso che consigliamo, da San Juan si va diritti per 300 m fino all'incrocio per Santovenia-Burgos. Tra le due strade asfaltate, ben segnalata da un cartello sotto una grande croce in legno e indicata con le frecce, parte la pista di terra che va in leggera discesa dentro un bosco di roverelle prima e campi poi fino ad Agés. Lo sguardo si apre, il Cammino segue la traccia storica.

Appena prima dell'incrocio con il vecchio tracciato ferroviario di Agés, il Cammino prosegue su una piccola strada asfaltata con pochissimo traffico e sempre in mezzo a grandi campi. Si passa quindi per Atapuerca: nei pressi del paese si trova il più antico sito preistorico della penisola iberica (forse il più antico d'Europa: sembra che le prime tracce umane siano databili a ben 800.000 anni fa). Lasciato il paese, il sentiero sale per una zona montuosa, la sierra de Atapuerca (1.060 m slm); in cima c'è una grande croce di legno con, alla base, molte pietre. Da qui, per la prima volta, il pellegrino può osservare l'interminabile pianura di Burgos (altopiano tra gli 800 e i 900 m slm). Sullo sfondo già si intravedono le torri della cattedrale che si stagliano su un orizzonte che, non avendo riferimenti precisi, sembra dilatarsi all'infinito.

Tutt'intorno è la grande steppa castigliana: attraversarla sarà, nei giorni successivi, la prova di maggiore volontà e fermezza del pellegrino. Ma a ogni giorno basta la sua pena e anche questa tappa ha la sua. Da Villalval ci sono da seguire circa 5 km di strada asfaltata che attraversa i paesini di Cardeñuela-Riopico e Orbaneja; subito dopo aver scavalcato (sempre su strada asfaltata) l'autostrada, dovete scegliere il percorso: diritto il Cammino vi condurrebbe, sempre su asfalto, a Villafría e poi, dopo una decina di chilometri, a Burgos lungo la statale N1; si entra a Burgos per la lunga e snervante zona industriale della città (4-5 km). (Se non si volesse attraversare questa zona, davanti alla chiesa gotica di Villafría c'è il capolinea dell'autobus che porta fino in centro).

Il nostro consiglio è di prendere, subito dopo Orbaneja e l'incrocio con l'autostrada, la variante a sinistra (vicino a vecchie installazioni militari ora trasformate in complesso residenziale tinteggiato di bianco). La svolta non è segnata sull'asfalto, ma appena qualche metro più in là, su un palo della luce nel grande spiazzo-parcheggio. È lì infatti che ritroverete la freccia gialla a tranquillizzarvi e a confermare la via. Si gira a sinistra e si prende lo sterrato che scende e gira subito dopo a destra per affiancare per un tratto l'autostrada. La pista costeggia a lungo l'aeroporto e la sua rete metallica; quando la recinzione curva, curvate con lei fino a che una freccia gialla (non ce ne sono molte, ma nei punti chiave sì) vi indicherà dove abbandonarla per giungere in breve a Castañares. Non è un cammino esaltante, ma per lo meno è meno stressante e pericoloso dell'altro (molto trafficato).

A Castañares prestate molta attenzione. Non seguite le frecce e lo sterrato bianco che affiancano la nazionale, ma, al semaforo, attraversate la nazionale e, giunti alla chiesa, cercate le frecce (o chiedete) che vi portano a superare il río Arlanzón su una passerella blu.

A questo punto il Cammino segue il fiume (che resta alla vostra destra: non ci sono frecce ma non temete); più avanti vedrete un'altra passerella di colore verde e altre due rosse; poi passate sotto il ponte della ferrovia e un sottopasso (se pensate di andare all'Albergue de Peregrinos Emaús entrate nel parco giochi, girate a sinistra e chiedete della calle de San Pedro de Cardeña: siete a poche decine di metri dal rifugio). Proseguite sempre lungo il fiume fino al centro di Burgos, anche se la cattedrale e il centro della città sembrano non arrivare mai.

L'albergue municipale è alle spalle della cattedrale; per raggiungere quello della Divina Pastora (ben segnalato dalle frecce e dai cartelli) proseguite invece fino al ponte Gasset: da qui lasciatevi guidare dal lastricato della strada e dalle conchiglie per terra.

Da vedere

Atapuerca A circa 2 km dal Cammino c'è il celebre sito preistorico. L'ingresso del parco archeologico è ad Atapuerca, si può entrare solo con visite guidate e a orari stabiliti. In alta stagione viene attivato un servizio di autobus navetta da e per Agés e Burgos. Agevolazioni per i pellegrini con credenziale. Per informazioni e per prenotare una visita tel. 947.421.000, www.atapuerca.org.

Gamonal Se volete spezzare la desolazione che si prova entrando a Burgos lungo la periferia industriale, potete rifarvi lo sguardo sulla

BURGOS. *La cattedrale gotica, una delle più belle d'Europa, merita una visita.*

splendida chiesa del XIII secolo intitolata a **SANTA MARÍA LA REAL** (ma solo se avete tempo o pensate di fermarvi un giorno a Burgos).

Burgos Città di notevole importanza storica per il Cammino. Antica capitale del regno di Castiglia, patria del grande condottiero El Cid Campeador (Rodrigo de Vivar), merita un'accurata visita; chi può si fermi un giorno. Se il tempo del vostro pellegrinare è limitato, riservatevi almeno lo spazio per visitare la cattedrale, semplicemente bellissima. Nelle piazze e nelle vie intorno molti altri monumenti degni di nota: fatevi guidare dagli occhi e dal cuore.

Fondata nell'884 da Diego Rodríguez Porcelos sul río Arlanzón, si ingrandì e rafforzò rapidamente grazie all'afflusso di artigiani e carpentieri, attratti dal notevole passaggio dei pellegrini. In breve Burgos ne divenne il maggior centro di accoglienza, arrivando ad avere più di 30 hospitales.

La nascita del regno di Castiglia nel 1035, e il trasferimento della sede episcopale dell'Oca a Burgos, nel 1075, ne fecero col tempo la città più importante di Spagna (capitale del regno fino al 1561, quando il potere politico si trasferì a Madrid). Le sterminate mesetas consentivano il pascolo ad armenti di montoni altrettanto vasti, e Burgos divenne la capitale castigliana del commercio della lana.

La **CATTEDRALE** da sola merita quasi il viaggio, è una delle più belle d'Europa (ingresso a pagamento: 7 €, 4,50 € con la Credenziale). Iniziata nel 1221 sotto il regno di Fernando III il Santo, si suppone abbia avuto influenze dal gotico francese: il suo stile così puro, alto e slanciato non era infatti abituale per l'epoca nella penisola iberica.

L'edificio centrale fu ultimato alla fine del XIII secolo; nel XV secolo furono aggiunti, opera di Johann di Colonia, i famosi pinnacoli e la torre dell'orologio.

Al suo interno: la statua lignea, molto venerata, del Santo Cristo di Burgos con capelli e pezzi di pelle umana, la cappella del Condestable (XV secolo), i portali, il ciborio, il rosone, la cappella di San Giacomo sulla quale domina un Santiago Matamoros ("che uccide i mori"). C'è anche un chiostro del XIII secolo, a due piani.

Da vedere inoltre:

La **CHIESA DI SAN NICOLÁS** gotica del XV secolo.

La **CHIESA DI SANTA GADEA E ÁGUEDA**.

La **CHIESA DI SAN GIL**, XIII-XV secolo, il più bel gotico della città dopo la cattedrale.

La **CHIESA DI SAN ESTEBAN**, XIII-XIV secolo, ospita il Museo del retablo con retablos del XVI-XVIII secolo.

La **PUERTA Y ARCO DE SANTA MARÍA**: molto bella, una delle dodici porte di accesso alla città, finita nel 1553; da qui si entra nella città vecchia.

La **CERTOSA (CARTUJA) DI MIRAFLORES**: situata fuori dalle antiche mura, fu edificata tra il 1454 e il 1499. L'opera, capolavoro del tardo gotico, fu commissionata da Isabella la Cattolica come pantheon per i suoi genitori, Juan II e Isabella del Portogallo. Al suo interno, sul *retablo* maggiore, si nota un magnifico Santiago pellegrino.

L'**HOSPITAL DEL REY**: si incontra uscendo dalla città; fu uno dei più importanti hospitales del Cammino, edificato per volere di Alfonso VIII nel 1195, originariamente romanico. Da notare la Puerta de Romeros e il portico della chiesa in stile plateresco. Oggi è sede dell'università.

La **CASA DEL CORDÓN** (XV secolo); una curiosità: qui i re cattolici Ferdinando e Isabella ricevettero Cristoforo Colombo di ritorno dopo il suo secondo viaggio nelle Americhe.

Molto bello il **MONASTERO DE LAS HUELGAS REALES**: fondato da Alfonso VIII nel 1187 per le religiose di nobile famiglia e ormai diventato monumento nazionale. Il complesso architettonico comprende stili dal romanico al gotico cistercense; belli in particolare la chiesa conventuale e il chiostro di San Fernando. Il monastero lo si incontra uscendo dalla città; attenzione agli orari (mar-sab 10-14 e 16-18.30, dom e festivi 10.30-15, chiuso il lunedì), ingresso a pagamento: 6 €. A parte le chiese, molti monumenti sono accessibili al pubblico solo dopo le 10 del mattino: un po' tardi per dei pellegrini che invece partono all'alba!

Uscendo dalla città date un'occhiata all'**ARCO DI SAN MARTÍN** (XIII-XIV secolo), un tempo porta d'ingresso del quartiere ebraico.

Hormaza
Isar
agutiérrez
BU406
Palacios
de Benaver
Las Quintanillas
ndovínez
Rabé de
las Calzadas
A231
N120
Santa Maria Tajadura
Villarmentero
niel
Tardajos
Quintanilla de
las Carretas
N620a
Hornillos
del Camino
Hontanas
Burgos
San Mamés
de Burgos
Páramo
del Arroyo
Villalbilla de Burgos
A231
Villalonquéjar
Villacienzo
nuncio
Villagonzalo-Arenas
Villargámar
La Salud
Quintanadueñas
N
Burgos
P

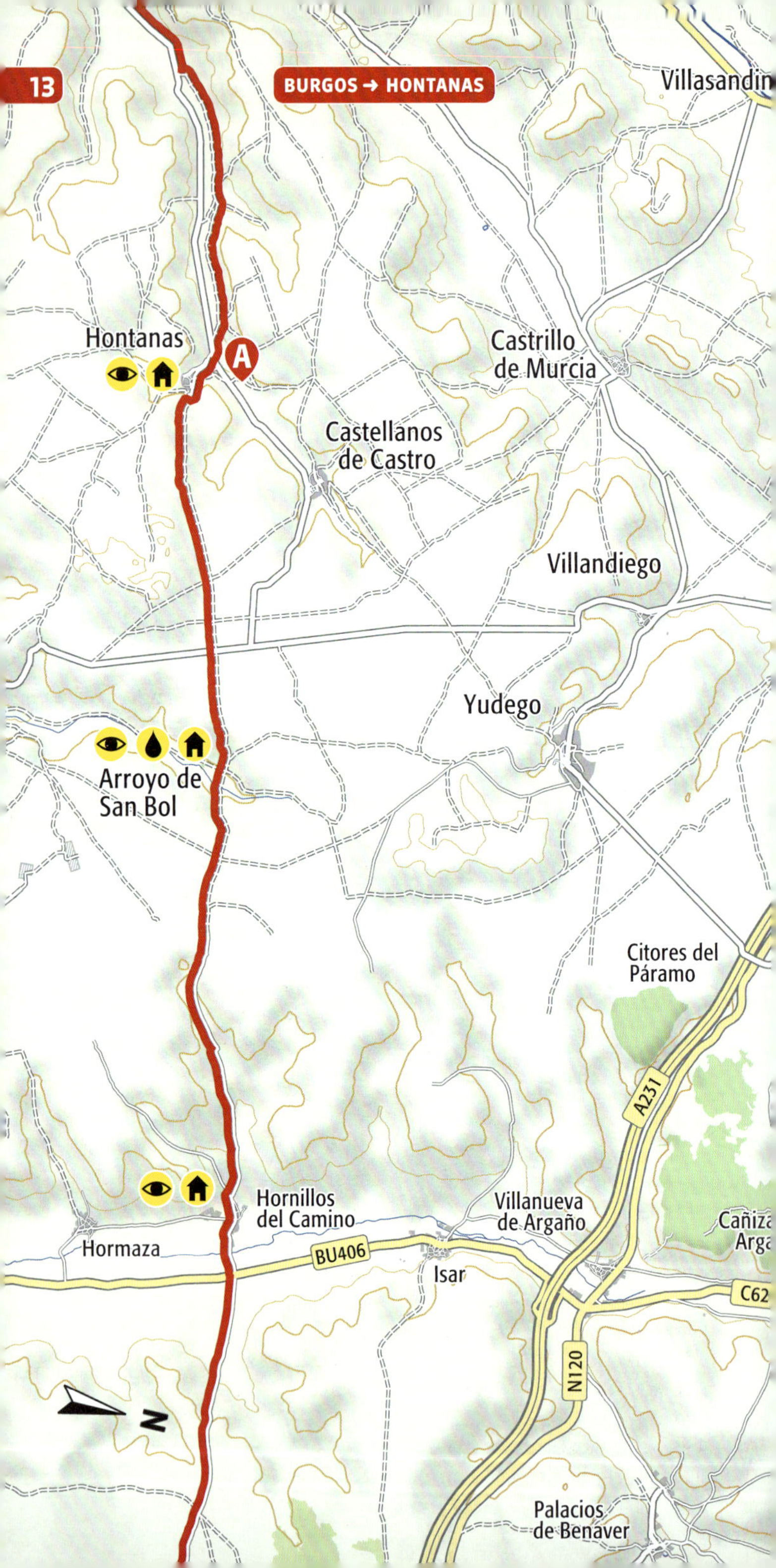
Villasandin
Hontanas
A
Castrillo de Murcia
Castellanos de Castro
Villandiego
Yudego
Arroyo de San Bol
Citores del Páramo
A231
Hornillos del Camino
Villanueva de Argaño
Hormaza
BU406
Isar
C62
N120
N
Palacios de Benaver

Da Burgos a Hontanas

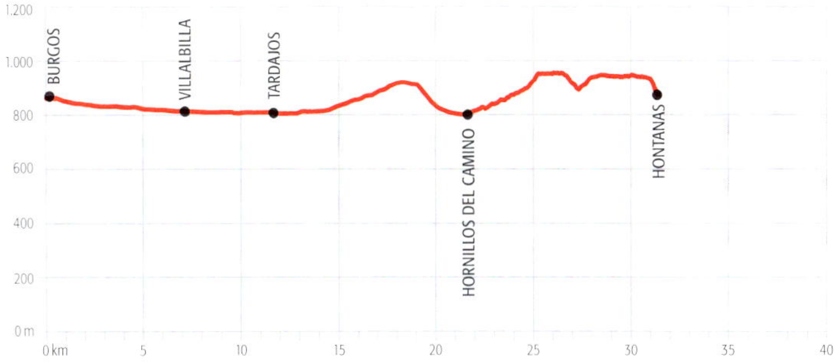

LUNGHEZZA:	**31,3 km**
DISLIVELLO IN SALITA:	**365 m**
DISLIVELLO IN DISCESA:	**459 m**
TEMPO:	**8 ore**
DIFFICOLTÀ:	**media**

Informazioni e servizi

TARDAJOS: *Albergue municipal*, gestito con cura dall'Associazione Amici del Cammino di Madrid, tel. 947.451.189, 18 posti, donativo, metà marzo-ottobre; con giardino. Se non ci sono gli hospitaleros chiedere all'Hostal Ruiz. Consigliato per chi il giorno precedente non vuole dormire a Burgos. *Albergue privato La Fábrica*, c/ de la Fábrica 27, tel. 620.111.939, www.alberguelafabrica.com, cristina@alberguelafabrica.com, 32 posti, 12 €, *bar-ristorante*. *Albergue privato La Casa de Beli*, av. General Yagüe 16, tel. 947.451.234 / 629.351.675, lacasadebeli@gmail.com, www.lacasadebeli.com, 34 posti, 10 €, *bar-ristorante*.
In paese si trovano i servizi primari, *bar*, *ristorante* e qualche *alimentari*.
RABÉ DE LAS CALZADAS: *Albergue privato Liberanos Domine*, plaza Francisco Ribera 10, tel. 695.116.901, www.liberanosdomine.com, clementinadelatorre@gmail.com, 24 posti, 9 €, cena e colazione.
HORNILLOS DEL CAMINO: L'*albergue municipale* è bello, vicino alla chiesa (plaza de la Iglesia), tel. 689.784.681, hornillos.alberguemunicipal@gmail.com, chiuso a febbraio, 32 posti (in estate altri posti con materassi nel comune e nella palestra), 9 €, uso cucina. *Albergue privato El Alfar de Hornillos*, c/ de los Cantarranas 8, tel. 654.263.857, www.elalfardehornillos.es, elalfardehornillos@gmail.com, aprile-ottobre, 20 posti, 9 €, uso cucina, cena e colazione. *Albergue privato Hornillos Meeting Point*, c/ de los Cantarranas 3, tel. 608.113.599, www.hornillosmeetingpoint.com, info@hornillosmeetingpoint.com, 32 posti, 9 €, uso cucina.
In paese, *bar* per pasti e provviste.
ARROYO DE SAN BOL: Il *rifugio municipale*, presso una fonte, 300 m a sinistra su deviazione prima di Hontanas, sperduto nell'immensità della meseta, molto spartano. Tel. 606.893.407, www.alberguesanbol.com, reservas@alberguesanbol.com, aprile-metà ottobre, 12 posti, 5 €, cena comunitaria. All'interno *alimentari* e *bar*.
HONTANAS: *Albergue municipale*, tel. 686.908.486, hospitalsanjuan.hontanas@gmail.com, 22 posti (più 20 in un'altra struttura), 6-10 €, cena. *Albergue privato Santa Brigida*, tel. 628.927.317, reservas@alberguesantabrigida.com, metà marzo-metà ottobre, 16 posti, 7 €, uso cucina, cena.

Mesón Albergue El Puntido, tel. 947.378.597 / 636.781.387, www.puntido.com, contacto@puntido.com, metà marzo-metà novembre, 40 posti, 6 €, uso cucina, *bar-ristorante* e piccolo *alimentari*.

Albergue privato Juan de Yepes, tel. 638.938.546, reservas@alberguejuandeyepes.com, marzo-ottobre, 54 posti, 9 €, uso cucina, *bar-ristorante*.

Che cosa siano le mesetas, gli altopiani aridi che occupano gran parte del territorio spagnolo, incominciamo a capirlo davvero oggi. Camminiamo in piano, ma sempre attorno agli 800 metri d'altezza. Si brucia di sole d'estate, si rabbrividisce di notte e si gela d'inverno. C'è chi le ama, e chi invece non le sopporta: qui è chiara, più che in ogni altro luogo, la fatica di procedere in un paesaggio che fa sembrare tutto fermo, non fosse per il vento.

Si lascia Burgos passando per calle F. González (alle spalle della cattedrale), poi calle Emperador, calle Villalón; si attraversa il río Arlanzón e si entra nel parco El Parral; si prende per il Vivero forestal (dove si torna a camminare su pista battuta). Il Cammino non entra a Villalbilla, ma potete ovviamente fare una deviazione se avete bisogno di viveri o di un caffè. Superata l'autostrada, si torna lungo la statale N120 fino a Tardajos (negozi vari) e verso Rabé de las Calzadas. Incomincia il paesaggio tipico delle mesetas: grandi distese coltivate a cereali, per chilometri e chilometri, e il Cammino che sembra una lunga riga verso l'orizzonte. D'estate il sole è implacabile: fate in modo di avere acqua e di non camminare nelle ore più calde.

Dopo Rabé, nella cui piazza si trova una bella fontana dove dissetarsi, comincia l'ascesa alla prima meseta; non c'è rischio di perdersi (molte le frecce gialle), e dopo circa 2 km si trova la fuente di Prao Torre, dove ci si può riposare (ci sono tavoli e panchine). Al termine di questa meseta, si giunge a Hornillos del Camino, dove anticamente si trovavano un hospital e un lebbrosario, fondati nel 1156 da Alfonso VII.

Di seguito si attraversa un'altra meseta, alla fine della quale (circa un'ora e mezza) si arriva alla località caratteristica di Arroyo San Bol (c'è un minuscolo rifugio, non sempre aperto); qui, deviando appena dal sentiero, c'è una rigogliosa fonte di acqua fresca, circondata da una folta vegetazione che crea l'effetto di un'oasi nel deserto. Si affronta infine l'ultima meseta della giornata, che in un'ora e un quarto circa porta a Hontanas, la quale appare all'improvviso, come se il paese spuntasse d'incanto sotto la linea dell'orizzonte. Attenzione: in questi luoghi le illusioni ottiche sono frequenti ed è spesso difficile calcolare le distanze.

Da vedere

Le mesetas Nella nostra marcia verso ponente, questa è la prima tappa che ci immerge nella meseta. In spagnolo il termine *meseta* significa "altopiano". Giornata non particolarmente difficile, solo bisogna abituarsi ad attraversare questi spazi dall'aspetto desertico, tavolati

TRA RABÉ DE LAS CALZADAS E HORNILLOS. *In discesa fra i campi di grano.*

lievemente ondulati, separati da ampie e tranquille valli, ora pietrosi, ora coperti di frumento, le cui stoppie bruciate dal sole dell'estate danno l'idea di camminare nel mezzo di un infinito mare giallo. Ecco, giallo (verde in primavera) e azzurro sono i colori dominanti, l'incontro della terra con il cielo terso, dal bagliore accecante. Per alcuni è da folli attraversare le mesetas, dove tra un paese e l'altro non si incontra anima viva; farlo regala però un fascino incredibile, una suggestione mai provata prima. Insegna a non avere paura di andare avanti anche se non si vede nulla all'orizzonte. In queste lande desolate, il clima ha i suoi estremi: caldo torrido in estate, freddo intenso in inverno, in ogni caso con una notevole escursione termica tra il giorno e la notte. Tendenzialmente secco e ventoso, il tempo d'estate può riservare improvvisi e violenti temporali.

Tardajos Costruita su di un precedente borgo romano; da notare il **PUENTE DEL ARZOBISPO** (arcivescovo) sul río Ubierna.

Hornillos del Camino Uno dei casi esemplari di paese-Cammino: la calle Real che lo attraversa è il Cammino stesso. Fu una importante tappa per i pellegrini con diversi hospitales e un ospizio per i lebbrosi. La chiesa parrocchiale gotica, intitolata a **SAN ROMÁN**, è del XVI secolo.

Arroyo San Bol Accanto alla fonte, sorge un piccolo e curioso rifugio di chiara ispirazione templare.

Hontanas Piccola località arroccata intorno alla **CHIESA DELL'IMMACOLATA**, del XIV secolo. Il nome della località pare venga da "fontana".

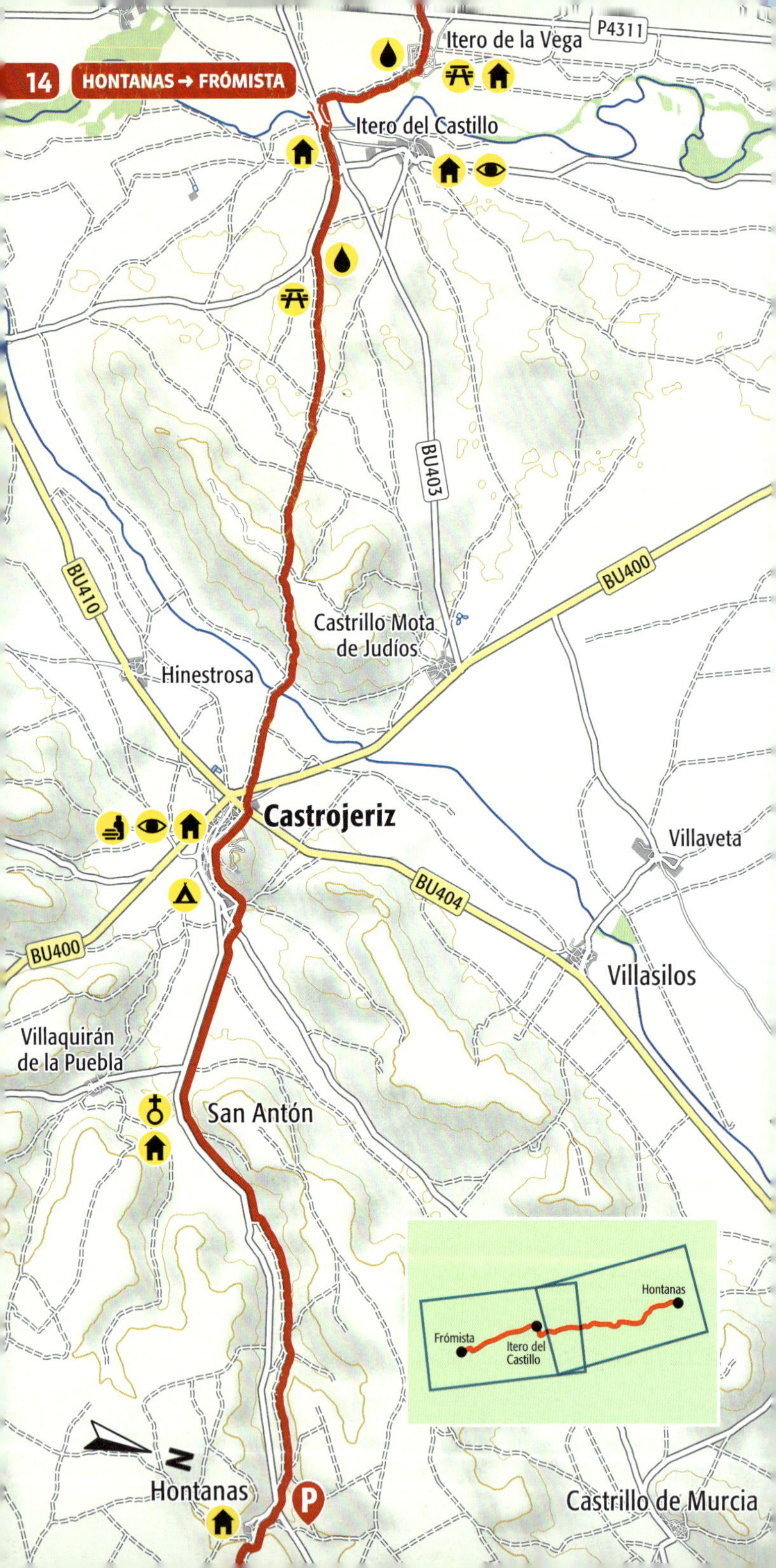
Itero de la Vega
P4311
Itero del Castillo
BU403
BU400
BU410
Castrillo Mota de Judíos
Hinestrosa
Castrojeriz
Villaveta
BU404
BU400
Villasilos
Villaquirán de la Puebla
San Antón
Hontanas
Castrillo de Murcia
N
Hontanas
Frómista
Itero del Castillo

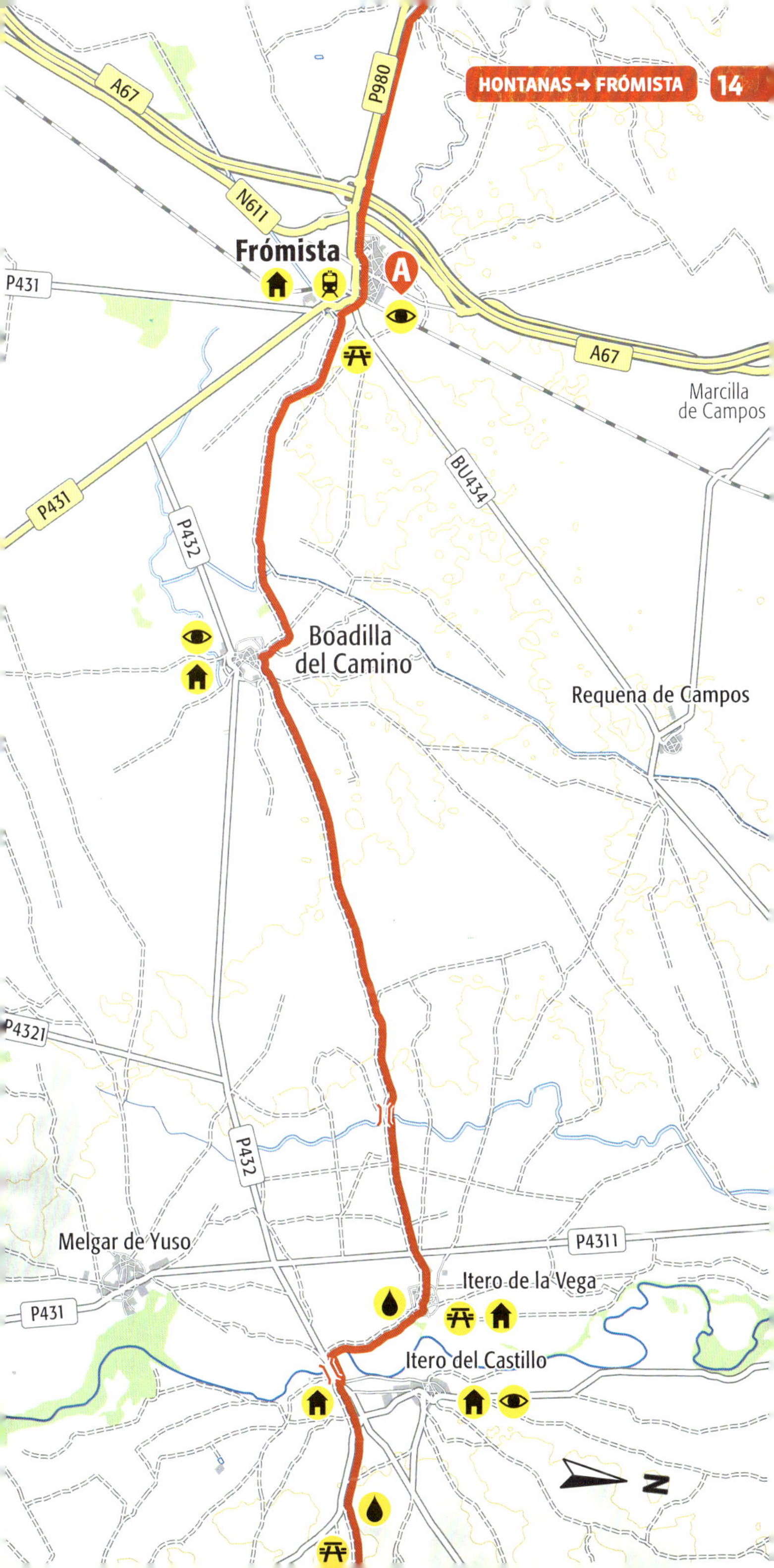
A67
P980
N611
Frómista
A
P431
A67
Marcilla
de Campos
BU434
P431
P432
Boadilla
del Camino
Requena de Campos
P4321
P432
Melgar de Yuso
P4311
P431
Itero de la Vega
Itero del Castillo
N

14 Da Hontanas a Frómista

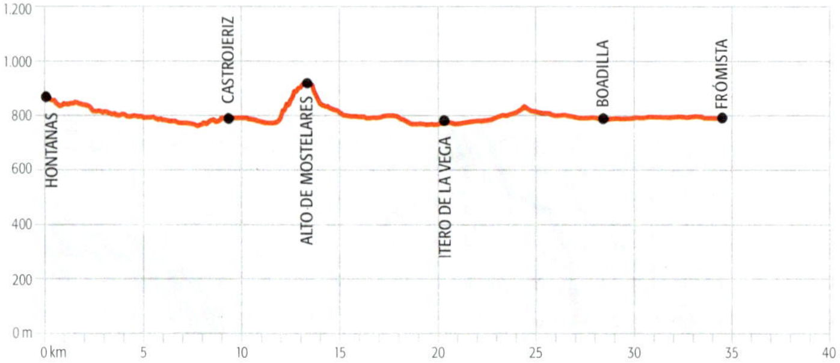

LUNGHEZZA: **34,5 km**
DISLIVELLO IN SALITA: **392 m**
DISLIVELLO IN DISCESA: **342 m**
TEMPO: **8 ore e 15 minuti**
DIFFICOLTÀ: **impegnativa**

Informazioni e servizi

SAN ANTÓN: *Hospital de San Antón* (5,5 km dopo Hontanas), piccolo e spartano rifugio (solo acqua fredda, senza elettricità), campoovidio@gmail.com, maggio-settembre, 12 posti, donativo (anche per la cena).

CASTROJERIZ: *Albergue municipale San Esteban*, plaza Mayor, tel. 947.377.001, sanestebancastrojeriz@gmail.com, 35 posti, 5 €.

All'ingresso del paese c'è un *camping/albergue*, tel. 947.377.255 / 658.966.743, www.campingcamino.com, metà marzo-metà novembre, 30 posti, 6 €, *bar-ristorante*.

Albergue privato Ultreia, c/ Real de Oriente 77, tel. 947.378.640, albergue.ultreia.castrojeriz@gmail.com, marzo-ottobre, 28 posti, 10 €, cena e colazione comunitarie.

Albergue privato Rosalía, c/ Cordón 2, tel. 947.373.714 / 637.765.779, info@alberguerosalia.com, www.alberguerosalia.com, marzo-ottobre, 32 posti, 10-12 €, cucina fornita di alimenti base, che si possono usare lasciando un donativo.

Albergue privato Orión, av. de la Colegiata 28, tel. 649.481.609 / 672.580.959, albergueorion2016@hotmail.com, 22 posti, 11 €, uso cucina, cena e colazione.

Albergue privato A Cien Leguas, c/ Real de Oriente 78, tel. 947.562.305 / 619.289.476, info@acienleguas.es, www.acienleguas.es, 28 posti, 10 €, *bar-ristorante*.

Albergue privato Casa Nostra, c/ Real de Oriente 52, tel. 947.377.493, encastrojeriz@hotmail.com, 26 posti, 6 €, uso cucina. In paese ci sono diversi *ristoranti* con menu del día.

ITERO DEL CASTILLO: *Albergue municipale*, ma a gestione privata, c/ del Sol (a 1,2 km dal Cammino), tel. 642.213.560 / 697.335.012, albergueiterocastillo@gmail.com, aprile-novembre, 12 posti, 10 € (inclusa la cena comunitaria). Sistemazione spartana ma efficace.

Rifugio nell'Ermita di San Nicolás de Puente Fitero, gestito dalla Confraternita italiana di San Jacopo di Perugia, www.confraternitadisanjacopo.it, segreteria@confraternitadisanjacopo.it, giugno-settembre, 12 posti, donativo. Bagni e docce in una costruzione separata (solo qui ci sono corrente elettrica e acqua calda e, dopo il tramonto si cena a lume di candela), fontana per lavare i panni; offrono la cena agli ospiti, così come la colazione il mattino seguente e un momento di preghiera; accoglienza fraterna.

ITERO DE LA VEGA: *Albergue municipale*, plaza de la Iglesia, tel. 605.034.347 (albergue) / 979.151.826 (ayuntamiento), 13 posti, 5 €, uso cucina.
Albergue privato La Mochila, c/ Santa Ana 3, tel. 979.151.781, lamochilaitero@gmail.com, 28 posti, 6 €, colazione, uso cucina. Hanno anche un *ristorante* con menu del pellegrino.
Albergue privato Puente Fitero, c/ Santa María, tel. 979.151.822, hostalpuentefitero@hotmail.com, 22 posti, 8 €, *bar-ristorante*.
Albergue privato Hogar del Peregrino, c/ Santa María 17, tel. 979.151.866 / 616.629.353, alberguehogardelperegrino@hotmail.com, 8 posti, 12 €, uso cucina.

BOADILLA DEL CAMINO: In plaza el Rollo c'è l'*albergue En el Camino*, privato, quasi di lusso. Tel. 979.810.284 / 619.105.168, www.boadilladelcamino.com, albergue@boadilladelcamino.com, marzo-ottobre, 48 posti, 8 €, cena e colazione. Con piccola piscina e patio interno.
All'ingresso del paese, *albergue municipale* nella vecchia scuola, tel. 979.810.390, 12 posti, 5 €.
Albergue privato Putzu (aperto da un ex pellegrino), in calle las Bodegas, all'inizio del paese, a sinistra dell'antica fonte romana, 16 posti, 7 €, uso cucina.

FRÓMISTA: *Albergue municipale*, plaza de San Martín, tel. 979.811.089 / 686.579.702, carmen-hospitalera@live.com, chiuso da Natale a fine gennaio, 56 posti, 8 €.
Albergue privato Estrella del Camino, av. de Ejército Español (di fronte al Centro de Salud), tel. 979.810.399 / 653.751.582, www.albergueestrelladelcamino.com, marzo-ottobre, 34 posti, 10 €, cena e colazione. Se è chiuso chiedere all'hostal Camino de Santiago (lì accanto).
Albergue Betania, aperto solo da dicembre a febbraio, quando gli altri sono chiusi, tel. 638.846.043 (chiamare il giorno prima), 9 posti, donativo.
In paese *ristoranti* con menu del día e tutti i *servizi primari*.

La lunghezza della tappa (quasi 35 km) non aiuta, così ci si può fermare a pernottare in qualche località intermedia, e fare pari e patta con la tappa successiva che invece risulta breve (meno di 20 km). Dopo Castrojeriz la salita all'Alto de Mostelares (913 m slm) è impegnativa.
Frómista, laggiù, è un pugno di case, meno di mille abitanti. Non sempre fu così; nel XV secolo la popolazione era almeno quattro volte più numerosa, con una ricca comunità ebraica (circa 200 famiglie). Nel 1492 l'espulsione degli ebrei dalla Spagna segnò di fatto anche l'inizio del declino di questa località.

Lasciata Hontanas seguendo una pista di terra, si arriva dopo circa 5,6 km all'antico e diroccato convento di San Antón, dove si trova un piccolo rifugio. Il Cammino passa proprio sotto l'arcata gotica del complesso, molto suggestivo. Dopo 3,6 km si giunge all'importante (e artisticamente ricco) centro di Castrojeriz. Tocca poi all'altura di Mostelares e all'altopiano (l'ennesimo) che introduce alla monotona Tierra de Campos. Giunti alla sommità dell'altura, se potete, fermatevi un momento a contemplare l'immensità e la bellezza severa della natura che vi circonda; da lassù, si può godere una delle più belle viste della vecchia Castiglia con le sue interminabili pianure e coltivi che

DOPO HONTANAS. *Il paesaggio aperto e infinito delle mesetas.*

sembrano perdersi e ripetersi all'infinito. Si ha la sensazione di essere piccoli piccoli, però liberi e sereni come raramente capita, al cospetto della grande madre terra.

Una volta superate la collina e la fuente del Piojo, che si incontra poco dopo aver iniziato la discesa e dove hanno creato un'area di sosta, c'è Puente Fitero e, isolata nella pianura, l'ermita di San Nicolás, del XIII secolo (gestita dalla Confraternita italiana). Si attraversa quindi l'omonimo ponte medievale sul río Pisuerga, entrando così nella provincia di Palencia.

Da qui il Cammino si svolge sempre su terra battuta, in una piana infinita, e dopo essere passati per Itero de la Vega si arriva a Boadilla del Camino; poco dopo aver lasciato quest'ultimo paese, il Cammino segue il corso del Canal de Castilla e in un'ora e mezza si giunge senza difficoltà (che non sia la lunghezza della tappa) a Frómista.

Da vedere

Castrojeriz Centro di probabile fondazione romana, sicuramente visigoto. Fu teatro di feroci battaglie tra cristiani e arabi; nel 1131, sotto Alfonso VII, entrò a far parte definitivamente del regno di Castiglia.

Da ammirare:

La **COLLEGIATA DI NUESTRA SEÑORA DEL MANZANO**, edificio romanico del XIII secolo, ampliato nel XVIII. Vi si conservano la scultura della Vergine Santa María d'Almaçan, il retablo dell'Annunciazione e una statua di Santiago pellegrino.

La **CHIESA-FORTEZZA DI SAN GIOVANNI**, gotica, con tre navate eleganti, arricchita da un chiostro del XIV secolo.

Ermita de San Nicolás Passateci perché qui sarete più che mai di casa: l'ermita del XIII secolo infatti è stata ristrutturata dalla Confraternita italiana di San Jacopo (che ha sede a Perugia), e oggi ospita uno dei rifugi più caratteristici del Cammino (ricostruito "filologicamente" con acqua corrente ma senza elettricità).

I pellegrini vengono accolti, secondo un antico rito, con la lavanda dei piedi, e viene offerta loro la cena.

Puente Fitero Già citato nel *Codex Calixtinus* come *pons fiterie*, è il ponte medievale che si attraversa per passare il río Pisuerga. Fu costruito durante il regno di Alfonso VI; ha sette arcate ma pare che arrivò ad averne fino a undici.

Boadilla del Camino **CHIESA DI SANTA MARÍA** (XVI secolo) e accanto, in piazza, il **ROLLO JURISDICCIONAL**, colonna gotica scolpita nel XV secolo a rappresentazione del potere giuridico e oggi immortalata in mille fotografie.

Frómista Fu importante centro agricolo romano, chiamata *Frumesta* per l'abbondanza del grano.

Assolutamente da non perdere è la **CHIESA DI SAN MARTÍN,** uno dei più spettacolari esempi del romanico spagnolo. Faceva parte di un monastero fondato nel 1066. Ha tre navate con rispettive absidi, ciborio ottagonale e due torri cilindriche ai lati della facciata. All'interno, notevoli i capitelli di ciascuna colonna, con varie e ricche decorazioni allegoriche.

Prima di arrivare a Frómista il Cammino lambisce per 3 km il **CANAL DE CASTILLA**. L'opera aveva lo scopo di collegare le pianure della Castiglia-Léon con il porto di Santander sull'oceano: si iniziò a costruirlo nel 1753 e i lavori andarono avanti per quasi un secolo (fino al 1849); è lungo 207 km, con un dislivello di 150 m. Oggi non serve più per le merci ma resta come promessa di fecondità per queste terre assetate, e variante grata per chi va a piedi, soprattutto nella stagione torrida.

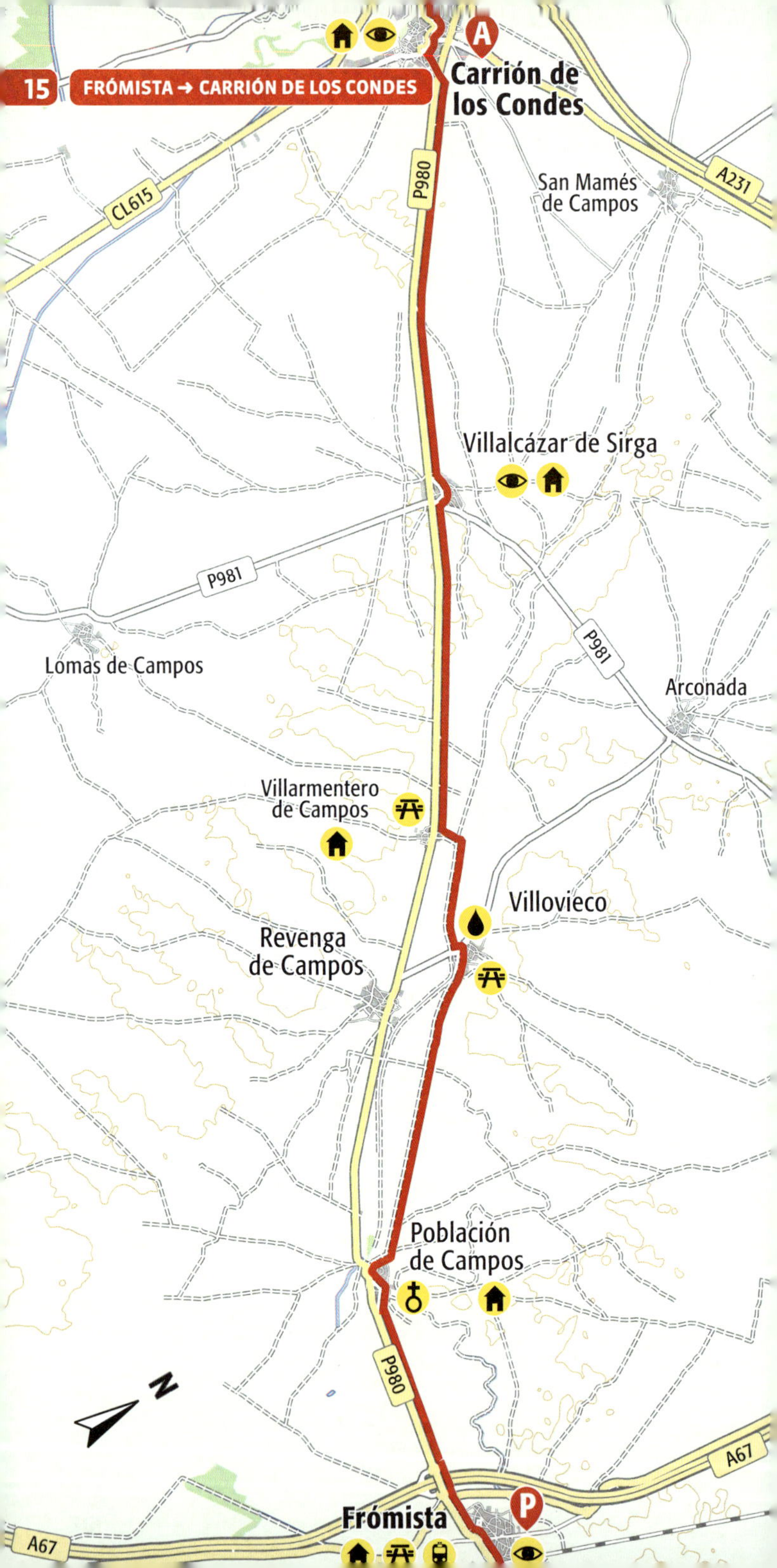
Carrión de los Condes
A
San Mamés de Campos
A231
CL615
P980
Villalcázar de Sirga
P981
P981
Lomas de Campos
Arconada
Villarmentero de Campos
Villovieco
Revenga de Campos
Población de Campos
P980
N
A67
Frómista
P
A67

Da Frómista a Carrión de los Condes

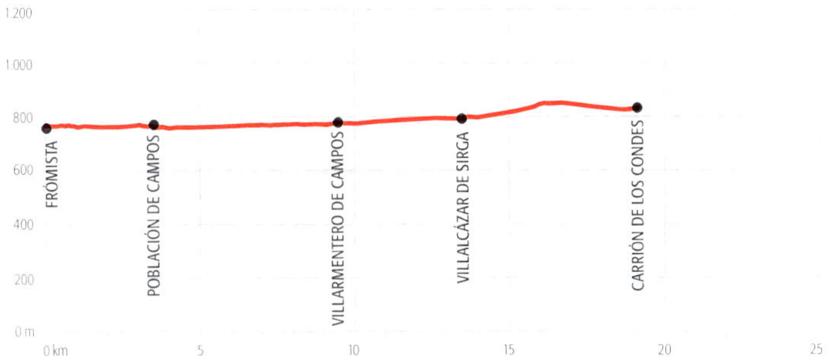

LUNGHEZZA:	**19,1 km**
DISLIVELLO IN SALITA:	**115 m**
DISLIVELLO IN DISCESA:	**63 m**
TEMPO:	**5 ore**
DIFFICOLTÀ:	**facile**

Informazioni e servizi

POBLACIÓN DE CAMPOS: *Albergue municipale*, paseo del Cementerio, tel. 979.811.099, 18 posti, 5 €, cena e colazione. Piccolo e semplice, buoni servizi di base e uso cucina. A 20 m dall'albergue la signora che gestisce il rifugio municipale offre *camere* doppie (40 €). Circa 500 m prima del paese, *albergue privato La Finca*, tel. 979.067.028, info@alberguelafinca.es, www.alberguelafinca.es, 20 posti, 10 €, con giardino e *bar-ristorante*.

REVENGA DE CAMPOS: Un *bar* lungo la strada.

VILLARMENTERO DE CAMPOS: *Albergue privato Amanecer*, c/ José Antonio 2, tel. 629.178.543, aprile-ottobre, 18 posti, 6 €, cena, uso cucina, colazione a donativo.

VILLALCÁZAR DE SIRGA: *Albergue municipale*, plaza del Peregrino, tel. 979.888.041, secretario@villalcazardesirga.es, aprile-ottobre, 20 posti, donativo.
Albergue privato Don Camino, c/ Real 23, tel. 979.888.163 / 620.399.040, www.casas-aurea.es, chiuso dicembre-gennaio, 20 posti, 7 €, *bar-ristorante*.
In paese si trovano *negozi, bar* e altri due *ristoranti* con specialità della zona (prezzi un po' più alti della media).

CARRIÓN DE LOS CONDES: *Albergue parrocchiale di Santa María*, presso la chiesa omonima, tel. 979.880.768, www.viastellarum-comunidadelaconversion.blogspot.com.es, viastellarum@gmail.com, marzo-ottobre, 52 posti, 5 €, uso cucina.
Albergue Espíritu Santo, gestito dai vincenziani, situato in un antico istituto in plaza de San Juan, tel. 979.880.052, espiritusanto@hijasdelacaridad.org, 90 posti, 5 €. Sala da pranzo con mini-cucina.
Albergue parrocchiale presso il monastero di Santa Clara, appena si entra nel paese, c/ de Santa Clara 1, tel. 979.880.837, marzo-novembre, 31 posti, 5-7 €.
Albergue Casa de espiritualidad Nuestra Señora de Belén, tel. 979.880.031, 92 posti, 22 €, preparano pasti.
In paese *servizi di ogni tipo*, vari *bar* e *ristoranti*.

VILLALCÁZAR DE SIRGA. *Il portale della chiesa di Santa María la Blanca.*

In queste tappe la monotonia del Cammino, di giorni che si ripetono uguali a se stessi, nei loro riti quotidiani e nelle piccole battaglie da vincere nell'intimo - per trovare ogni volta ragioni e forza per ripartire o andare avanti - è allo zenit. Per lunghi chilometri lo sterrato non ha variazioni, né a destra né a sinistra, né in alto né in basso. Siamo nella Tierra de Campos. La strada P980 affianca l'andare, senza equivoci. Un tempo si camminava sull'asfalto, i piedi sono grati a chi ha costruito, seppur a mo' di fotocopia, il lungo sterrato. Per non dire del guadagno in sicurezza che se ne è avuto.

Da Frómista il Cammino segue un comodo sentiero pedonale, segnato da numerose colonnine in pietra con il simbolo della conchiglia. È impossibile sbagliare. D'estate però, bisogna fare i conti con un sole implacabile che non dà tregua, non essendoci nulla, neanche un albero, a far ombra. Dal momento della partenza dai Pirenei mai l'ombra è stata così assente.

Lungo questo tratto, si incontrano nell'ordine i seguenti paesi: Población de Campos, Villovieco, Villarmentero de Campos, Villalcázar de Sirga, per giungere infine a Carrión de los Condes.

Da Población de Campos il tracciato ufficiale continuerebbe accanto alla P980, esiste però una variante (qui consigliata) che si discosta dalla strada asfaltata imboccando uno sterrato sulla destra che conduce a Villovieco. Giunti a Villovieco si prende a sinistra per un piccolo ponte e si supera il río Ucieza: da qui si procede accanto al corso d'acqua seguendo le frecce e si ritorna sulla carretera in corrispondenza di Villarmentero.

I più esperti, invece di tornare sulla carretera, possono proseguire ancora lungo il río Ucieza per ricongiungersi al cammino principale a

Villalcázar de Sirga, anche se dopo la deviazione per il paesino di Villarmentero de Campos le frecce si fanno molto più rade fino a scomparire quasi del tutto. Dopo 4 km si giunge all'incrocio con la strada asfaltata: prendete a sinistra per Villalcázar de Sirga. Da Población de Campos a qui sono circa 11 km.

Un consiglio: Villalcázar de Sirga, il paese più ricco di storia di quelli intermedi di questa tappa, resta appena defilato dalla direttrice principale del Cammino. Anche se non pensate di fermarvi qui, vale davvero la pena fare una breve sosta e ammirare l'imponente chiesa di Santa María la Blanca che, come un'enorme bastione, si erge a interrompere con la sua mole l'interminabile orizzonte di queste pianure.

Da vedere

Villalcázar de Sirga Fu una delle località più influenzate dall'ordine templare. Da non perdere l'incredibile **CHIESA DI SANTA MARÍA LA BLANCA**: del XIII secolo, tempio romanico con ampliamenti gotici, pianta a croce latina, tre navate, con volta a crociera. Caratteristico l'imponente portale scolpito. All'interno, la statua di Santa María la Blanca: si narra che molti pellegrini che erano stati a Compostela invano, qui siano stati invece guariti dalle loro infermità, appunto per intercessione della Vergine Blanca. Anche il grande re poeta Alfonso X El Sabio, narra i suoi prodigi in varie sue *cántigas*. Visite: in alta stagione 10.30-14, 16.30-19, in inverno apre solo sabato e domenica, tel. 639.843.093.

Carrión de los Condes Famosa in passato per le sue mura difensive, nel XIV secolo arrivò ad avere fino a 12 chiese e altrettanti hospitales per accogliere i pellegrini. Da visitare in particolare:

La **CHIESA DI SANTA MARÍA DEL CAMINO** del XII secolo, posta vicino alle mura. Romanica, il portale sud è particolarmente interessante: raffigura il tributo di cento vergini che doveva essere fatto ai mori e il salvataggio di alcune di loro da parte di alcuni tori.

La **CHIESA DI SANTIAGO**, che fu saccheggiata e incendiata nel XIX secolo durante l'invasione francese. Si conserva ancora la facciata occidentale, splendida, del XII secolo, con scolpito un Cristo Pantocrator con gli apostoli. Sul portale ci sono ventiquattro scene di arti e mestieri e di guerra.

Il **CONVENTO DI SANTA CHIARA** del XIII secolo, che si trova all'entrata del paese; si narra che qui fu ospite san Francesco d'Assisi pellegrino verso Santiago. Nel museo è conservata una bella Pietà.

Avendo tempo si possono visitare anche le **CHIESE DI NUESTRA SEÑORA DE BELÉN**, **DI SAN JULIÁN** e **DI SAN FRANCESCO**.

Il **REAL MONASTERIO DE SAN ZOILO** è oggi un hotel. Interessante la facciata ovest dell'XI secolo e il chiostro plateresco del XVI secolo.

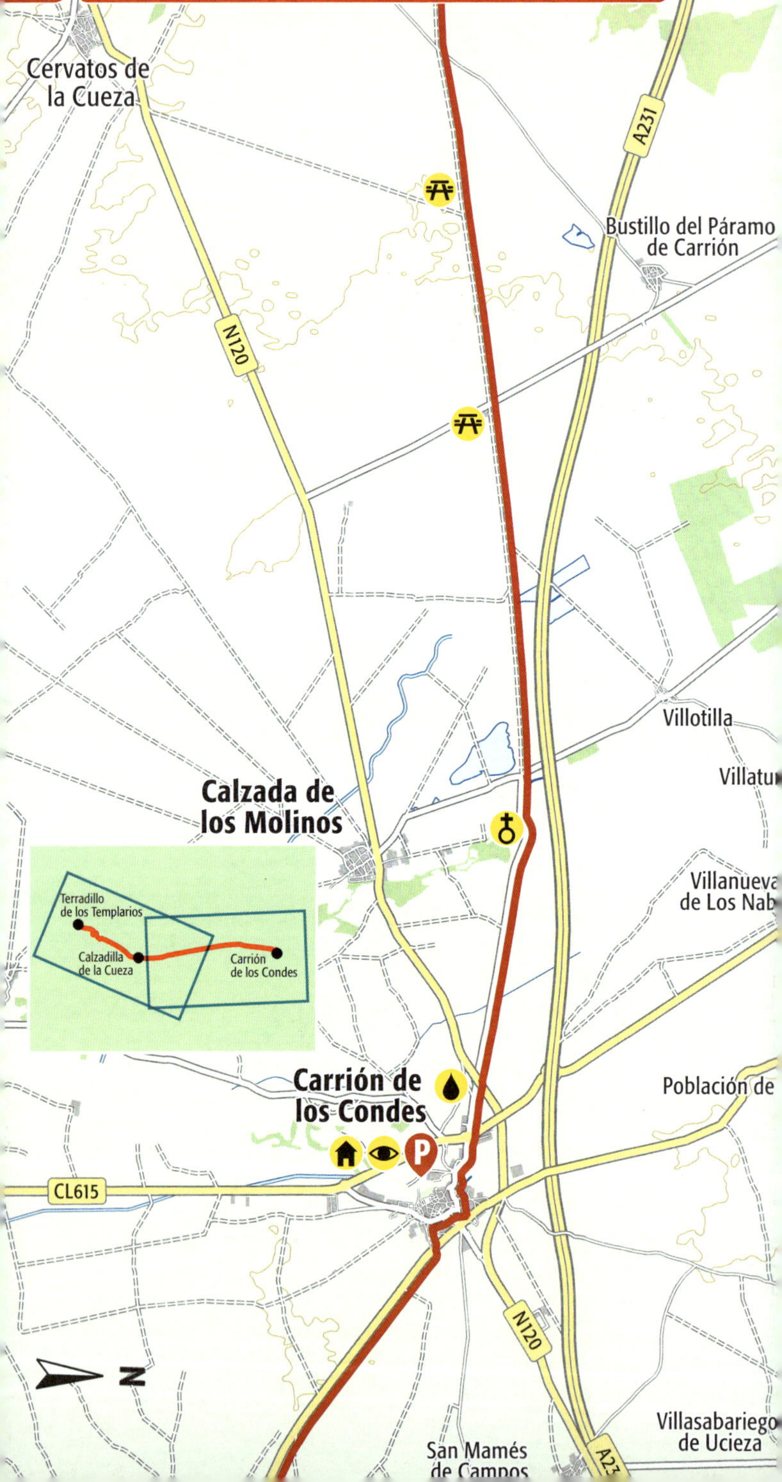
Cervatos de la Cueza
A231
Bustillo del Páramo de Carrión
N120
Villotilla
Villatu
Calzada de los Molinos
Villanueva de Los Nab
Terradillo de los Templarios
Calzadilla de la Cueza
Carrión de los Condes
Carrión de los Condes
Población de
CL615
N120
N
Villasabariego de Ucieza
San Mamés de Campos
A23

P970
Moratinos
970
Terradillos de
los Templarios
A
Población
de Arroyo
P235
Ledigos
N120
Arroyo
Calzadilla
de la Cueza
intanilla
la Cueza
A231
Bustillo del Páramo
de Carrión
Cervatos
de la Cueza
N120
N

16 Da Carrión de los Condes a Terradillos de los Templarios

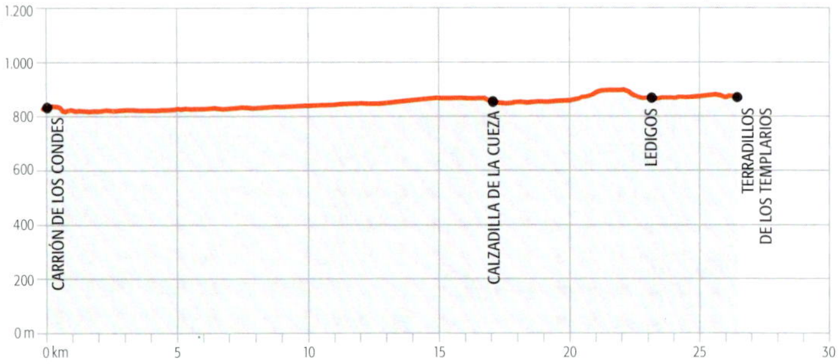

LUNGHEZZA:	**26,4 km**
DISLIVELLO IN SALITA:	**166 m**
DISLIVELLO IN DISCESA:	**113 m**
TEMPO:	**6 ore e 30 minuti**
DIFFICOLTÀ:	**media**

Informazioni e servizi

CALZADILLA DE LA CUEZA: *Albergue municipale*, c/ Mayor 1, tel. 670.558.954, municipalcalzadilla@outlook.es, 34 posti, 5 €. *Albergue privato Camino real*, c/ Trasera Mayor s/n, tel. 979.883.187 / 616.483.517, 80 posti, 5 €, cena e colazione, cortile e piscina. Gestiscono anche l'*hostal Camino Real*, dove fanno menu del día.

LEDIGOS: *Rifugio privato El Palomar*, c/ Ronda de Abajo s/n, tel. 979.883.605 / 979.883.614, marzo-novembre, 47 posti, 6-7 €, uso cucina, *bar-ristorante*. *Albergue privato La Morena*, c/ Carretera 3, tel. 979.065.052 / 626.972.118, info@alberguelamorena.com, alberguelamorena.com, 18 posti, 12 €, cena e colazione.

TERRADILLOS DE LOS TEMPLARIOS: *Albergue privato Los Templarios*, prima di entrare nel paese, lungo il Cammino, tel. 979.065.968 / 667.252.279, www.alberguelostemplarios.com, alberguelostemplarios@hotmail.com, marzo-ottobre, 52 posti, 8-10 €, *bar-ristorante*. *Albergue Jacques de Molay*, tel. 979.883.679 / 657.165.011, yacquesdemolay@hotmail.com, chiuso da Natale a gennaio, 50 posti, 8-10 €, *bar-ristorante* e un *negozio/drogheria*, l'unico del paese.

Guardi avanti, e intorno a te, e lo sguardo sembra non trovare un ostacolo che sia uno. E tu non sai dove finisca il tuo Cammino. Anche gli alberi e l'ombra sono merce rara. Non dimenticate l'acqua e le provviste.

La tappa precedente non è stata che un anticipo della monotonia che anche in questa giornata si presenterà, con in più molta solitudine. Attenzione: sotto il solleone diventa una tappa difficile! Infatti dalla partenza fino a Calzadilla de la Cueza, primo paesino che si incontra, ci sono 17 km ininterrotti di nulla. Non un paese, non un cambio di paesaggio mutano l'orizzonte di questo tratto, che risulta senz'altro il più isolato e disabitato sulla via jacopea (ma in alta stagione può capitare di incontrare un paio di furgoncini con dei rifornimenti). Questa sfida alla solitudine pone il pellegrino dinanzi a quella che resta al tempo stesso una delle

LA MESETA. *Uno dei tratti più solitari, ma anche più autentici, del Cammino.*

parti più autentiche dell'originale tracciato del Cammino medievale; tratti di percorso che, pur non avendo monumenti di rilievo, proprio per questo hanno comunque un loro fascino, una loro bellezza. In ogni caso, oggi come ieri, pazienza e convinzione sono messe a dura prova; coraggio dunque, anche questa tappa è superabile.

In verità, appena dopo aver lasciato Carrión attraversando il ponte sul río omonimo e passando a lato dell'antico monastero di San Zoilo (km 1), il Cammino è ancora piacevole, svolgendosi, fino a incrociare la strada per Villotilla (km 6), lungo una stradina asfaltata alberata. È dopo il suddetto incrocio, che il Cammino si fa veramente duro, soprattutto psicologicamente; qui inizia l'antica via romana Aquitana; da qui infatti gli unici punti di riferimento che interrompono la monotonia della strada diritta (da Carrión de los Condes fino a Calzadilla sono circa 17,5 km) sono alcuni pioppi, due canali, un'area di sosta sotto una quercia a destra del Cammino (km 9) e, dopo aver incrociato la strada per Bustilla del Páramo (km 10,6; attenzione: una scritta che sta sbiadendo sull'asfalto annuncia un bar che non c'è), un'altra grande quercia isolata al km 12 (questa volta a sinistra). Bisogna "attaccarsi" a questi unici riferimenti all'orizzonte, come se fossero piccole mete intermedie, per vincere l'eventuale scoraggiamento che può subentrare non vedendo mai traccia umana.

Un paio di chilometri dopo l'incrocio con la strada per Bustilla del Páramo c'è un segnale in pietra per l'incrocio con la Cañada Real Leonesa (km 13,3), vecchio cammino di transumanza da León all'Extremadura; qui solitamente si trova uno dei bar ambulanti.

Attenzione: la strada lunga e diritta, percorsa sotto il sole, è davvero dura. Portate molta acqua e copritevi il capo. Evitate eventuali fonti (sono contaminate da liquami). In ogni caso partite presto la mattina.

Finalmente ecco Calzadilla de la Cueza: come nelle precedenti tappe mesetiche, il paese appare all'improvviso sotto la linea dell'orizzonte, annunciato dal campanile del cimitero. È il tipico paese che si è costituito attorno alla strada (prima romana e poi jacopea).

Successivamente, costeggiando parte della statale N120 per un sentiero su un terrapieno accanto alla strada, il Cammino si anima un po' con curve e saliscendi e si giunge prima a Ledigos e in breve a Terradillos de los Templarios, che sembrano due anime solitarie perse in un oceano di terra. Dopo Ledigos, anziché seguire il tratto parallelo alla strada, si può prendere la via (segnalata sull'asfalto) che va verso Población de Arroyo. Da qui, passato il ponte, in prossimità di una cappella, uno sterrato di destra vi porterà direttamente a Terradillos attraverso i campi (la variante è bella e ben segnalata).

Tra Carrión e Sahagún si può anche camminare su una variante che passa per Calzada de los Molinos, Cervatos de la Cueza, Villada (dove c'è anche un albergue), Grajal de Campos, e quindi arriva a Sahagún. È promossa dall'Asociación antiguo Camino tradicional de Santiago de Villada ed è significativamente più lunga; può essere presa in considerazione da chi ha già fatto il Cammino e lo sta magari ripetendo.

Da vedere

Ledigos La **CHIESA DI SANTIAGO** del XIII secolo, con una statua di Santiago pellegrino.

Terradillos de los Templarios Il nome dei cavalieri templari è risuonato più volte sul Cammino. Alla fine di questa tappa, anche il nome del luogo li evoca esplicitamente.

Templari, o cavalieri del Tempio. Prendono il nome dal Monte del Tempio, a Gerusalemme, dove avevano il loro quartiere generale, in un'ala della moschea al-Aqsa. Lì accanto sorge la Cupola della Roccia, a pianta ottagonale: probabilmente a questo gioiello dell'architettura (che erroneamente si pensò facesse parte del Tempio di Salomone) si ispirano le chiese e le cappelle dell'ordine religioso cavalleresco dei Templari (come Santa Maria di Eunate, che abbiamo lasciato alle nostre spalle, nella tappa 4 o Santa Maria la Blanca di Villalcázar de Sirga). L'ordine sorse attorno al 1119 per difendere i luoghi santi e i pellegrini della Terrasanta ma si diffuse anche in Europa e fu attivo nella Reconquista di Spagna e Portogallo. Divenne in breve una potenza (con possedimenti agricoli e finanziari) ma altrettanto rapidamente scomparve: attorno al 1312 il papa Clemente V lo soppresse irrevocabilmente. La loro potenza e la cancellazione della memoria che ne seguì, con la distruzione anche dei loro archivi, ha alimentato leggende (e filmografia) di ogni tipo tanto che, nel senso comune non si sa più bene se i templari siano esistiti o siano solo leggenda. Qui ne tocchiamo una parte dell'esistenza storica, seppur minima e lontana.

Da visitare la **CHIESA DI SAN PEDRO**, con un interessante crocifisso (XIII secolo).

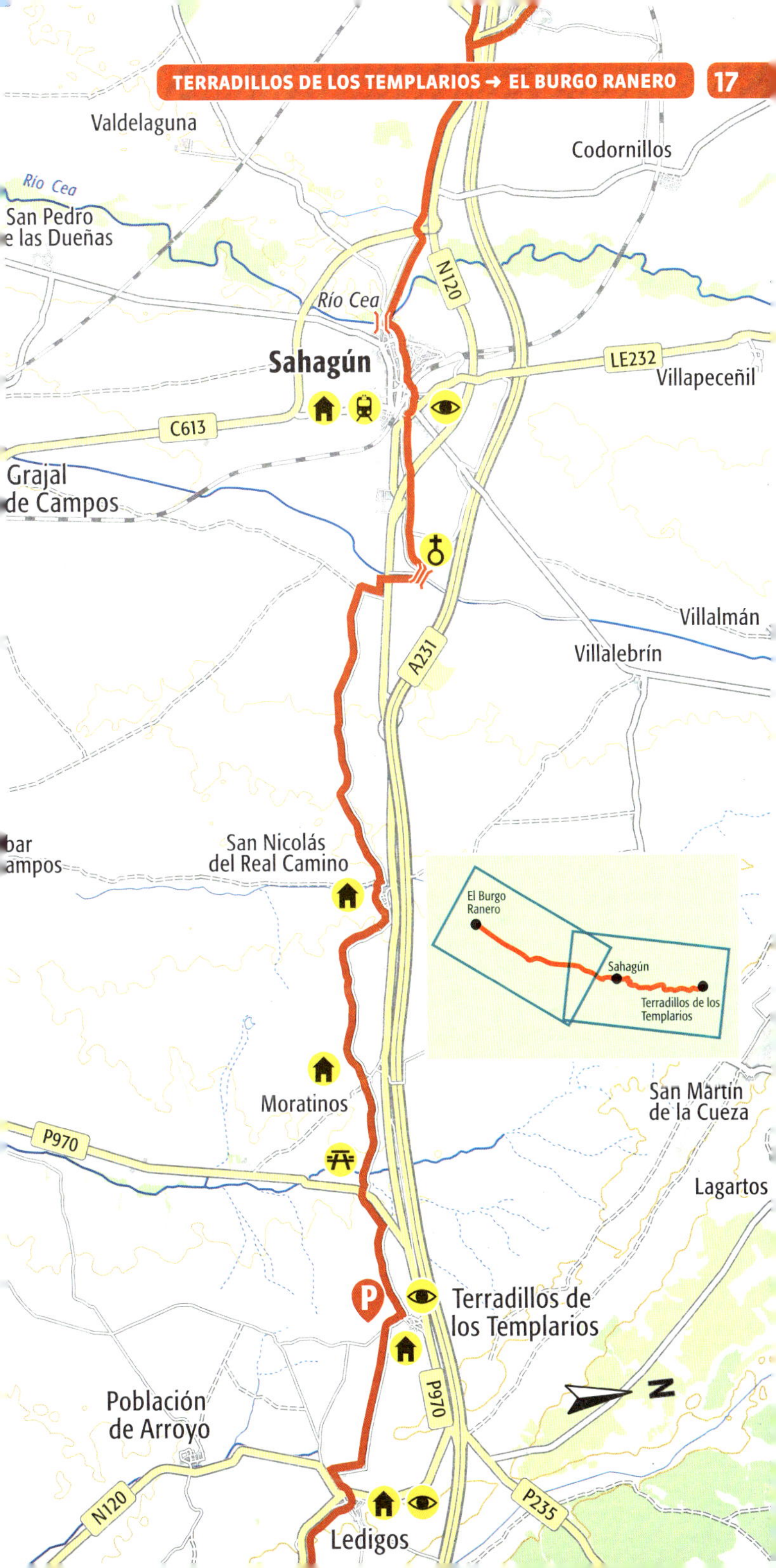

Valdelaguna
Codornillos
Río Cea
San Pedro
e las Dueñas
N120
Río Cea
Sahagún
LE232
Villapeceñil
C613
Grajal
de Campos
Villalmán
A231
Villalebrín
bar
ampos
San Nicolás
del Real Camino
El Burgo
Ranero
Sahagún
Terradillos de los
Templarios
Moratinos
San Martín
de la Cueza
P970
Lagartos
P
Terradillos de
los Templarios
P970
N
Población
de Arroyo
N120
P235
Ledigos

A
El Burgo
Ranero
A231
Las Grañeras
Calzadilla de
los Hermanillos
Bercianos del
Real Camino
Gordaliza
del Pino
N120
Calzada
del Coto
Codorni
N
Valdelaguna
A231

Da Terradillos de los Templarios a El Burgo Ranero

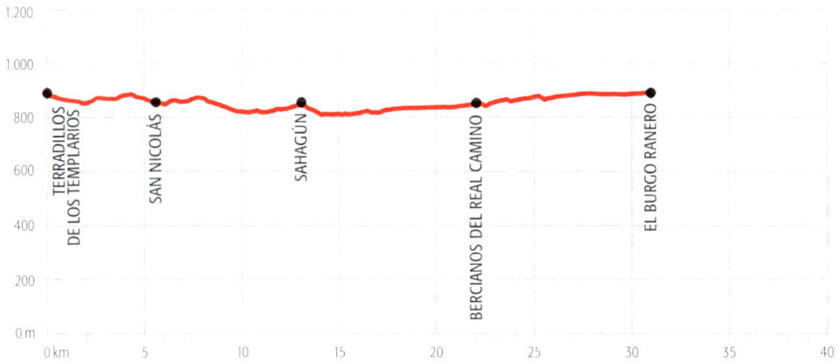

LUNGHEZZA:	**31 km**
DISLIVELLO IN SALITA:	**240 m**
DISLIVELLO IN DISCESA:	**242 m**
TEMPO:	**8 ore**
DIFFICOLTÀ:	**media**

Informazioni e servizi

MORATINOS: *Albergue San Bruno*, gestito dall'Associazione bresciana Amici del Cammino, c/ Ontanón 9, tel. 979.061.465 / 672.629.658, brunobernoni@gmail.com, chiuso febbraio-marzo, 30 posti, 7-9 €, *bar-ristorante* (cucina italiana).
Albergue Moratinos (hostal che fa anche da albergue), c/ Real 12, tel. 979.061.466 / 628.257.160, 10 posti, 10 €, *bar-ristorante*.

SAN NICOLÁS DEL REAL CAMINO: *Albergue privato Laganares*, plaza Mayor, tel. 979.188.142 / 629.181.536, alberguelaganares.com, laganares@yahoo.es, metà marzo-ottobre, 22 posti, 9 €, *bar-ristorante*.

SAHAGÚN: *Albergue de Peregrinos Cluny*, municipale, accanto alla chiesa de la Trinidad, tel. 987.781.015 / 662.147.431, otsahagun@hotmail.com, 64 posti, 5 €, uso cucina. D'estate può essere rumoroso (vicino c'è il salone delle feste). Di fronte un ottimo *ristorante*. D'inverno chiude e viene aperto un albergue più piccolo (16 posti) in calle Antonio Nicolás 55, tel. 978.780.001, 5 €, uso cucina.
Albergue privato Viatoris, travesía El Arco 25, all'entrata del paese, tel. 987.780.975 / 679.977.828, www.viatoris.es, aaocho@hotmail.com, marzo-ottobre, 50 posti, 5-7 €, uso cucina, *bar-ristorante*.
Dalla Settimana Santa a inizio ottobre, è possibile trovare ospitalità un po' spartana anche presso le *benedettine del Monastero di Santa Cruz* (all'uscita del paese), tel. 987.781.139 / 650.696.023, hospederiasantacruz@hotmail.es, maggio-settembre, 12 posti, 5 €, cena e colazione, cortile.
Albergue privato El Labriego, av. Doctores Bermejo y Calderón 9, tel. 622.646.136, 19 posti, 8 €, uso cucina, cena comunitaria, *bar-ristorante*.

CALZADA DEL COTO: (in teoria ci si passa solo se si decide di seguire la strada romana. Volendo fermarsi qui, poco dopo il paese c'è comunque un bivio che riporta sul Cammino tradizionale) *Albergue municipale San Roque*, c/ Real, tel. 674.587.001 (hospitaleros) / 987.781.233 (ayuntamiento) / 650.979.425 (centro culturale), 36 posti, donativo; spartano. *Bar* per mangiare.

CALZADILLA DE LOS HERMANILLOS: (sulla strada romana) *Albergue municipale*, c/ Mayor 28, tel. 987.330.023, 22 posti, donativo, piccola cucina.
Albergue privato Vía Trajana, c/ Mayor 57,

tel. 987.337.610 / 600.220.104, www.alberguevíatrajana.com, info@albergueviatrajana.com, aprile-ottobre, 20 posti, 15 €, *bar-ristorante*.

BERCIANOS DEL REAL CAMINO: *Rifugio parrocchiale*, c/ Santa Rita 11, tel. 987.784.008, aprile-ottobre, 44 posti, donativo per dormire e pasti; uso cucina. In un'antica casa; semplice ma ben tenuto, l'accoglienza calda e la condivisione ne fanno un luogo particolare. Qui nessuno viene lasciato fuori, anche se è tardi; il pavimento è di legno e va benissimo per i materassini. Di sera viene proposta una cena in comune e il mattino seguente è offerta la colazione. Se è chiuso chiedere le chiavi al numero 9 (señora Tina). Ogni sera, dopo cena e per chi lo vuole, viene proposto un momento di preghiera e condivisione. *Albergue Santa Clara*, c/ Iglesia 3, tel. 605.839.993 / 987.784.314, alberguesantaclara@hotmail.com, sempre aperto tranne metà luglio-metà agosto, 10 posti, 8 €, colazione, uso cucina. *Albergue Bercianos 1900*, c/ Mayor 49, tel. 669.282.824 / 987.784.244, www.bercianos1900.com, hello@bercianos1900.com, 20 posti, 15-25 €, *bar-ristorante*. *Albergue La Perala*, c/ Sahagún, tel. 685.817.699, alberguelaperala@hotmail.com, 58 posti, 10 €, *bar-ristorante*.

EL BURGO RANERO: *Rifugio Domenico Laffi* (gestione dell'associazione Amici del Cammino di León), plaza Mayor, tel. 987.330.023 / 987.330.047, 30 posti, donativo; uso cucina, salone. (In inverno chiedere le chiavi in paese.) Domenico Laffi, presbitero bolognese a cui è dedicato questo albergue, è uno dei pellegrini più famosi del passato, autore del *Viaggio a Ponente*, resoconto del suo pellegrinaggio a Santiago, che risale al 1673. Nel suo diario menziona El Burgo Ranero, dove assiste alla scena di un lupo che assale un pellegrino. Scriverà poi anche *Viaggio a Levante*, resoconto del pellegrinaggio a Gerusalemme. *Albergue La Laguna*, c/ La Laguna 24, tel. 637.958.180, victortxana@gmaill.com, marzo-ottobre, 20 posti, 9-12 €, uso cucina. In paese, diversi *hostal* e *pensión* turistici.

Altra tappa lunga che introduce nei territori di León. La nazionale N120 e l'autostrada sono parte integrante del paesaggio; ma basta volgersi dall'altra parte per immaginarsi lo sguardo dei pellegrini dei secoli precedenti. Ormai sono giorni che camminiamo nelle mesetas: normale che i ricordi tendano a confondersi. In primavera ed estate capita di incrociare una *romería* (un pellegrinaggio locale) oppure di essere coinvolti in qualche festa: a Sáhagun per esempio il 25 aprile (Romería del pan e del queso), oppure a Pasqua o ancora in occasione della Fiesta de la Peregrina, intorno al 2 luglio (arrivano da tutta la provincia di Léon). Bello il ballo in costume (la Tantáriga).

Lasciata Terradillos, le frecce gialle seguono ancora per l'antico tracciato che, attraverso campi e appezzamenti, porta in breve alle località storiche di Moratinos (già citata nel 955) e San Nicolás del Real Camino, ultimo paese della provincia di Palencia.

San Nicolás fu molto legata in antichità al Cammino per il suo hospital, fondato intorno al 1183, noto per l'accoglienza a pellegrini e lebbrosi. Qui si può scegliere di seguire la pista di terra che costeggia la vecchia statale N120 (oggi meno trafficata di un tempo, dopo la co-

EL BURGO RANERO. *Le caratteristiche case di mattoni in terra cruda e paglia.*

struzione dell'autostrada per Santiago): si esce da San Nicolás del Real Camino, si percorre il suo ponte guidati dalle frecce, fino a un deposito per il grano. Una strada a destra sale verso la nazionale e la costeggia sino a Sahagún, ed è la via ufficiale.

Se preferite i campi e lo sterrato (l'antico percorso) non salite all'asfalto ma, anche se non ci sono frecce a indicarlo, proseguite diritti fino a un altro hangar che vedete nella salita davanti a voi. Lì ritrovate la freccia a rassicurarvi sulla via e a evitarvi l'asfalto. Lo sterrato, dopo la prima salita, va in piano: s'incontrano tre bivi. Al primo (km 7) andate a destra, è segnato; al secondo (km 7,8) la strada a destra è da evitare (vi riporta comunque sulla pista accanto alla N120); al terzo (km 9,8), anche se non doveste vedere frecce, andate a destra, e questa volta ritornate sì sulla pista. Si raggiunge così la strada nazionale, si gira a sinistra, si passa il ponte e si prende a destra (attraversando la N120) il nuovo sterrato che porta all'ermita della Virgen del Puente (km 11). Seguite ancora lo sterrato che, in tre quarti d'ora, vi condurrà a Sahagún (qui passerete vicino all'albergue municipale). La via (che tocca la ferrovia) è tutta tracciata.

Attraversato il centro, si esce da Sahagún per piazza Santiago, passando davanti all'albergue delle benedettine e al puente de Canto (costruito nel 1085), per proseguire lungo l'antico Cammino convertito in un sentiero pedonale alberato, che, a tratti, ha un aspetto un po' artificiale, in quanto gli alberi, piantati da pochi anni, sono posti a una distanza fin troppo regolare tra loro e offrono pochissima ombra. Fanno però compagnia nella monotonia del paesaggio. Il tratto che resta è infatti infinitamente piano.

Prima di arrivare a El Burgo Ranero si passa per Bercianos, semplice paesello rurale con un rifugio dove l'accoglienza fraterna è la regola.

Un'ultima informazione: volendo, dopo circa 4,5 km da Sahagún, una deviazione (segnalata sull'asfalto come Calzada Romana) porta a un Cammino alternativo a quello tradizionale, lungo l'antica via Traiana (la via romana Astorga-Bordeaux); se si sceglie questo percorso (ma attenzione, non c'è acqua al di fuori dei villaggi e il Cammino è fortemente assolato) i paesi attraversati saranno Calzada del Coto e Calzadilla de los Hermanillos (in entrambi trovate albergue e possibilità di mangiare. A Calzada del Coto conviene chiedere informazioni sullo stato della segnaletica, che non è del tutto corretta). In questo caso, la via romana vi condurrà direttamente a Reliegos e Mansilla de las Mulas, lungo la tappa successiva. Esiste comunque la possibilità di ritornare sul tracciato principale all'altezza di El Burgo Ranero girando a sinistra dopo Calzadilla.

Potete anche arrivare a Mansilla senza passare per Reliegos: dovete prestare molta attenzione, qualche chilometro dopo Apartadero de Villamarco (una vecchia stazione ferroviaria), a un grande deposito d'acqua: è lì infatti che non dovete farvi ingannare dalle frecce, ma prendere la pista a destra, in direzione Mansilla del Esla. Le distanze: 8,5 km da Calzada del Coto a Calzadilla de los Hermanillos, altri 17,5 km (senza servizi né ombra) fino a Reliegos, o altri 23,5 km se si va direttamente a Mansilla.

Da vedere

Ermita de la Virgen del Puente (XII secolo) con elementi romanici e arabi. Oggetto di una *romería*, un pellegrinaggio locale, il 25 aprile.

Sahagún Città di passati splendori, fu molto importante nella storia del Cammino. Di origine probabilmente romana, nel Medioevo fu definita "la Cluny di Spagna" per la presenza di importanti abbazie.

La città si sviluppò all'ombra dell'importante monastero benedettino di San Benito, rifondato da Alfonso VI nell'XI secolo, secondo la disciplina, appunto, dell'ordine di Cluny. Del complesso di un tempo restano solo il grande arco d'entrata e una delle torri minori. Altri importanti monumenti di Sahagún sono: la **CHIESA DI SAN TIRSO**, romanica del XII secolo, la **CHIESA DI SAN LORENZO**, gotica del XIII secolo, la **CHIESA DI NOSTRA SEÑORA LA PEREGRINA**, del XVII secolo che conserva la statua della Vergine Peregrina (la pellegrina divina), detta la Roldana, il **MUSEO DELLE MADRI BENEDETTINE**.

Un particolare storico-leggendario: nei pressi del **PUENTE DE CANTO** si svolse l'epica battaglia tra il re musulmano Aigolando e l'esercito di Carlo Magno; ci furono oltre 40.000 morti, e si narra che le lance dei cristiani morti, piantate in terra, fiorirono.

Mansilla de las Mulas
Mansilla del Esla
Villacontilde
Villomar
N601
N625
Valdearcos
A231
Reliegos
Villamarco
León
Mansilla de las Mulas
El Burgo Ranero
A231
P
El Burgo Ranero
N

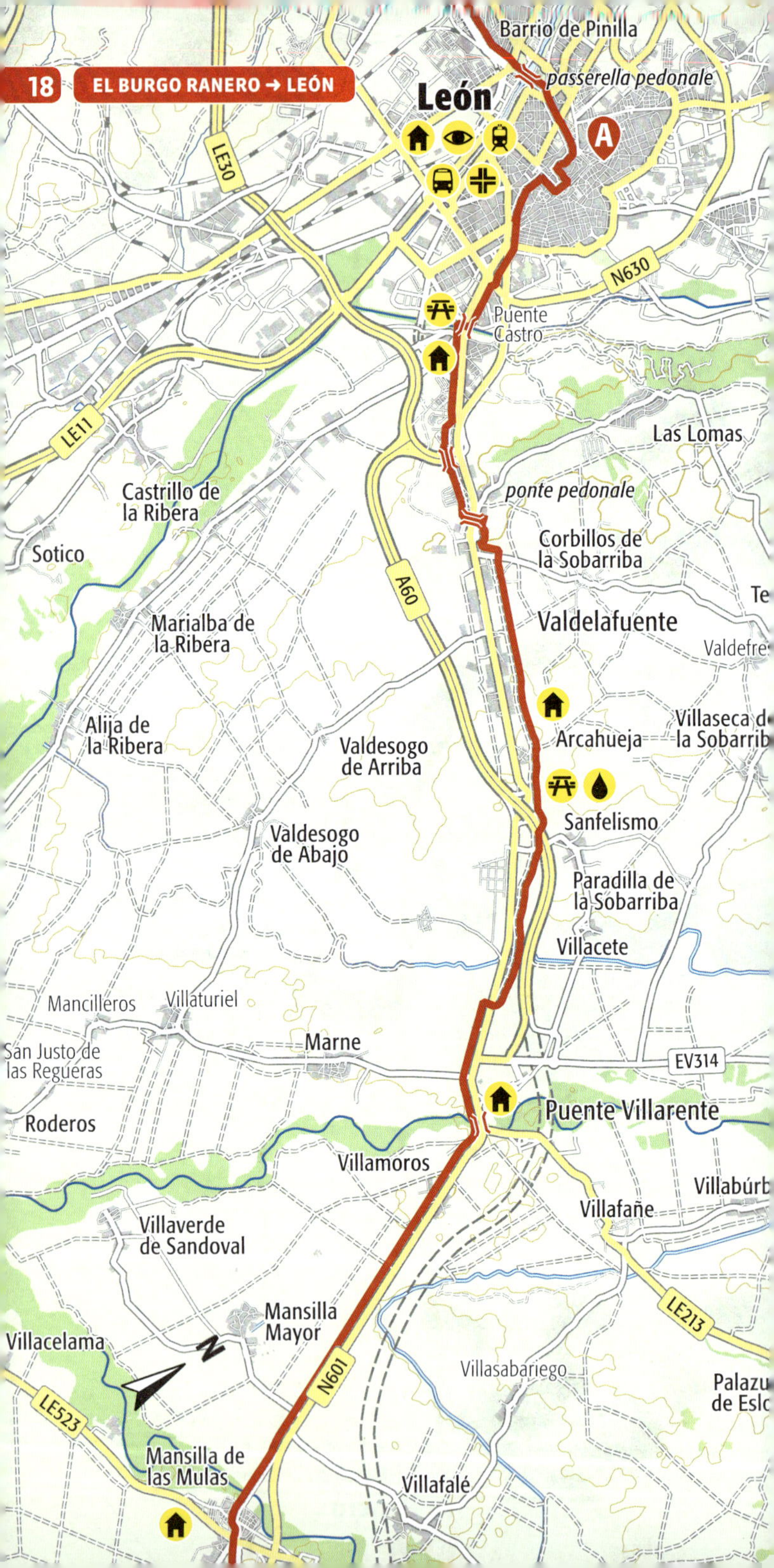
Barrio de Pinilla
passerella pedonale
León
A
LE30
N630
Puente Castro
LE11
Las Lomas
ponte pedonale
Castrillo de la Ribera
Sotico
Corbillos de la Sobarriba
A60
Valdelafuente
Marialba de la Ribera
Arcahueja
Alija de la Ribera
Valdesogo de Arriba
Sanfelismo
Valdesogo de Abajo
Paradilla de la Sobarriba
Villacete
Mancilleros
Villaturiel
San Justo de las Regueras
Marne
EV314
Puente Villarente
Roderos
Villamoros
Villafañe
Villaverde de Sandoval
LE213
Mansilla Mayor
Villacelama
N
N601
Villasabariego
LE523
Mansilla de las Mulas
Villafalé

Da El Burgo Ranero a León

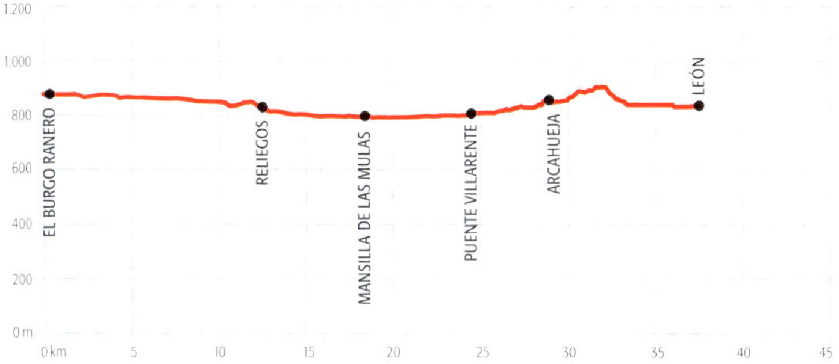

LUNGHEZZA: **37,6 km**
DISLIVELLO IN SALITA: **248 m**
DISLIVELLO IN DISCESA: **281 m**
TEMPO: **9 ore e 30 minuti**
DIFFICOLTÀ: **impegnativa**

Informazioni e servizi

RELIEGOS: *Albergue municipale*, c/ Don Gaiferos 1, tel. 987.317.801 / 686.527.505, 44 posti, 5 €, uso cucina, salone dove vengono aggiunti materassi.
Albergue privato La Parada, c/ La Escuela 7, tel. 987.317.880, www.alberguelaparada.com, alberguelaparada@gmail.com, chiuso metà dicembre-metà gennaio, 40 posti, 7 €, uso cucina, *bar-ristorante*.
Albergue privato La Cantina de Teddy, tel. 622.206.128 / 987.190.627, monteciber@hotmail.com, aprile-ottobre, 6 posti, 9 €, *bar-ristorante*.
Albergue privato Gil, c/ Cantas 30, tel. 987.317.804 / 620.424.271, albergueGil@outlook.es, Settimana Santa-novembre, 8 €, 23 posti, *bar-ristorante*.
Albergue privato de Ada, c/ Real 42, tel. 691.153.010, www.alberguereliegos.es, marzo-ottobre (altrimenti su prenotazione), 20 posti, 8 €, cena vegetariana e colazione.
Albergue privato Vive tu Camino, c/ Real 56, tel. 610.293.986 / 987.317.837, www.alberguevivetucamino.com, marzo-ottobre, 20 posti, 9 €, *bar*.
MANSILLA DE LAS MULAS: *Albergue municipale*, c/ del Puente 5, tel. 661.977.305 / 987.311.250, alberguemansilla@gmail.com, chiuso a dicembre, 76 posti, 5 €, cortile interno, uso cucina.
Albergue privato El Jardín del Camino, c/ Camino de Santiago 1, tel. 600.471.597 / 987.310.232, olgabrez@yahoo.es, chiuso novembre-dicembre, 40 posti, 5-10 €, cena e colazione.
Albergue privato Gaia, av. Constitución 28, tel. 699.911.311, alberguegaia.com, chiuso a febbraio, 18 posti, 8 €, colazione a donativo, uso cucina.
PUENTE VILLARENTE: *Albergue privato San Pelayo*, c/ El Romero 9, tel. 987.312.677 / 650.918.281, www.alberguesanpelayo.com, alberguesanpelayo@hotmail.com, 56 posti, 8-10 €, *bar-ristorante*.
Albergue privato El Delfín Verde, carretera General, tel. 987.312.065, marzo-ottobre, 20 posti, 5 €, piscina, *bar-ristorante*.
Lungo la strada ci sono diversi *ristoranti*.
ARCAHUEJA: *Albergue privato La Torre*, C/ Juan Carlos I, tel. 987.205.896, www.alberguetorre.es, info@alberguetorre.es, in inverno su prenotazione, 37 posti, 10 €, *bar-ristorante*.
Alcuni *bar* e *ristoranti*.
LEÓN: *Monastero benedettino di Santa María de Carbajal*, in plaza Santa María

del Camino, tel. 680.649.289, www.alberguesleon.com, 132 posti, 5 €, colazione a donativo, cena. Grandi camerate, ma accoglienza calorosa, da non perdere. Si può partecipare alla liturgia delle ore con le benedettine. Bella, alle 21.30, la recita della compieta, con benedizione. Qui si può avere la Credenziale (per chi comincia il Cammino o per chi ha già riempito di *sellos* la sua).
Albergue San Francisco de Asís, Fundación Ademar, av. Alcalde Miguel Castaños 4, tel. 987.215.060 / 637.439.848, www.alberguescapuchinos.org, reservas.leon@alberguescapuchinos.org, 150 posti, 10 €, cena e colazione.
Albergue Unamuno, c/ San Pelayo 15, nella Residencia universitaria Unamuno, tel. 987.233.010, www.albergueunamuno.com, albergue@residenciaunamuno.com, luglio-metà settembre, 85 posti, 10 €, colazione e cena su prenotazione.
Albergue privato Santo Tomás de Canterbury, av. La Lastra 53 (bajo), tel. 987.392.626, www.alberguesantotomas.com, info@alberguesantotomas.com, chiuso dicembre-gennaio, 60 posti, 8 €, uso cucina, *bar-ristorante*, prestito gratuito bicicletta per visitare la città.
Albergue privato Muralla Leonesa, c/ Tarifa 5, tel. 987.177.873, www.alberguemurallaleonesa.com, info@alberguemurallaleonesa.com, marzo-ottobre (altrimenti solo da giovedì a domenica), 60 posti, 12 €, uso cucina.
Albergue privato Check in León, c/ Alcalde M. Castaño 88, tel. 987.498.793 / 686.956.896, info@checkinleon.es, www.checkinleon.es, 40 posti, 10 €, uso cucina.
Hostel Urban Río Cea, c/ Legión VII 6, tel. 636.946.294 / 639.179.386, www.hostelurbanriocea.com, info@hostelurbanriocea.com, 20 posti, 18-20 € con colazione, uso cucina.
Albergue privato LeonHostel, c/ Ancha 8, tel. 987.079.907, www.leonhostel.es, info@leonhostel.es, 20 posti, da 15 €, uso cucina.
Il *Centro de Interpretación de las Tres Culturas*, nella chiesa di San Pietro (quartiere Puente Castro), dà info sulla città, su dove dormire e sugli altri servizi.

Tappa lunghissima e faticosa. Preparatevi. Se proprio non ce la fate, potete fermarvi in uno dei rifugi intermedi (cercate però di ritagliare qualche ora il giorno dopo per la visita di Léon).
Il primo tratto corre via senza problemi (ormai le gambe hanno imparato tutto della terra arida delle mesetas), poi la fatica si fa sentire negli ultimi chilometri per entrare a Léon: si cammina sulla nazionale, fra incroci e svincoli che sembrano non finire mai; non si è più abituati al traffico, al rumore, alla folla.
Finiscono le mesetas, ed è quasi nostalgia. Ma il centro storico è affascinante, dopo tanti orizzonti aperti e disabitati.

Da El Burgo Ranero a Reliegos, primo paese che si incontra, ci sono quasi 13 km di solitudine attraverso l'infinita piana che già da giorni si percorre; l'unica cosa che interrompe la monotonia di questo mondo orizzontale è, dopo 10 km, una ferrovia. È questo il più lungo tratto di solitudine dopo quello di 17 km percorso in precedenza, tra Carrión de los Condes e Calzadillas de la Cueza.

Passata Reliegos si arriva senza difficoltà a Mansilla de las Mulas, città storica situata sul río Esla, con le antiche mura, secondo alcuni di fondazione romana. Simpatico e accogliente paese (ma non resta quasi nulla dell'antico splendore) segna un'evidente differenza tra la

LEÓN. *La splendida basilica di San Isidoro, rifugio ideale per i pellegrini.*

prima e la seconda metà della giornata. Fino a Mansilla, il Cammino procede seguendo il sentiero regolarmente alberato (i giovani platani non sono cresciuti abbastanza per fare ombra, ma sono comunque qualcosa). Si esce da Mansilla per l'antico ponte di pietra sul río Esla e il paesaggio comincia a mutare e ad arrotondarsi: da qui in avanti il Cammino affianca a lungo la trafficata statale N601 (anche se un po' di attenzione alle frecce permette di allontanarsene di quando in quando). È sicuramente uno dei tratti più brutti e meno stimolanti di tutto il pellegrinaggio. L'entrata in León, una delle città più importanti del Cammino, è preceduta, oltre che da questa noiosa marcia, anche dall'attraversamento della tristissima zona industriale.

I paesi che si incontrano tra Mansilla e León e dove si può trovare un bar e qualcosa da mangiare sono: Villamoros, Puente de Villarente, Arcahueja. Prima di entrare a Puente de Villarente, si attraversa uno strano ponte sul río Porma (di origine medievale ma largamente rimaneggiato); usciti da questa località (che è per lo più un'area di servizio con bar e ristoranti), dopo un benzinaio, le frecce gialle indicano a destra per un cammino agricolo che evita il contatto diretto con la statale N601. Dopo Arcahueja si sale facilmente all'Alto del Portillo (890 m slm), da dove in lontananza si vede León, con le guglie dell'imponente cattedrale. Riprendiamo lo sterrato che mantiene l'andamento parallelo alla nazionale. Ritroviamo poi una strada asfaltata che ci riporta a margine della nazionale, separata da un guard rail.

Dobbiamo ora superare un grande incrocio di strade: su uno sterrato a destra dell'asfalto arriviamo a un ponte che ci permette di attraversare la nazionale. Proseguiamo fino ad arrivare all'inizio del centro urbano, incontriamo un altro ponte che ci permette di superare un caotico nodo viario.

Si accede al centro della città attraversando il puente Castro sul río Torio, oltrepassato il quale le frecce gialle conducono il viandante fino alla cattedrale e all'albergue.

…edere

León Città di notevole importanza storica per il Cammino e per la Spagna, concentra inevitabilmente su di sé l'interesse culturale di questa tappa. Se siete stanchi e avete voglia di fermarvi una giornata, questo potrebbe essere il luogo giusto.

Fondata dai romani nel I secolo per ordine di Galba (prima che diventasse imperatore) su pianta quadrata (si vedano gli scavi attorno alla cattedrale), León rappresenta il cuore politico e militare del Nord del Paese; la sua importanza decade durante le invasioni barbariche. Nell'VIII secolo Alfonso I la riconquista agli arabi e nel IX secolo, sotto i regni di Ordoño I e Alfonso III, viene rafforzata e ripopolata con genti mozarabiche (di cultura arabo-cristiana). Ordoño II ne fa, nel 914-915, la capitale del regno asturiano-leonense. Distrutta da Almanzor nel 988, rinasce sotto Alfonso V. È la capitale più importante della Spagna cristiana fino al XIII secolo, quando la fusione dei regni di Castiglia e León ne determina la perdita del titolo.

Assolutamente da visitare la **CATTEDRALE DI SANTA MARÍA LA REGLA**, l'opera principale del gotico spagnolo, di ispirazione francese. Iniziata tra la fine del XII e l'inizio del XIII secolo, sorge dove in precedenza esisteva una chiesa romanica. È a croce latina, tre navate e cinque absidi radiali. Orientata con il portico verso Gerusalemme, ha la facciata arricchita da statue gotiche; fra queste, sulla destra del portale centrale, si nota un'immagine di Santiago pellegrino. Le vetrate (125) sono il vanto della cattedrale: circa 1.800 mq di superficie che diffonde un'amalgama di luce e colori dall'effetto suggestivo. Unito alla cattedrale si trova un ricco e decorato chiostro.

Da vedere inoltre la **BASILICA DI SAN ISIDORO**, uno dei tesori più belli del Cammino, splendido esempio di arte romanica, strettamente imparentata con le cattedrali di Jaca, Santiago e la chiesa di San Martín a Frómista. Fu consacrata il 21 dicembre 1063, quando vi furono traslate le reliquie del grande santo sivigliano Isidoro, molto venerato in Spagna (e altro decantato *matamoros*). Nella basilica si trova una cripta, il Pantheon Real, di una bellezza spettacolare; qui sono sepolti ventitré monarchi di Spagna. Verso il 1160 la volta fu decorata da superbe pitture, eccezionalmente conservate, che le hanno conferito il titolo di Cappella Sistina del romanico spagnolo. Tra i tesori conservati in questa basilica vi è, oltre all'arca reliquiaria di san Isidoro, la Bibbia miniata di san Martino.

HOSTAL e **MONASTERO DI SAN MARCOS** (oggi *parador nacional*): enorme, fino al XII secolo fu hospital per i pellegrini, poi venne rilevato dal potente Ordine dei cavalieri di Santiago. Ricostruita nel XVI secolo è una delle più grandi opere del rinascimento spagnolo, in stile plateresco. La chiesa di Santa Ana, se è aperta, merita uno sguardo ma, soprattutto, godetevi la spettacolare facciata del *parador* che costeggiate uscendo dalla città per riprendere il Cammino.

CASA BOTINES: progettata nel 1891 dall'architetto catalano Antoni Gaudí (che incontreremo ancora ad Astorga). Accanto, l'imponente **PALACIO DE LOS GUZMANES** (XVI secolo).

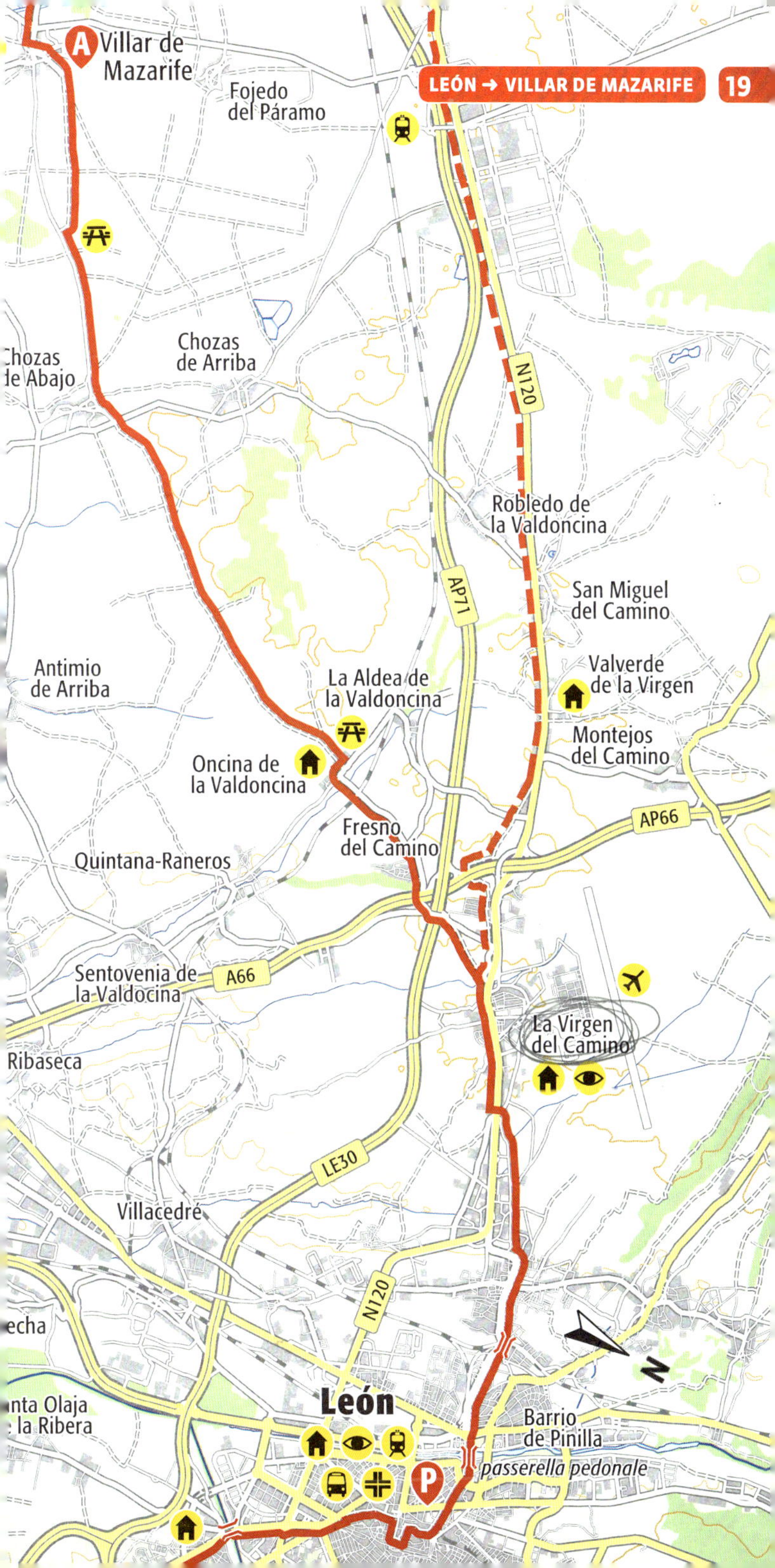
A Villar de Mazarife
Fojedo del Páramo
Chozas de Arriba
Chozas de Abajo
N120
Robledo de la Valdoncina
San Miguel del Camino
AP71
Valverde de la Virgen
Antimio de Arriba
La Aldea de la Valdoncina
Montejos del Camino
Oncina de la Valdoncina
Fresno del Camino
AP66
Quintana-Raneros
Sentovenia de la Valdocina
A66
La Virgen del Camino
Ribaseca
LE30
Villacedré
N120
N
León
Barrio de Pinilla
passerella pedonale

19 Da León a Villar de Mazarife

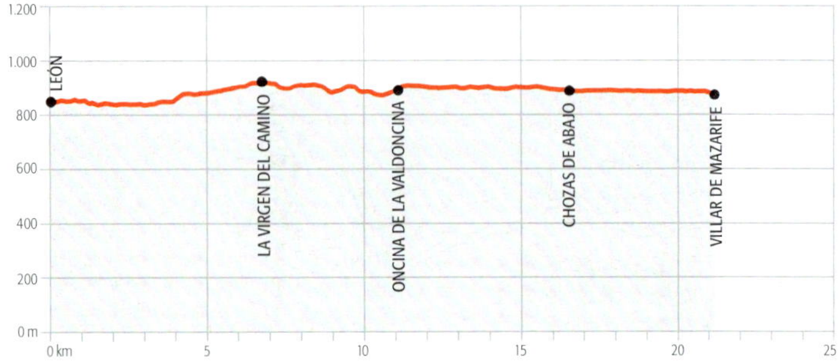

LUNGHEZZA:	**21,2 km**
DISLIVELLO IN SALITA:	**230 m**
DISLIVELLO IN DISCESA:	**207 m**
TEMPO:	**5 ore e 30 minuti**
DIFFICOLTÀ:	**facile**

Informazioni e servizi

LA VIRGEN DEL CAMINO: *Albergue municipale don Antonino y doña Cinia*, lo trovate seguendo le frecce con una deviazione di 500 m dal Cammino (av. Padre Eustoquio 16), tel. 987.302.800 / 615.217.335, www.lavirgendelcamino.info, alberguevirgen@gmail.com, aprile-ottobre, 40 posti, 7 €, uso cucina.
In paese *alimentari*, *bar* e *ristoranti*.

ONCINA DE LA VALDONCINA: *Albergue privato El Pajar de Oncina*, c/ Arriba 4, tel. 677.567.309, elpajardeoncina@gmail.com, 9 posti, 10 € (colazione inclusa), cena, uso cucina.

CHOZAS DE ABAJO: *Bar.*

VILLAR DE MAZARIFE: *Albergue privato Casa de Jesús*, c/ Corujo 11, tel. 987.390.697 / 686.053.390, refugiojesus@hotmail.com 50 posti, 7 €; uso cucina, giardino. Spartano, *bar-ristorante*.
Albergue privato San Antonio de Padua, all'ingresso del paese (c/ León 33), tel. 987.390.192 / 687.300.666, alberguesanantoniodepadua@hotmail.com, 50 posti, 8-10 €, cena e colazione.
Albergue privato Tío Pepe, di fianco alla chiesa (c/ El Teso de la Iglesia 2), tel. 987.390.517 / 696.005.264, www.alberguetiopepe.es, reservas@alberguetiopepe.es, chiuso dicembre-febbraio, 34 posti, 9 €, cena e colazione.

VALVERDE DE LA VIRGEN: *Albergue privato Casa del Camino*, tel. 987.303.455 / 669.874.750, alberguelacasadelcamino.com, 32 posti, 8-10 €.

SAN MIGUEL DEL CAMINO: *Bar e alimentari.*

VILLADANGOS DEL PÁRAMO: *Albergue municipale,* all'ingresso del paese, tel. 627.010.490, www.alberguevilladangos.es, albergue@proyectojovenleon.org, 55 posti, 5-7 €, uso cucina, giardino.

SAN MARTÍN DEL CAMINO: *Albergue municipale*, ctra. de Astorga, tel. 676.020.388, martinez_sonia@hotmail.com, metà marzo-metà novembre, 68 posti, 5 €, piccola cucina.
Albergue privato Vieira, av. Peregrinos, tel. 987.378.565 / 620.671.864, www.alberguevieira.es, amelianievesalbergue@gmail.com, 40 posti, 8 €, preparano pasti; ambiente familiare, giardino, piscina; alimentato a energia solare.
Albergue privato Santa Ana, all'ingresso del paese (av. Peregrinos 12), tel. 654.111.509, alberguesantaana17@gmail.com, 40 posti, 6-7 €, uso cucina, colazione e

IL PÁRAMO LEONENSE. *Ancora un altopiano: pochi i cambi di paesaggio.*

pasti (tra cui cena comunitaria). *Albergue privato La casa verde*, travesía de La Estación 8, tel. 646.879.437, alberguelacasaverde@gmail.com, aprile-dicembre, 8 posti, 10 €, uso cucina. In paese *ristorante*, *alimentari* e *panetteria*.

Dopo giorni di cammino, ritrovare una tappa breve può essere una sorpresa. Ormai abbiamo nelle gambe una media di almeno 25 km al giorno, così oggi potete decidere che cosa fare del tempo in più che questa tappa probabilmente vi regalerà. Potete restare più a lungo a Léon e, per esempio, visitare con calma il museo accanto alla chiesa di San Isidoro, oppure provare ad entrare nel grandissimo Parador di San Marcos. O, ancora, se vi ha preso la fretta, potete prendere per la variante lungo la statale, saltare Villar de Mazarife e arrivare a San Martín del Camino.

L'uscita da León è faticosa quasi quanto l'ingresso, inevitabilmente su asfalto, immersi nel frastuono del traffico. Il Cammino è ben segnalato (anche con delle mattonelle con il simbolo della conchiglia incastonate sui marciapiedi).

Si lascia la città ripassando per la cattedrale (la mattina è imperdibile con il sole che la lambisce da est) e la basilica di San Isidoro, cercando calle de Renueva e avenida de Suero de Quiñones, fino a raggiungere, andando sempre diritti, l'Hostal di San Marcos; qui si attraversa il ponte omonimo sul río Bernesga (km 2,2). Si prosegue poi ancora diritti per calle Quevedo sino a giungere alla passerella verde che permette di superare i binari della ferrovia (km 3,8). Arriviamo a Trobajo del Camino, un sobborgo di León. Poco dopo si è di nuovo sulla nazionale. Dopo aver attraversato, passando per un sobborgo industriale si arriva alla località della Virgen del Camino, borgo nato intorno a un santuario mariano. Da qui ci sono due alternative: o seguire il tracciato originale dell'antico Cammino in direzione di Villadangos del Páramo, o scegliere il percorso per Villar de Mazarife (che consigliamo), che si articola su sentiero attraverso il *páramo*, l'altopiano leonense.

Questo percorso che porta a Villar de Mazarife (ricostruito con pazienza dagli amici del Cammino della zona) è molto tranquillo e senza difficoltà particolari, perso nella solitudine piacevole di questi luoghi. Molti abitanti di qui ritengono che anche questo tratto sia originale, tra le vie che portano a Santiago.

Per prendere il Cammino verso Villar de Mazarife, lasciata la Virgen del Camino al semaforo si attraversa la strada, un centinaio di metri più avanti un grande pannello indica le due vie. Per entrambe c'è da scendere per circa 300 m lungo l'asfalto, percorsi i quali sulla strada è ben segnalata la deviazione. Svoltando a sinistra si trova subito un sentiero di terra che porta a Villar de Mazarife, proseguendo diritti si va invece verso Villadangos. Attenzione: se sceglieste la svolta per Villar, dopo poco più di un chilometro da La Virgen dovete affrontare un doppio incrocio autostradale. Andando a destra tornereste sulla strada per Villadangos: proseguite invece diritti in direzione di Fresno del Camino.

Dopo Fresno si passa per Oncina de la Valdoncina e Chozas de Abajo. Se si sceglie questa via, la tappa risulterà, a parte i primi chilometri, senz'altro piacevole; se invece, dopo la Virgen del Camino, si decide di optare in direzione della statale, si segue la pista pedonale parallela alla strada trafficata. È questo, in realtà, il tracciato originale del Cammino. Percorrendo questa via (più stressante per la presenza continua del rumore del traffico) si passa per Valverde de la Virgen e San Miguel del Camino, e si può sostare a Villadangos del Páramo dove si trova un eccellente albergue. In quest'ultimo caso la tappa è un po' più breve (circa 20 km, ma la percezione delle distanze, quando si cammina da diversi giorni, dipende da molti fattori; e la fatica di una strada trafficata fa sembrare più lungo il Cammino).

Da vedere

La Virgen del Camino Non si può non visitare (ci si passa davanti). Il santuario attuale, costruito all'inizio degli anni Sessanta, fu eretto nel luogo ove sorse l'originale nel 1505 in seguito a una apparizione della Madonna a un pastore e altri miracoli. Si distinguono in particolare tredici figure in bronzo, che rappresentano gli apostoli e la Vergine.

Sulla facciata della chiesa, in basso a destra, sono segnati nell'ordine i loro nomi (Giacomo è il quinto da sinistra). Nella regione, la Virgen del Camino è molto venerata.

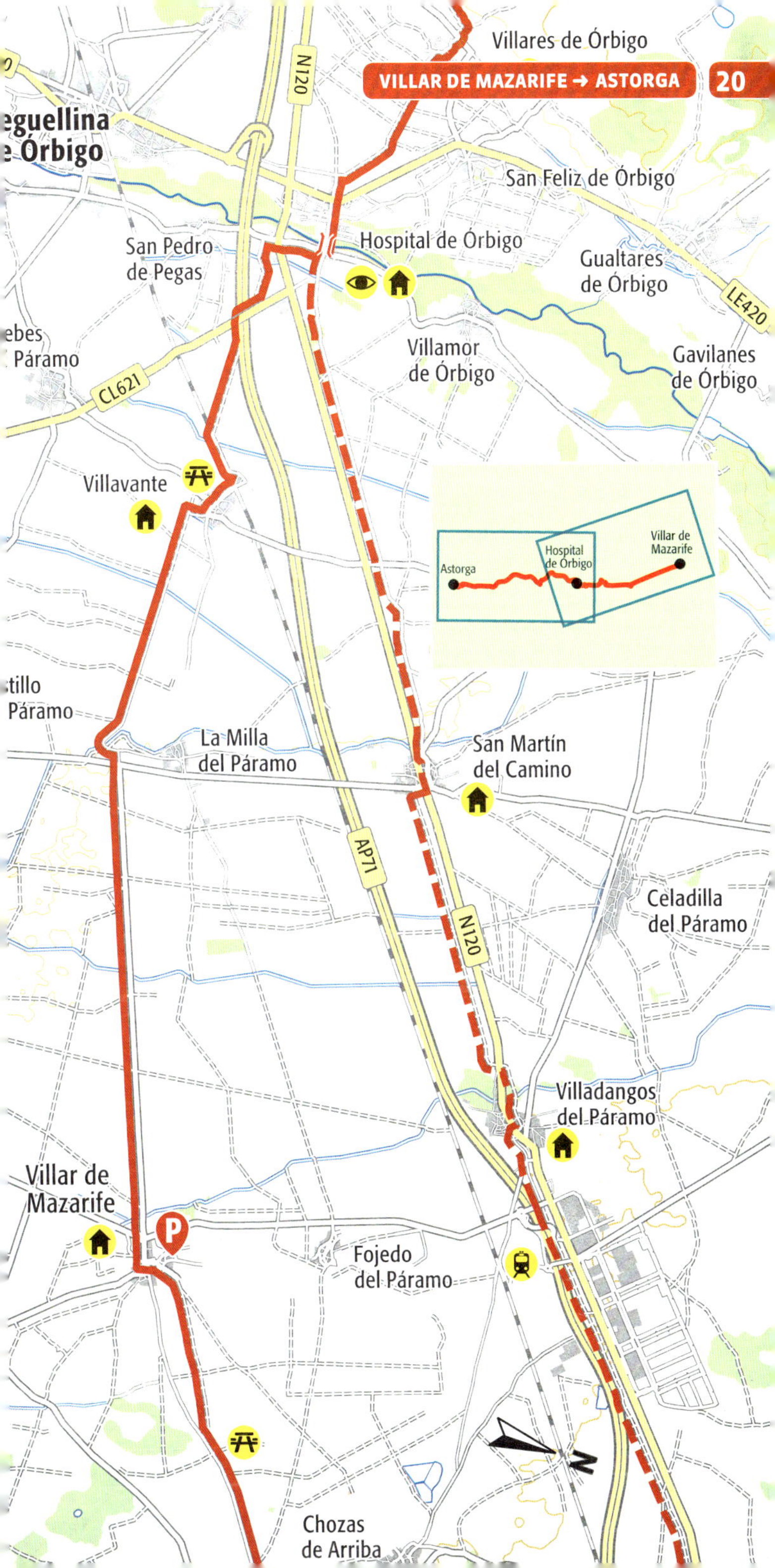
Villares de Órbigo
eguellina
e Órbigo
N120
San Feliz de Órbigo
Hospital de Órbigo
San Pedro
de Pegas
Gualtares
de Órbigo
LE420
ebes
Páramo
CL621
Villamor
de Órbigo
Gavilanes
de Órbigo
Villavante
Astorga
Hospital
de Órbigo
Villar de
Mazarife
stillo
Páramo
La Milla
del Páramo
San Martín
del Camino
AP71
Celadilla
del Páramo
N120
Villadangos
del Páramo
Villar de
Mazarife
P
Fojedo
del Páramo
N
Chozas
de Arriba

Piedralba
Valdeviejas
Brimeda
Astorga
Sopeña de Carneros
N IV
A6
Celada
La Ca
de Ote
San Román
de la Vega
Nistal
San Justo
de la Vega
AP71
Estébanez
de la Calzada
Santibáñez de
Valdeiglesias
N120
Villarejo de Órbigo
Villares de Órbigo
Gualtares
de Órbigo
Veguellina
de Órbigo
LE420
San Feliz de Órbigo
Hospital de Órbigo
Villamor de Órbigo
San Pedro
de Pegas
N
Santa Ma
del Re

Da Villar de Mazarife ad Astorga

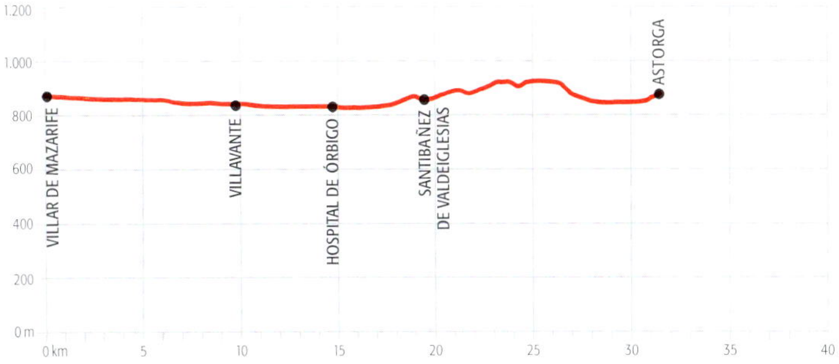

LUNGHEZZA:	**31,5 km**
DISLIVELLO IN SALITA:	**271 m**
DISLIVELLO IN DISCESA:	**267 m**
TEMPO:	**7 ore e 45 minuti**
DIFFICOLTÀ:	**media**

Informazioni e servizi

VILLAVANTE: *Albergue Santa Lucía*, c/ Doctor Vélez 17, tel. 692.107.693 / 987.389.105, informacion@alberguesantalucia.es, aprile-ottobre, 30 posti, 10 €, *bar-ristorante*.

HOSPITAL DE ÓRBIGO: *Rifugio parrocchiale Karl Leisner*, c/ Álvarez Vega 32, tel. 987.388.444, info@alberguekarlleisner.com, 92 posti, 5 €, giardino e uso cucina, caratteristico e accogliente.

Albergue privato San Miguel, quasi di fronte a quello parrocchiale, tel. 987.388.285, www.alberguesanmiguel.com, alberguesanmiguel@gmail.com, marzo-ottobre, 34 posti, 8-10 €; molto accogliente, uso cucina. C'è un laboratorio di pittura e una piccola esposizione dei lavori degli artisti-pellegrini.

Albergue privato La Encina, av. Suero de Quiñones, tels. 987.361.087, www.complejolaribera.com, 16 posti, 10 €, *bar-ristorante*.

Albergue privato Verde, av. Fueros de León 76 (non è proprio sul Cammino, per arrivarci bisogna deviare a sinistra vicino al Comune e arrivare alla carretera General. Qui bisogna proseguire in direzione Astorga e prendere la deviazione a destra alla prima rotonda), tel. 689.927.926 / 607.671.670, oasis@albergueverde.es, www.albergueverde.es, marzo-dicembre, 28 posti, 11 €, cena e colazione a donativo, sala yoga e cucina per vegetariani.

Albergue privato Casa de los Hidalgos, c/ Álvarez Vega 36, tel. 699.198.755, hidalgosdelcamino@hotmail.com, marzo-ottobre, 18 posti, 12 €, uso cucina, colazione, *bar*.

VILLARES DE ÓRBIGO: *Albergue turistico privato*, c/ Arnal 21, tel. 987.132.935 / 722.833.373, www.alberguevillaresdeorbigo.com, info@alberguevillaresdeorbigo.com, chiuso metà dicembre-febbraio, 24 posti, 8 €, cena comunitaria e colazione a donativo, uso cucina.

In paese ci sono *alimentari* e *bar*.

Albergue el Encanto, c/ Santiago 23, tel. 987.388.126 / 682.860.210, albergueelencanto.es, 10 posti, 14 € (con colazione), uso cucina.

SANTIBÁÑEZ DE VALDEIGLESIAS: *Albergue parrocchiale*, c/ Carromonte Bajo 3, tel. 626.362.159 / 987.377.698, marzo-novembre, 20 posti, 6 €, cena comunitaria e colazione a donativo.

Albergue privato Camino Francés, c/ Real 68, tel. 987.361.014, alberguecaminofrances.com, alberguecaminofrances@gmail.com, marzo-ottobre, 14 posti, 8,50 €, *bar-ristorante*.

SAN JUSTO DE LA VEGA: Ci sono vari *ristoranti*, *bar* e *alimentari*.

ASTORGA: *Albergue de peregrinos Siervas de María* (gestito dagli Amici del Cammino di Astorga) plaza San Francisco, nell'antico convento delle Serve di Maria, tel. 987.616.034 / 618.271.773, www.caminodesantiagoastorga.com, asociacion@caminodesantiagoastorga.com, 154 posti, 5 €, uso cucina; accogliente.

Albergue privato San Javier, c/ Portería 6, tel. 987.618.532, Settimana Santa-ottobre, 100 posti, 10 €, uso cucina.

Albergue Só Por Hoje, c/ Rodríguez de Cela 30, tel. 690.749.853, info@alberguesoporhoje.com, alberguesoporhoje.com, 10 posti, 20 € con colazione, cena comunitaria.

In città, *servizi di ogni tipo*. Assaggiate le *mantecadas*, dolci tipici della zona.

Tappa lunga nell'altopiano leonense e quasi divisa in due da Hospital de Órbigo e dal suo famoso ponte: nella prima parte si cammina ancora in piano, poi gli ultimi 15 chilometri sono di saliscendi e dolci strappi, quasi che il Cammino ci dovesse riabituare piano piano ai passi in salita. Stanchezza e gratitudine si mescolano a sera.

Da Villar de Mazarife per oltre 6 km il Cammino è un'unica lunga pista d'asfalto rettilinea accompagnata dai campi di grano alternati a granturco e al gracidare delle rane nei canali. La strada si anima un po', cambia direzione per rifarsi diritta subito dopo, solo dopo l'incrocio con La Milla del Páramo, laddove si fa sterrata e curva per farvi attraversare un canale. Poi le frecce spariscono, ma si va ancora e solo diritti in avanti affiancando la distesa dei pali dell'alta tensione. Si giunge a Villavante dopo 10 km di solitudine, passando per un altro ponte su canale.

Si esce dal paese superando la linea ferroviaria per un ennesimo ponte (km 10,5). Si scende, si gira a sinistra e si costeggia il tracciato ferroviario fino a lasciarlo per una deviazione di destra indicata da una freccia. Si avanza per un paio di chilometri fino a che si trova il cavalcavia che supera l'autostrada. Passato il ponte blu e ridiscesi all'asfalto, si prende lo sterrato di sinistra per raggiungere Hospital de Órbigo attraversando un'area periferica un po' triste. La lunghezza della tappa è compensata da un terreno piuttosto piano e dove i canali d'irrigazione danno un po' di sollievo alla vista fino all'imponente e storico ponte sul río Órbigo, che si attraversa per entrare nel paese di Hospital de Órbigo.

Lasciato Hospital, ci si trova dinanzi a una scelta. Un cartello segnala le due opzioni: verso destra, per Villares de Órbigo, per arrivare a fine tappa ci aspettano 17 km di Cammino segnalato; oppure verso sinistra, 16 km marcati lungo la statale. La scelta d'elezione è ovviamente la prima. Seguendo il cammino campestre si attraversano in breve i paesini di Villares de Órbigo e Santibáñez de Valdeiglesias (fate scorta d'acqua, da qui fino a San Justo de la Vega non si trova nulla).

Il paesaggio inizia a mutare; a un soffio già si vedono i Montes de León, fra questi spicca il Teleno (2.188 m), oltre i quali si trova la zona più umida del Bierzo e, ancora più in là, la Galizia. Una pista più avanti (al principio passa attraverso una proprietà agricola) sale su un colle e

ASTORGA. *Il bellissimo portale della cattedrale.*

tra boschi e coltivi, e sbocca su una piccola altura, al Crucero de Santo Toribio (900 m), da dove si vede in lontananza Astorga (881 m) con la sua cattedrale; si scende dunque verso questa importante città, dove si giunge dopo aver attraversato il paese di San Justo de la Vega.

San Justo sembra non finire mai, dalla fine dello sterrato (croce di pietra di San Toribio) vi sono da percorrere 800 m su asfalto prima di raggiungere il cartello della municipalità e altri 1,4 km per trovare e passare il ponte sul río Tuerto. Da qui una deviazione segnalata (subito dopo il ponte guardate a destra) permette di avvicinarsi ad Astorga per un cammino all'inizio asfaltato ma poi sterrato. Siete in una periferia urbana, paesaggio e odori non sono certo confortanti ma presto, attraverso un piccolo ponte, e poi una passerella verde che vi fa varcare la ferrovia, raggiungerete Astorga. Ora resta solo da salire la sua collina per trovare il centro e gli albergue. Tenete la sinistra, salendo, e il percorso segnato vi condurrà alla meta.

Se invece il giorno prima si è scelto il percorso per Villadangos del Páramo, il Cammino prosegue su pista di terra parallelo alla statale fino a Hospital de Órbigo; prima di arrivare qui, circa 4,5 km dopo la partenza, si passa per San Martín del Camino.

Da vedere

Puente de Órbigo e Hospital de Órbigo Il nome delle due località è dovuto al famoso ponte e al fatto che qui anticamente c'era un hospital "specializzato" nell'accoglienza dei pellegrini malati (eretto probabilmente dai Cavalieri di San Giovanni).

Da ammirare in particolare il **PONTE SUL RÍO ÓRBIGO**. È inevitabile osservarlo dal momento che lo si attraversa. Veramente molto bello, di origine romana, ricostruito e migliorato nei secoli seguenti (X-XI secolo). Di ottima fattura, con venti arcate, il più lungo del Cammino (circa 300 m), fu testimone in passato di numerose battaglie, tra cui si ricordano quella tra svevi e visigoti del 452, e quella che nel 900 circa vide fronteggiarsi le truppe di Alfonso III el Magno e quelle cordobesi che minacciavano la zona.

Ma la storia più strettamente legata alla difesa di questo passaggio narra che qui il cavaliere leonense Suero de Quiñones, per difendere il suo onore infamato in una faccenda d'amore, sfidò per un mese con nove fedeli alleati trecento cavalieri giunti da ogni parte d'Europa. Invocò in aiuto della sua innocenza san Giacomo e vinse la sfida, recandosi poi a Compostela in pellegrinaggio. La vittoria di questo cavaliere, avvenuta nell'anno santo jacopeo del 1434, conferì al ponte il titolo di "Paso Honroso" (d'onore).

Astorga Antica *Asturica Augusta*, importante centro asturiano e romano, asse di comunicazione laddove anticamente si incrociavano la Via Traiana con la Via della Plata ("dell'argento"), due delle più importanti della rete viaria romana.

La sua storia è legata saldamente con quella del Cammino, come dimostra l'esistenza in passato di circa 25 hospitales per l'accoglienza dei pellegrini. Si entrava in città attraverso le antiche mura per la Puerta del Sol; esse conservano elementi di epoca romana che ancora oggi si possono ammirare.

Non perdetevi la **CATTEDRALE** intitolata a Santa María: iniziata nel 1471, in stile gotico con influssi platereschi, ha una pianta a tre navate, con cappelle laterali e testata con tre absidi poligonali. All'interno guardate il *retablo* dell'altare maggiore e, se avete tempo, la statua della Virgen de la Majestad (maestà) e l'Immacolata. All'esterno, oltre alle due torri, spiccano i rilievi della porta principale e la figura di Pero Mato, un alfiere che partecipò alla famosa battaglia di Clavijo. L'intero complesso fu ultimato in circa 300 anni.

Da visitare ad Astorga ci sono, oltre alla cattedrale:

Il **PALACIO EPISCOPAL** (che però, da quando è stato costruito non è mai stato sede episcopale): si eleva vicinissimo alla cattedrale. Costruito in stile neogotico tra il 1899 e il 1913, è stato realizzato su progetto di Antonio Gaudí. Ha le sembianze di un castello uscito da un libro di fiabe. Vi è ospitato il museo dei Cammini (conserva tra l'altro l'originale della Cruz de hierro), dedicato a tutte le vie che confluivano ad Astorga. L'attuale palazzo sorge nel luogo dove esisteva il precedente, distrutto da un incendio nel 1866.

La **CHIESA DI SAN FRANCISCO** si trova nella via omonima, a testimonianza forse del passaggio dell'illustre pellegrino verso Santiago.

La **CHIESA DI SAN BARTOLOMEO**, sempre nella stessa calle, dell'XI secolo.

El Ganso
Murias de Pedredo
Pedredo
LE142
San Martín del Agostedo
Santa Catalina de Somoza
Brazuelo
de San Romàn
rio del Sobrado)
Castrillo de Los Polvazares
Pradorrey
Murias de Rechivaldo
ales
Arcediano
Rabanal del Camino
El Ganso
Astorga
uelo de
alduerna
Valdeviejas
Brimeda
Piedralba
Astorga
Sopeña de Carneros
LE541
N IV
A6
as
Celada
San Román de la Vega
AP71
San Justo de la Vega
istal
N

Andiñuela
Villar de Ciervos
Rabanal del Camino
Valdemanzanas
La Maluenga
Santa Marina de Somoza
Arga
Rabanal Viejo
Turienzo de Los Caballeros
Santa Colomba de Somoza
Viforc
Tabladillo
LE142
El Ganso
Murias de Pedredo
Pedredo
San Martín del Agostedo
Santa Catalina de Somoza
Brazuelo
Val de San Romàn (Barrio del Sobrado)
Castrillo de Los Polvazares
N
Val de San Lorenzo
Pradorrey
Requejo de Pradorrey

Da Astorga a Rabanal del Camino

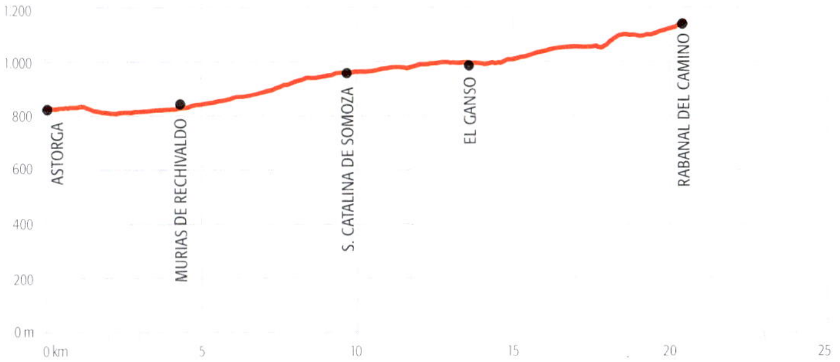

LUNGHEZZA:	**20,3 km**
DISLIVELLO IN SALITA:	**343 m**
DISLIVELLO IN DISCESA:	**63 m**
TEMPO:	**5 ore**
DIFFICOLTÀ:	**facile**

Informazioni e servizi

VALDEVIEJAS: *Albergue municipale Ecce Homo*, a 150 m (a destra) dall'ermita dell'Ecce Homo, all'uscita da Astorga. Tel. 626.733.658 / 618.445.910 / 620.960.060, morrolas@hotmail.es, marzo-ottobre, 10 posti, 5 €.

MURIAS DE RECHIVALDO: *Albergue municipale*, carretera Santa Colomba, tel. 638.433.716, www.alberguemurias.wix.com/home, marzo-ottobre, 18 posti, 5 €, uso cucina.
Albergue privato Las Águedas, c/ Camino de Santiago 52, all'uscita del paese; tel. 636.067.840 / 987.691.234, www.lasaguedas.com, lasaguedas@yahoo.es, marzo-novembre (il resto dell'anno su prenotazione, minimo 8 persone), 30 posti, 12 €, *bar-ristorante*. Molto bello, in una casa rurale.

CASTRILLO DE LOS POLVAZARES: (a circa 2 km dal Cammino) *Albergue municipal*, c/ del Jardín, tel. 691.221.058, aprile-ottobre, 8 posti, 5 €, uso cucina.

SANTA CATALINA DE SOMOZA: *Albergue El Caminante*, c/ Real 2, tel. 987.691.098, www.elcaminante.es, elcaminante.ctr@gmail.com, 22 posti, 5-8 €, *bar-ristorante*.
Albergue Hospedería San Blas, c/ Real 11, tel. 987.691.411 / 637.464.833, 24 posti, 5-7 €, *bar-ristorante*.

EL GANSO: *Albergue privato Gabino*, c/ Real, tel. 625.318.585, gabinoelganso@gmail.com, marzo-ottobre, 24 posti, 8 €, uso cucina.
In paese *bar* e *alimentari*.

RABANAL DEL CAMINO: *Albergue Gaucelmo*, storico, in centro (plaza del Peregrino Julián Campo), è rustico e accogliente, gestito dai volontari della confraternita inglese di Saint James, tel. 987.631.647 / 987.691.901, aprile-ottobre, 40 posti (più materassi aggiuntivi in estate), donativo, uso cucina, cortile interno.
Albergue municipale, situato all'ingresso del paese sulla sinistra (plaza de Jerónimo Morán Alonso), tel. 678.433.962 / 655.274.613, chiuso a dicembre, 36 posti, 5 €, uso cucina.
Albergue privato La Senda, c/ El Real, tel. 669.167.038 / 696.819.060, hostel-caminodesantiago.com, alberguelasenda@hotmail.com, Settimana Santa-ottobre, 34 posti, 5 €, uso cucina, *bar-ristorante*.
Albergue privato Nuestra Señora del Pilar, plaza de Jerónimo Morán Alonso,

tel. 987.631.621 / 616.089.942, albergueelpilar.com, rabanalelpilar@hotmail.com, 76 posti, 5 €, uso cucina. Struttura accogliente situata in una vecchia casa in pietra, con un bel cortile interno.

In paese *alimentari, bar* e *ristoranti*.

Tappa breve: il dislivello che ci porta dall'altopiano di Astorga ai Montes de León non è impegnativo. Ci sono giorni in cui la mente e il corpo sono concentrati nello sforzo di trovare la strada e andare avanti; e altri, come questo, in cui tutto sembra facile, e breve. Invece dello spazio ci si apre davanti il tempo. Se potete raccoglietevi un momento per ricordare (e magari fissare qualche pensiero sulla carta): i giorni recenti delle mesetas, quelli ormai lontani dei Pirenei, gli incontri, i momenti di difficoltà, i momenti in cui il cuore ha esultato, per una parola, per uno scorcio inaspettato. Si chiama contemplazione.

Dopo Astorga la linea dell'orizzonte cambia definitivamente aspetto con l'avvicinarsi dei Montes de León (già avvistati ieri) verso i quali ci si incammina.

Si può dire che è una buona notizia per il pellegrino, dopo giorni in cui lo sguardo ha inutilmente cercato un riferimento negli sconfinati altipiani mesetici e del *páramo*. Certo la montagna leonense non ha le asperità e la severità dei Pirenei: ma è proprio qui, nella tappa odierna e in quella di domani, che si toccano le quote più alte del Cammino.

I paesini caratteristici esistenti fra queste montagne, che sarebbero scomparsi secondo le odierne regole di mercato e di sviluppo, vivono grazie al Cammino, ed essi per ricompensa immergono il pellegrino in momenti di vita del tempo che fu. Non perdetevi queste emozioni.

I borghi che si incontrano in questa tappa sono: Murias de Rechivaldo, Santa Catalina de Somoza, El Ganso, per giungere infine ai 1.162 m di Rabanal del Camino.

Si esce dunque da Astorga seguendo la strada per Castrillo de Polvazares, dove un marciapiede consente di camminare senza dover prestare attenzione ai veicoli. Presto si incontra una croce di ferro (ne seguiranno altre in questo tratto) e, transitati in breve vicino all'ermita dell'Ecce Homo, si attraversa un ponte, passato il quale inizia una buona pista. Seguire le indicazioni per Murias de Rechivaldo. Il Cammino è qui in costante ma tranquilla salita, fino ad arrivare prima a Santa Catalina de Somoza (983 m) e, dopo circa un'ora, a El Ganso (1.018 m).

Usciti da quest'ultimo paese inizia un'altra continua ma comoda salita che in circa un'ora e tre quarti porta a Rabanal del Camino passando, particolare gradito, in un bosco di roveri alla cui ombra è possibile riposare. Chi vuole può continuare fino a Foncebadón (che dista quasi 6 km, in salita).

EL GANSO. *Campanile con nido di cicogna.*

Da vedere

Murias de Rechivaldo La **CHIESA DI SAN ESTEBAN**, del XVIII secolo.

Rabanal del Camino Località importante, presidio dei Templari (nel XII secolo). A loro toccava il compito di proteggere i pellegrini. Il paese ha conservato le caratteristiche costruzioni in pietra e soprattutto l'antica e generosa accoglienza; oggi, su una popolazione di meno di cento abitanti, ci sono ben quattro albergues attivi.

La tappa è breve quindi c'è tutto il tempo di apprezzare, anche nella loro sussistenza un po' solitaria, luoghi come l'**ERMITA DEL SANTO CRISTO DE LA VERA CRUZ** (XVIII secolo) che si incontra poco prima di entrare in paese; oppure l'**ERMITA DI SAN JOSÉ**, del XVIII secolo; infine, la chiesa parrocchiale di **SANTA MARÍA**, uno dei pochi esempi di architettura romanica rimasti nella zona.

A Rabanal, nel piccolo monastero di San Salvador, i due monaci benedettini pregano lodi e vespri (aperti ai pellegrini) in gregoriano. Il mattino benedizione della pietra da lasciare alla Cruz de hierro.

22
RABANAL DEL CAMINO → PONFERRADA
Palacios de Compludo
El Acebo
Folgoso del Monte
Carracedo de Compludo
LE142
Castril del Mo
ripetitori
Las Tejedas
Labor de Rey
Manjarín
Prada de la Sierra
Cruz de Hierro
Foncebadón
Ponferrada
El Acebo
Rabanal del Camino
Villar de Ciervos
Rabanal del Camino
La Maluenga
Valdemanzanas
Santa Marina de Somoza
Argañ
Rabanal Viejo
N
Turienzo de Los Caballeros
LE142
Vifo
Santa Colomba de Somoza

Orbanajo
Ozuela
Compostilla
Valdecañada
Ponferrada
A
Otero
Villanueva de Valdueza
Santo Tomás de las Ollas
A6
San Esteban de Valdueza
efrancos
Villar de Los Barrios
Salas de Los Barrios
LE142
Lombillo de Los Barrios
Molinaseca
El Poblado
Onamic
Espinoso de Compludo
Riego de Ambrós
mpludo
Paradasolana
El Acebo
Folgoso del Monte
N
LE142
Castrillo del Monte
ripetitori
Las Tejedas

22 Da Rabanal del Camino a Ponferrada

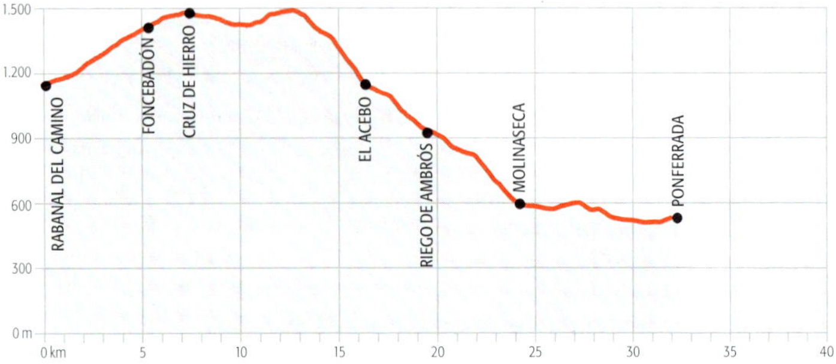

LUNGHEZZA:	**32,3 km**
DISLIVELLO IN SALITA:	**650 m**
DISLIVELLO IN DISCESA:	**1.267 m**
TEMPO:	**8 ore**
DIFFICOLTÀ:	**impegnativa**

Informazioni e servizi

FONCEBADÓN: *Albergue parrocchiale Domus Dei*, c/ Real, peregrinosflue@terra.com, aprile-ottobre, 18 posti, donativo; molto accogliente, gestito dagli Amici del Cammino. Cena e colazione comunitarie.
Albergue privato Monte Irago, c/ Real, tel. 695.452.950, alberguemonteirago@hotmail.es, 34 posti, 8 €, cena e colazione, piccolo alimentari.
Albergue privato Posada del Druida, c/ Real, tel. 696.820.136 / 987.053.928, laposadadeldruida@gmail.com, marzo-ottobre, 20 posti, 8 €, cena e colazione.
Albergue privato La Cruz de Fierro, tel. 600.715.446 / 628.257.160, marzo-novembre (altrimenti su prenotazione), 34 posti, 10 €.
Albergue privato El Convento de Foncebadón, c/ Real, tel. 987.053.934 / 644.521.808, elconventodefoncebadon@gmail.com, marzo-novembre, 24 posti, 10 €, cena e colazione.
MANJARÍN: *Refugio de Manjarín*, uno dei più caratteristici del Cammino, piccolo e spartano ma suggestivo e quasi disperso tra queste montagne (è l'unica casa abitata del luogo); non ha la corrente elettrica e l'acqua corrente. Circa 35 posti, donativo, cena condivisa.
Tra Manjarín e El Acebo nella bella stagione si trova un *bar ambulante*.
EL ACEBO: *Albergue parrocchiale Apóstol Santiago*, a lato della chiesa, peregrinosflue@terra.com, aprile-ottobre, 23 posti, donativo, uso cucina. Cena e colazione. Chi vuole può partecipare alla preghiera serale.
Albergue privato Mesón El Acebo, c/ Real 16, tel. 987.695.074 / 615.500.408, mesonelacebo@hotmail.com, chiuso dicembre-gennaio, 32 posti, 7 €, cena. Quando è pieno danno ospitalità a *La Taberna de José*, 14 posti.
Albergue privato La casa del Peregrino, carretera del Compludo, tel. 987.057.793, www.alberguelacasadelperegrino.es, alberguelacasadelperegrino@gmail.com, chiuso nelle feste di Natale, 96 posti, 10 €, uso cucina, *bar-ristorante*, piscina.
Alimentari, bar, osteria.
RIEGO DE AMBRÓS: *Albergue municipale*, c/ Real, tel. 640.376.118, valdcarrizo@gmail.com, marzo-novembre, 25 posti, 6 €, uso cucina.
MOLINASECA: *Albergue municipale*, av. Fraga Iribarne, tel. 692.886.721, anam75513@gmail.com, 28 posti, 6 €, uso cucina. In estate, altri posti in tende da campo.
Albergue privato Santa Marina, av. Fraga Iribarne, tel. 987.453.077 / 615.302.390, alfredomolinaseca@hotmail.com, marzo-novembre, 56 posti, 7 €, cena, *bar*.

In paese ci sono vari *alimentari* (con i famosi *chorizos*, le salsicce) e *ristoranti*.
Albergue privato Compostela, c/ La Iglesia 39, tel. 987.453.057, alberguecompostela@hotmail.com, 32 posti, 9-11 €, cena e colazione.
PONFERRADA: *Albergue parrocchiale de peregrinos San Nicolás de Flüe*, c/ de la Loma, tel. 987.413.381, peregrinosflue@terra.es, 186 posti, donativo. Con giardino, uso cucina e terrazza. Nella cappella (aperta tutto il giorno) la sera offrono un momento di preghiera comunitaria (messa alle 19.30).
Albergue privato Alea, c/ Teleno 33, tel. 987.404.133 / 660.416.251, www.alberguealea.com, info@alberguealea.com, aprile-novembre, 18 posti, 10 €, cena e colazione.
Albergue privato Guiana, av. del Castillo 112, tel. 987.409.327, info@albergueguiana.com, www.albergueguiana.com, marzo-ottobre, 90 posti, 12 €, colazione.
In città *tutti i servizi* necessari.

L'altimetria della tappa dice tutto: la salita iniziale che si conclude idealmente ai piedi della Cruz de Hierro, e la lunga discesa verso la conca di Ponferrada. Intorno i Montes de Léon, con diverse vette sopra i 2.100 metri. Qui il Cammino tocca i suoi punti più alti (anche più dei Pirenei). La lunghezza della tappa non lascia molto tempo per le soste; tuttavia essere in alto e avere di fronte la pianura invita naturalmente a guardare avanti. In qualche punto sembra di rotolare verso la meta, ma è un'illusione. Come spesso accade alla fine di una giornata in cui si sono macinati chilometri e dislivelli importanti, possono tornare - e sono preziosi - gli interrogativi del primo giorno. Ce la farò? Solo il mattino che viene porta risposta.

Il paesaggio che si attraversa, molto bello, con viste spettacolari, così spopolato, dall'aspetto un po' misterioso e l'aria limpida della montagna, predispongono l'animo a percorrere di buona lena il lungo Cammino. Come nella precedente giornata, i paesi che si incontrano sopravvivono grazie al Cammino e ai suoi pellegrini, e sono tutti caratteristici.

Lasciata Rabanal per la via principale, si sale lungo una strada che per buoni tratti è seguita da un sentiero parallelo che permette di non camminare sull'asfalto. In breve gli alberi spariscono, lasciando il viandante esposto ai venti, sempre piuttosto vigorosi, che battono queste rotonde e nude cime. La natura, soprattutto nella prima metà di questa tappa, è molto bella e austera; assaporate le sensazioni che emana, gustatevi questi silenzi dove si ode solo la voce del vento. La prima località, dopo 5,5 km dalla partenza, è Foncebadón, paesino oggi diroccato e abbandonato; sembra una città fantasma, con ancora le sue case e i cascinali in piedi, lungo la via principale per la quale si passa. Negli ultimi tempi, l'apertura di alcuni rifugi accoglienti, di alcuni negozi e bar-ristorante lo stanno in parte rivitalizzando. Da qui, sempre salendo, si arriva in circa mezz'ora alla famosa Cruz de hierro a 1.500 m d'altezza (siamo sul monte Irago).

È questo un luogo simbolicamente importante; si tratta di un alto palo di legno in cima al quale è posta una semplice croce in ferro che, isolata lassù, sembra come voler congiungere la terra con il cielo. Il punto più alto di tutto il Cammino lo si tocca poco più avanti in prossimità di un'antenna per le comunicazioni (1.531 m).

Si giunge in breve a Manjarín, dove c'è un caratteristico rifugio di ispirazione templare; poco distante una strana e pittoresca insegna (immortalata in tutte le foto) indica che mancano 222 km a Santiago. Si risale in breve a quota 1.500 per poi scendere lungo il sentiero che porta a El Acebo (1.150 m), piccolo e simpatico paesino; siamo nel Bierzo, regione del leonense. Si continua a scendere, quasi sempre su sentiero, non difficile ma a tratti molto pietroso (sconsigliato quando piove: scivoloso! In questo caso si può restare, per quel che è possibile, sulla statale), brevemente interrotto dalla strada, passando per Riego de Ambrós, Molinaseca e la località di Campo (ma, volendo, dopo Molinaseca potreste continuare diritti per Ponferrada seguendo la strada asfaltata); da Campo in circa 45 minuti si arriva infine, passando su un ponte il río Boeza, a Ponferrada, la città dei Templari (541 m). È l'ultima grande città che s'incontra prima di Santiago.

Da vedere

Foncebadón Non si può non restare affascinati dalle malinconiche rovine di ciò che resta di un paese che fu, nel Medioevo, importante centro di accoglienza per i pellegrini che salivano sul monte Irago. Vi furono anche due hospitales e un convento. Fu abitato fino all'inizio del XIX secolo.

La Cruz de Hierro Un lungo, semplice palo di legno con sopra una piccola croce di ferro, eretta forse dall'eremita Gaucelmo (attorno al 1100; l'originale si trova ormai al museo di Astorga) nel punto dove anticamente sorgeva forse un altare dedicato a Mercurio. Alla base della croce si è formata una montagnola di pietre, da secoli portate lì dai pellegrini. Un gesto ripetuto da molti anche oggi. La preghiera della Cruz de Hierro dice: "Signore, che questa pietra che depongo ai piedi della croce del Redentore, simbolo dei miei sforzi nel mio pellegrinaggio, possa fare pendere la bilancia in mio favore quando le mie azioni saranno giudicate". Per molti, dopo molti giorni di Cammino, questo gesto diventa un simbolico deporre e liberarsi dei pesi dell'anima. Per questo la tradizione vuole che la pietra, piccola o grande, venga dal proprio paese e non sia semplicemente raccolta pochi chilometri prima. La croce di ferro è per alcuni un luogo suggestivo, per altri "una montagnola di sassi sul bordo di una strada trafficata". Purtroppo, forse proprio per questo, la base della croce a volte sembra una pattumiera, dove alcuni lasciano di tutto: scarponi luridi, pacchetti di sigarette e stracci, non rispettando il vero spirito del luogo.

El Acebo La chiesa parrocchiale di **SAN MIGUEL**, all'interno della quale è conservata una statua di pietra policroma che rappresenta Santiago o, secondo alcuni, San Giovanni evangelista. All'uscita del paese, un semplice monumento ricorda Heinrich Krause, pellegrino tedesco morto qui per un incidente in bicicletta. Siamo ormai nella regione del Bierzo.

MANJARÍN. *La pittoresca insegna vicino al rifugio: 222 km a Santiago!*

Riego de Ambrós Potete dare uno sguardo veloce alla **CHIESA DE LA MAGDALENA**, del XVI secolo, con un retablo barocco del 1706.

Molinaseca Il Cammino passa sul ponte di origine romanica che scavalca il río Meruelo e lambisce il **SANTUARIO DE LAS ANGUSTIAS**, addossato al monte (di stile barocco, XVIII secolo): pellegrini e viaggiatori medievali staccavano una scheggia di legno dalle porte del santuario, finché queste furono protette con il ferro. Nella calle Real ci sono antiche case nobili ben conservate. Date uno sguardo alla chiesa parrocchiale di San Nicola di Bari di stile neoclassico (XVII secolo).

Ponferrada Probabilmente già centro romano/asturiano, nel XII secolo divenne la città e il presidio più importante dei Templari in Spagna (in epoca romana erano famose le sue miniere d'oro). Nel 1082 vi fu costruito un ponte di ferro per consentire il passaggio sul río Sil. Punto di transito importante per i pellegrini, diede il nome alla città, che presto fu nota come Pons Ferratas. Di particolare importanza e da vedere:

Il **CASTELLO TEMPLARE** è l'opera di maggior fama della città. Fu eretto ovviamente dai monaci/guerrieri, che qui risiedettero dal 1178 al 1312, anno in cui l'ordine si dissolse, disperdendosi. Il complesso (circa 8mila metri quadrati) è ricco di segni, simboli, riferimenti astronomici, e le sue mura esterne sono conservate in ottimo stato.

La **BASILICA DE NUESTRA SEÑORA DE LA ENCINA**, patrona del Bierzo: fu costruita tra il 1573 e il 1660. All'interno è conservata una statua della Vergine che, secondo una leggenda, fu ritrovata dai Templari dentro una quercia (*encina* in spagnolo) che stavano abbattendo per costruire il castello. Secondo una targa esposta nella piazza, la statua era stata precedentemente nascosta, per essere protetta dalle incursioni dei saraceni.

L'**ARCO DEL RELOJ** (dell'orologio), sotto l'omonima torre, che segna il passaggio al quartiere medievale della città.

Il **PALACIO DEL AYUNTAMIENTO**, il municipio, barocco.

PONFERRADA → VILLAFRANCA DEL BIERZO

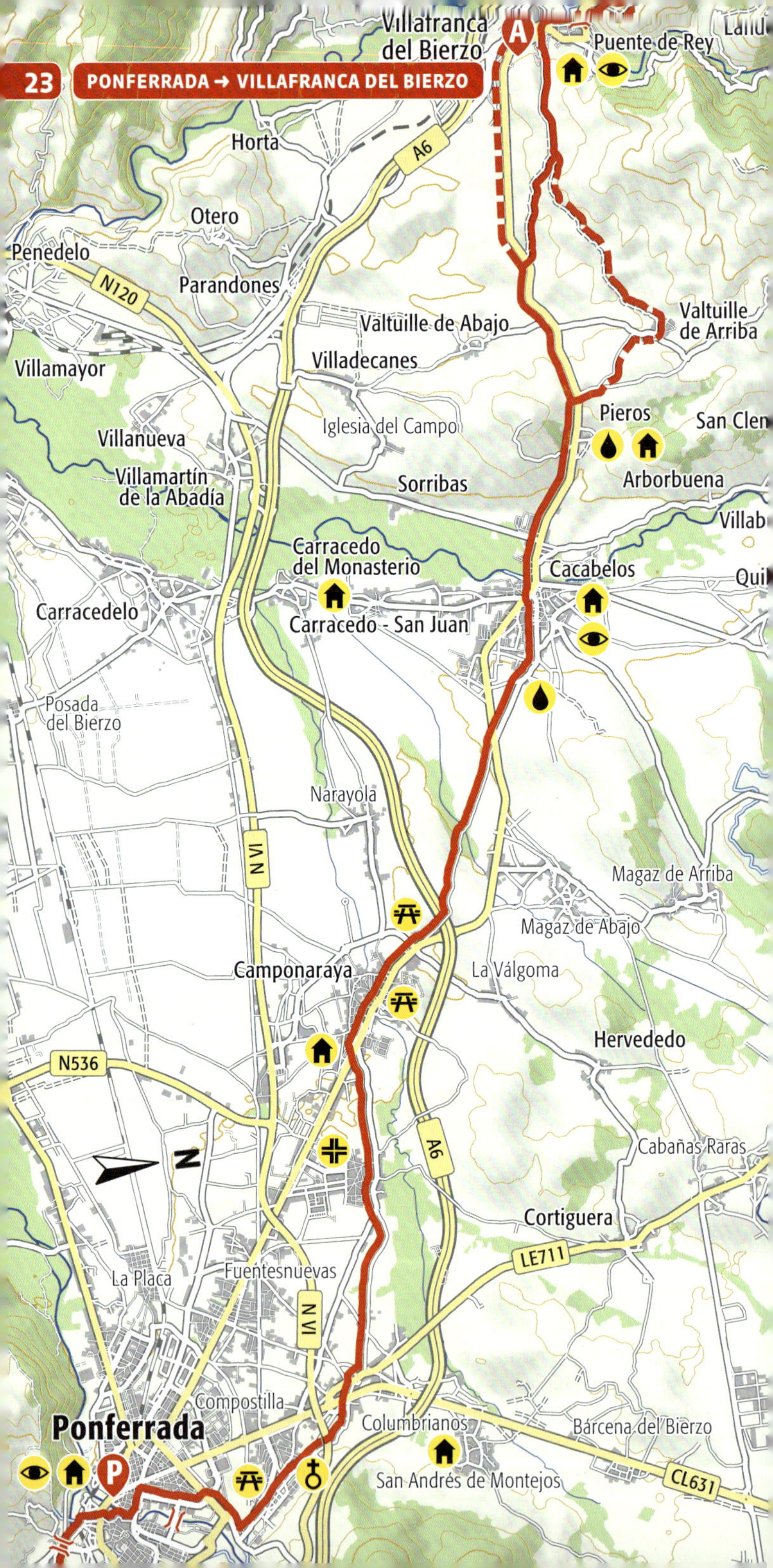

Da Ponferrada a Villafranca del Bierzo

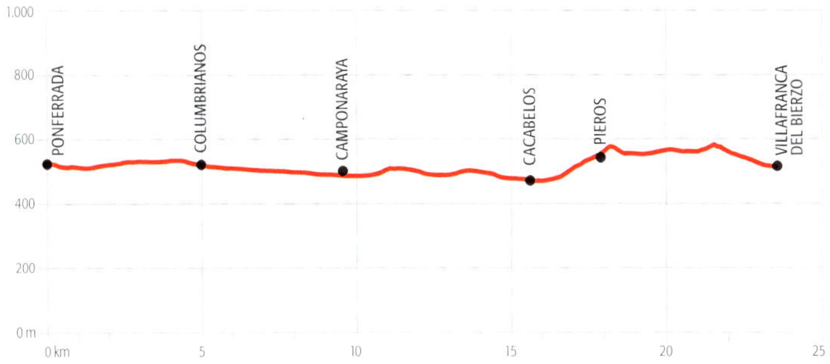

LUNGHEZZA: **23,6 km**
DISLIVELLO IN SALITA: **350 m**
DISLIVELLO IN DISCESA: **370 m**
TEMPO: **5 ore e 30 minuti**
DIFFICOLTÀ: **facile**

Informazioni e servizi

COLUMBRIANOS: *Albergue privato San Blas*, tel. 611.614.149 / 675.651.241, 18 posti, 10 €, colazione e pasti.
Lungo la strada *alimentari, bar* e *ristoranti*.
FUENTESNUEVAS: *Alimentari* e *bar*.
CAMPONARAYA: *Albergue privato Naraya*, av. Galicia 506, tel. 987.459.159, www.alberguenaraya.es, alberguenaraya@gmail.com, aprile-novembre, 26 posti, 9 €, *bar*.
Albergue privato La Medina, av. Camino de Santiago 87, tel. 667.348.551, info@alberguelamedina.com, www.alberguelamedina.com, 20 posti, 10 €. In paese *alimentari, bar* e *ristorante*.
CACABELOS: *Albergue municipale*, all'uscita del paese, tel. 987.547.167, aprile-ottobre, 70 posti, 5 €.
Albergue privato La Gallega, c/ Santa María 23, tel. 987.549.476 / 680.917.109, www.hostalgallega.com, hostalgallega@gmail.com, chiuso a febbraio, 30 posti, 10 €, *bar-ristorante*.
Albergue privato El Molino, c/ Santa María 10, tel. 987.546.979, abelelmolino@hotmail.com, www.elmolinoalbergue.com, 16 posti, 9 €, *bar-ristorante*, chiusi il martedì.
In paese ci sono *servizi di ogni tipo*.
CARRACEDO DEL MONASTERIO: *Albergue privato Ubaldo Nieto de Alba*, circa 3 km fuori dal Cammino (si può prendere una variante che parte da Camponaraya e che si riunisce al percorso principale a Cacabelos), tel. 608.888.211, begatur.com/albergue, 20 posti, 10 €, uso cucina, *bar-ristorante*.
PIEROS: *Albergue privato El Serbal y la Luna*, c/ El Pozo 15, tel. 639.888.924 / 987.546.044, alberguedepieros@gmail.com, marzo-novembre, 20 posti, 5 €, cena vegetariana e colazione.
VILLAFRANCA DEL BIERZO: *Albergue municipale*, vicino alla chiesa di Santiago, tel. 987.542.356, turismo@villafrancadelbierzo.com, marzo-novembre, 60 posti, 6 €, uso cucina. In estate nel collegio Divina Pastora attrezzano un altro centinaio di posti su materassi in terra.
Rifugio Ave Fenix, c/ Santiago 10, tel. 987.542.655 / 987.540.229, albergueavefenix@gmail.com, 80 posti, 6 €, cena comunitaria e colazione. Rifugio della famiglia Jato, storico, costruito con l'aiuto dei pellegrini, in pietra, argilla e legno. Un po' freddo in inverno. Jesús Jato è una delle persone più interessanti del Cammino, vale la pena conoscerlo.
Albergue privato de la Piedra, all'uscita della cittadina, in calle Espíritu Santo, tel. 987.540.260 / 666.655.052, www.alberguedelapiedra.com, amigos@

alberguedelapiedra.com, marzo-novembre, 10 posti, 10 €, uso cucina, colazione 2 €.
Albergue privato Leo, c/ Ribadeo 10, tel. 987.542.658 / 658.049.244, www.albergueleo.com, info@albergueleo.com, marzo-novembre, 32 posti, 10 €, uso cucina.
Albergue privato S. Nicolás El Real, travesía de San Nicolás 4, tel. 620.329.386 / 696.978.653, 100 posti, 5-8 €, uso cucina, pasti.
Albergue privato El Castillo, c/ del Castillo 8, tel. 987.540.344, www.albergueelcastillo.es, albergueelcastillo@gmail.com, aprile-novembre, 24 posti, 10-12 €, uso cucina.
Albergue La Yedra, c/ La Yedra 9, tel. 636.586.872, alberguelayedra@gmail.com, 18 posti, 10 €, uso cucina.

Oggi si può respirare. Si cammina in piano tra dolci saliscendi, avendo alle nostre spalle i monti e davanti a noi altri monti da attraversare. La Castilla y León, che abbiamo a lungo percorso, ci congeda lentamente, tra colline e vigneti.

Il Cammino si dipana interamente nel Bierzo, la lunga valle leonense racchiusa tra la cordigliera Cantabrica, i Montes de León e il massiccio Galaico. Alla fine il pellegrino percorrerà tutta questa vallata che, per il paesaggio e le atmosfere, è un po' una regione a sé.

Si esce da Ponferrada passando nei pressi della basilica de la Encina, prendendo calle Rañadero e attraversando il ponte; si segue in direzione della strada N-VI, girando subito a destra per la calle río Urdiales e ancora a destra per la grande avenida Huertas del Sacramento; al monumento dedicato ai donatori di sangue girate a destra per la avenida de la Libertad.

Questa deviazione verso nord-ovest consente di evitare zone industriali e di raggiungere così tranquillamente prima Compostilla (tre quarti d'ora), poi Columbrianos (passando davanti alla chiesa di San Esteban) e poco dopo Fuentesnuevas (7,5 km dalla partenza). Usciti da quest'ultimo paese, il Cammino prosegue su pista di terra, attraverso una zona riccamente coltivata, fino a ricongiungersi con la N-VI poco prima di entrare nel paese di Camponaraya. Giunti in prossimità della Cooperativa del Bierzo, si prende a sinistra una strada in terra battuta che, dopo aver scavalcato l'autostrada, scende dolcemente; qui si apre il tratto paesaggisticamente più bello della giornata. Si arriva così a Cacabelos. Da qui si è obbligati a seguire il margine della N-VI (asfalto, attenzione al traffico). Dopo il río Cúa mancano 7,5 km a Villafranca del Bierzo, e sono i più duri. 400 m dopo Pieros (che non attraversiamo), all'altezza della croce a San Clemente, sulla destra c'è un segnale che invita a scegliere la strada che passa da Valtuille de Arriba. In questo modo però, la tappa si allunga di quasi 2 km; meglio prendere più avanti, circa 2 km dopo Pieros, una deviazione a destra che consente di ritornare sulla strada in terra che conduce, attraversando una bella e piacevole campagna ondulata, a Villafranca del Bierzo (501 m). Altrimenti si può anche continuare sull'asfalto della carretera.

Da vedere

Cacabelos Gradevole paese con le sue caratteristiche case; lo si trova già citato nelle guide medievali. In epoca romana fu il centro ammini-

PONFERRADA. *Il castello dei monaci-guerrieri.*

strativo di questa zona mineraria (oro). All'inizio del XII secolo, il vescovo di Santiago Diego Gélmirez (il vero costruttore di Santiago e del pellegrinaggio) fece erigere qui la chiesa di Santa María. All'uscita del paese, dopo aver attraversato il ponte di pietra sul río Cúa, entrate nel **SANTUARIO DELLA VIRGEN DE LAS ANGUSTIAS**: conserva una curiosa immagine policroma di Gesù bambino che gioca a carte con sant'Antonio di Padova.

Villafranca del Bierzo È una delle città nate e cresciute grazie al Cammino; come indica il nome, deve il suo iniziale sviluppo ai franchi, che qui si insediarono nel XII secolo, sotto il regno di Alfonso VI. Si rafforzò ulteriormente con l'arrivo di una comunità di monaci cluniacensi, introdotti in Spagna per volere delle stesso re che volle presente quest'ordine nei punti strategici del Cammino. Villafranca, situata al principio della valle del río Valcarce, capitale storica del Bierzo, era ed è passaggio importante e obbligato verso il Cebreiro, porta d'ingresso della Galizia.

Entrando s'incontra, isolata, la **CHIESA DI SANTIAGO**: romanica, con una sola navata, è famosa per il suo splendido portale settentrionale, la cosiddetta "Puerta del Perdón". L'importanza di questa chiesa è dovuta al papa spagnolo Callisto III (1455-58), che le conferì il privilegio dell'indulgenza per tutti quei pellegrini che, ammalati o moribondi, non potendo arrivare fino a Compostela, si fermavano qui e passavano sotto la sua porta, definita proprio per questo "del perdono". Da vedere, inoltre:

La **CHIESA** e il **MONASTERO DI NUESTRA SEÑORA DE LA ANUNCIADA**, complesso tenuto con amore dalle clarisse: la chiesa conventuale barocca è del XVII secolo; all'interno c'è la tomba dell'italiano san Lorenzo da Brindisi, frate francescano cappuccino vissuto tra il 1559 e il 1619 e proclamato dottore della Chiesa nel 1959 da Giovanni XXIII.

Il **CASTELLO DEI MARCHESI DI VILLAFRANCA**, del XVI secolo.

La **CHIESA DI SAN FRANCISCO**, ennesimo ricordo del passaggio del santo di Assisi lungo il Cammino.

La **COLLEGIATA DI SANTA MARÍA**, tardo gotica, molto interessante, della fine del XVI secolo. La **CHIESA DI SAN NICOLÁS EL REAL**.

VILLAFRANCA DEL BIERZO → O CEBREIRO
Ambasmestas
Lamagrande
Cantejeira
La Portela de Valcarce
Sotogayoso
A6
San Fiz Do Seo
Paradela
Villar de Los Corrales
Trabadelo
Pradela
Sotoparada
Sotelo
O Cebreiro
Ambasmestas
Villafranca del Bierzo
Dragonte
Pereje
Villagroy
Vilacha
Landoiro
Villafranca del Bierzo
Puente de Rey
Pobladura de Somoz
Valtuille de Arriba
Horta
San Clemente
Villabuer
A6
Valtuille de Abajo
tero
Pieros
Arborbuena
Quilós
Villadecanes
Iglesia del Campo

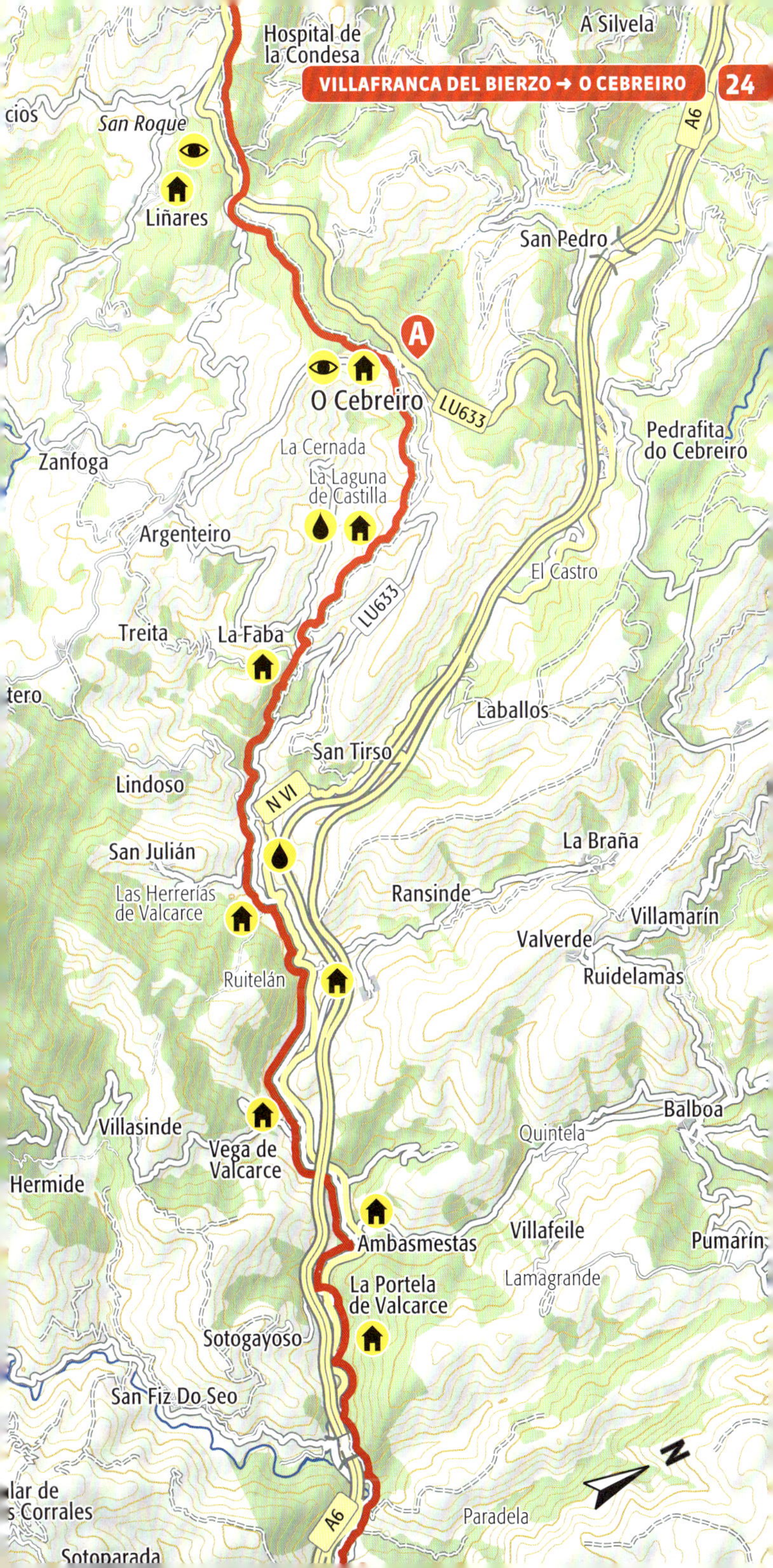
Hospital de la Condesa
A Silvela
cios
San Roque
Liñares
A6
San Pedro
A
O Cebreiro
LU633
Pedrafita do Cebreiro
Zanfoga
La Cernada
La Laguna de Castilla
Argenteiro
El Castro
LU633
Treita
La Faba
tero
Laballos
San Tirso
Lindoso
N VI
San Julián
La Braña
Las Herrerías de Valcarce
Ransinde
Villamarín
Valverde
Ruitelán
Ruidelamas
Balboa
Villasinde
Quintela
Vega de Valcarce
Hermide
Ambasmestas
Villafeile
Pumarín
Lamagrande
La Portela de Valcarce
Sotogayoso
San Fiz Do Seo
N
lar de
s Corrales
A6
Paradela
Sotoparada

24 Da Villafranca del Bierzo a O Cebreiro

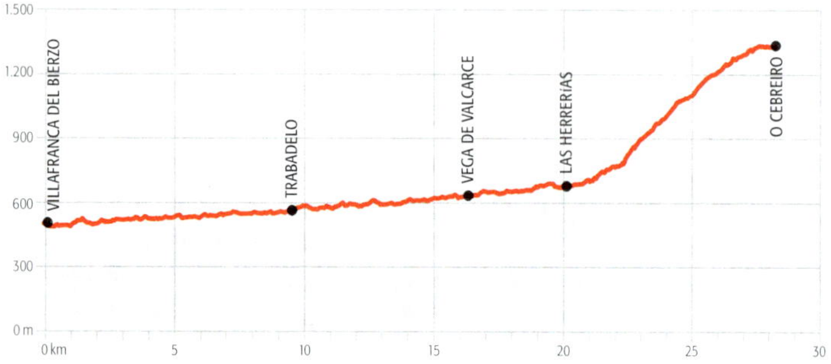

LUNGHEZZA:	**28,2 km**
DISLIVELLO IN SALITA:	**1.015 m**
DISLIVELLO IN DISCESA:	**238 m**
TEMPO:	**8 ore e 30 minuti**
DIFFICOLTÀ:	**impegnativa**

Informazioni e servizi

Possibilità di rifornimento (bar, ristoranti e/o alimentari) in tutte le località.

PEREJE: *Albergue municipale*, tel. 987.540.138, 60 posti, 5 €, cucina, piccolo giardino.

PRADELA: *Albergue privato Lamas*, tel. 677.569.764, miguellamaspra@gmail.com, marzo-novembre, 10 posti, 6 €, uso cucina, pasti.

TRABADELO: *Albergue municipale*, Camino de Santiago, tel. 987.566.447 / 687.827.987, ayto@trabadelo.com, marzo-novembre, 36 posti, 6 €, uso cucina.

Albergue parroquial, c/ La Iglesia, tel. 630.628.130, arrifersa@hotmail.com, www.albergueparroquialtrabadelo.com, 22 posti, 5 €, uso cucina.

Albergue privato Crispeta, Camino de Santiago, tel. 620.329.386, osarroxos@gmail.com, d'inverno solo su prenotazione, 32 posti, 6-8 €, uso cucina, colazione e cena.

Albergue privato Camino y Leyenda, Camino de Santiago, tel. 628.921.776 / 987.566.446 / 680.210.292, alberguecaminoyleyenda@gmail.com, aprile-ottobre, 16 posti, 9-14 €.

Albergue privato Casa Susi, c/ Santiago 123, tel. 683.278.778, alberguecasasusi@gmail.com, aprile-ottobre, 12 posti, 5 €, cena comunitaria, colazione.

LA PORTELA DE VALCARCE: *Albergue privato El peregrino*, sulla carretera N-VI, tel. 987.543.197, www.laportela.com, reservas@laportela.com, marzo-novembre, 28 posti, 10 €, *bar*.

AMBASMESTAS: *Albergue privato Camynos*, sulla carretera N-VI, tel. 629.743.124, www.camynos.es, camynos@gmail.com, aprile-novembre, 10 posti, 10 €, *bar-ristorante*.

Albergue privato Das Ánimas, lungo il río, c/ Campo Bajo 3, tel. 987.543.077 / 618.568.845, www.das-animas.com, info@das-animas.com, 20 posti, 5-9 €, pasti.

Albergue privato Casa del Pescador, carretera Antigua N-VI s/n, tel. 987.684.955 / 603.515.868, www.casadelpescador.eu, casitadelpescador@gmail.com, 24 posti, 10-15 €, metà marzo-metà novembre, uso cucina, pasti.

VEGA DE VALCARCE: *Albergue municipale*, nel centro del paese (calle Pandelo), tel. 606.792.791, alberguemunicipal@vegadevalcarce.net, 64 posti, 5 €, uso cucina; un po' spartano.

Albergue privato El Paso, sulla carretera N-VI, tel. 628.104.309, www.albergueelpaso.es, info@albergueelpaso.es, in inverno solo su prenotazione, 28 posti, 10-12 €, uso cucina.

Albergue privato Santa María Magdalena, sulla N-VI, tel. 684.045.491,

caminomagdalena2018@gmail.com, marzo-novembre, 16 posti, 9 €, cena e colazione.
Albergue privato El Roble, carretera N-VI 103, tel. 634.242.642, elroblehostel@hotmail.com, marzo-novembre, 18 posti, donativo, *bar-ristorante*.
In paese varie possibilità per mangiare. C'è anche una *piscina* naturale.
RUITELÁN: *Albergue privato Pequeño Potala*, carretera N-VI 19A, tel. 987.561.322, pequepotala@hotmail.com, 34 posti, 5 €, cena comunitaria (anche vegetariana) e colazione.
Albergue privato El Rincón de Pin, carretera N-VI 41A, tel. 616.066.442, alberguepin@gmail.com, 10 posti, 10 €, cena e colazione.
LAS HERRERÍAS: *Albergue privato*, all'ingresso del paese, tel. 654.353.940, alberguelove@gmail.com, aprile-ottobre, 17 posti, 5-7 €, colazione e cena vegetariana.
Albergue privato Casa Lixa, tel. 987.134.915 / 608.528.715, info@casalixa.com, marzo-ottobre, 30 posti, 10 €, *ristorante*.
LA FABA: *Albergue* accogliente gestito dall'associazione tedesca degli Amici del Cammino; è la vecchia casa parrocchiale, vicino alla chiesa (un po' fuori dal paesino), tel. 630.836.865, metà marzo-ottobre, 66 posti, 5 €, cena e colazione. Ogni sera alle 20, presso la piccola chiesa, preghiera francescana per la pace.
Albergue El Refugio, gestito dall'associazione Caminarte, tel. 654.911.223, caminarte.asociacion@gmail.com, www.caminarte.org, marzo-novembre, 8 posti, offerta minima 5 €, cena comunitaria e *bar* (cucina vegetariana).
LAGUNA DE CASTILLA: *Albergue privato La Escuela*, Camino de Santiago 10, tel. 987.684.786 / 619.479.238, baralbergueescuela@hotmail.es, marzo-ottobre, 48 posti, 10 €, *bar-ristorante*.
O CEBREIRO: *Rifugio della Xunta de Galicia*, all'uscita del paesino, tel. 660.396.809, 106 posti, 6 €, uso cucina (senza stoviglie).
Albergue privato Casa Campelo, c/ O Cebreiro 9, tel. 679.678.458 / 982.179.317, casacampelo@outlook.com, aprile-metà novembre, 12 posti, 10 €.
Diversi *alberghi* in case rurali, *mesones* con menu del pellegrino. Nella chiesa del paese, ogni sera alle 19 si celebra una messa per i pellegrini.
Da qui in avanti i rifugi più importanti sono aperti tutto l'anno. Difficile però trovare posto, soprattutto d'estate. Siamo ormai nel tratto finale del Cammino e la folla è notevole.
Attenzione: quasi tutti i rifugi della Xunta de Galicia hanno cucine perfettamente attrezzate ma senza stoviglie.

Si gioca a nascondino con l'autostrada e si cammina largamente sull'asfalto. Questa è la tappa che ci introduce in Galizia, l'ultima regione del Cammino, quella che ci apre definitivamente il cuore alla meta. Fino a Vega de Valcarce il percorso s'innalza piano piano; gli ultimi 8 chilometri sono invece di salita piena.
La suggestione è grande. Il clima umido dell'Atlantico incomincia a farsi sentire: il Cebreiro, uno dei luoghi più carichi di spiritualità del Cammino, anche d'estate è spesso avvolto dalla nebbia.
Qui la fede e l'incredulità sono di casa. E nel miracolo del Cebreiro, a ben vedere, si danno la mano.

S'incomincia a patire all'uscita da Villafranca: il Cammino percorre l'antica rotta, la valle de Valcarce, e i primi 17 km seguono penosamente il margine della statale N-VI, che collega il Bierzo con la Galizia. Oggi però, a parziale fortuna del pellegrino, la nuova autostrada ha ridotto il traffico della statale; inoltre la realizzazione di una pista parallela permette di non camminare più completamente su asfalto.

La segnaletica in Galizia

Dal 2016, ad alcuni bivi della Galizia si trovano due mojones (i pilastrini che indicano la direzione del Cammino). Uno segna il tracciato tradizionale e l'altro una variante: può trattarsi di percorsi storici alternativi, o di deviazioni che conducono in luoghi interessanti. In generale consigliamo di seguire il Cammino classico, indicato dalla guida.

Per la prima parte della tappa, fino a Trabadelo, si può anche scegliere una "variante di montagna", che allunga di 1,5 km, aggiunge 400 m di dislivello in salita e 380 in discesa e passa nei pressi di Pradela; s'imbocca andando a destra appena dopo il ponte all'uscita da Villafranca. Calcolate circa 3 ore e un quarto di cammino solo per questo tratto. Per camminatori in buona forma. Se nella tappa odierna pensate di arrivare a O Cebreiro, evitate questa fatica ulteriore.

Si esce dunque da Villafranca attraversando il río Burbia e seguendo poi le vie Concepción ed Espíritu Santo si arriva a imboccare la pista parallela alla N-VI (costeggiando per quasi un chilometro il fiume). Comincia così il lungo percorso laterale alla vecchia statale; la prima località che si incontra dopo aver incrociato due volte l'autostrada è, a 5,2 km dalla partenza, Pereje: la si attraversa lungo la sua via principale lasciando per un po' il bordo della statale che viene ripreso all'uscita del paese. Successivamente si attraversano Trabadelo e La Portela, passato il quale manca poco per abbandonare il tormento della N-VI. Più avanti si incontra sulla sinistra una deviazione che immette sulla strada regionale di Vega de Valcarce; è come se iniziasse un altro mondo, dolce, tranquillo, ombreggiato da castagni. Vega de Valcarce (620 m) è un bel paese, al quale si giunge dopo essere passati per Ambasmestas. Chi fosse stanco può fermarsi qui, per poi affrontare riposato la salita al Cebreiro.

Da qui, dopo la zona pirenaica, siamo nella parte più verde e rigogliosa di tutto il Cammino. Si prosegue attraverso la soave campagna con il cuore sollevato. Coraggio! Dopo aver percorso il tratto più brutto del Cammino, quello che ora attende il pellegrino è forse (quasi a ricompensa) il più bello, anche se non esente da fatica.

Si oltrepassano in breve le località di Ruitelán (660 m) e Las Herrerías, dopo la quale inizia la vera salita al Cebreiro. Il primo chilometro è ancora su asfalto (poco traffico); si attraversa Hospital (che deve il nome alla presenza di un antico hospital per pellegrini) poi una deviazione a sinistra indica la giusta via, su sentiero. In tre quarti d'ora di buona salita, su sentiero sotto un "tetto" alberato, si arriva a La Faba (910 m). Prima di entrare nell'abitato apparirà una biforcazione: la direzione giusta è a destra. La pendenza ora si fa più dolce e gli alberi lasciano spazio a prati e pascoli; poco più avanti si incontra Laguna de Castilla (siamo a 1.150 m), ultimo paese del León.

O Cebreiro non si vede ma si intuisce; voltandosi indietro si notano il monte Irago e i Montes de León, ormai lontano ricordo. Presto appare il limite provinciale e regionale, in pietra, che segnala l'entrata in Galizia. Nei pressi, un cippo chilometrico indica la distanza da Santiago, 152,5 km; di queste segnalazioni ce ne sarà, da qui in avanti, una ogni 500 m, come un conto alla rovescia verso la meta finale. Si sale ancora e finalmente si arriva ai 1.300 m del Cebreiro, luogo magico e isolato, avvolto spesso nella nebbia (anche nelle giornate estive); dopo tanta fatica ci accoglie la chiesa preromanica di Santa María la Real. L'albergue per i pellegrini (il primo della Xunta de Galicia) è alla fine del borgo.

Da vedere

O Cebreiro A 1.300 m d'altezza, O Cebreiro è uno dei luoghi più ricchi di suggestione del Cammino (il cui fascino è però oggi un po' rovinato dai tanti bar e ristoranti).

La memoria di questi luoghi vi rimarrà nel cuore. Caratteristica la presenza delle *pallozas*, le antiche case dei pastori della zona, fatte di pietra e paglia, tecnica costruttiva probabilmente di origine celtica. Furono tra i primi luoghi di accoglienza e ristoro per i pellegrini di passaggio.

L'antico hospital che qui esisteva fu migliorato e affidato ai monaci di Cluny per volere di Alfonso VI nel 1072; passò successivamente in mano ai benedettini che vi rimasero fino al 1854. Da vedere ovviamente, bella nella sua estrema semplicità, la primitiva chiesa preromanica di Santa María la Real; piccola, a tre navate, con abside rettangolare, conserva una bella immagine romanica della Vergine omonima (XII secolo) e il *cáliz del milagro* del XII secolo, legato a uno dei miracoli più importanti della storia del Cammino. A sinistra c'è la tomba di Elias Valiña (1929-1989), storico parroco del Cebreiro: a lui si deve tra l'altro la rinascita moderna del Cammino; dopo averne fatto oggetto di studi e della sua tesi di dottorato, nel 1984 infatti ripercorse l'intero Cammino dai Pirenei alla tomba dell'apostolo segnandolo per la prima volta con frecce di vernice gialla, che da allora sono diventate il simbolo di questo tracciato. Inginocchiarsi sulla sua tomba o semplicemente dirgli grazie in questo luogo è un'emozione.

Al Cebreiro è legato il famoso miracolo eucaristico avvenuto all'inizio del XIV secolo, che lo ha reso un luogo oggetto di devozione e cura. Un contadino del villaggio di Barxamaior salì al Cebreiro per ascoltare la messa nonostante l'imperversare di una tormenta di neve. La tempesta lo fece giungere in ritardo e in cuor suo se ne dispiacque molto. Il sacerdote che celebrava, sicuramente di minor fede, rise invece silenziosamente di lui e di tutta quella fatica per ricevere solo un po' di pane e di vino. Ma, al momento della consacrazione, l'ostia che teneva in mano si convertì in carne e il vino in sangue, facendolo trasalire. I due protagonisti, il prete incredulo e il contadino ricco di fede, sono seppelliti uno accanto all'altro nella chiesa.

Il miracolo ha anche una sua conferma in un episodio del 1488: si narra che Isabella la Cattolica, di ritorno da un pellegrinaggio, volle portare via con sé il calice del miracolo; ma i cavalli si rifiutarono di proseguire oltre Pereje. Interpretando ciò come un segno divino, Isabella fece riportare il calice al Cebreiro, dove è ancora oggi.

25 O CEBREIRO → TRIACASTELA

Da O Cebreiro a Triacastela

Avvertenza

Le ultime tappe del Cammino sono le più affollate: ci si avvicina ai 100 km finali del percorso, quelli necessari per ottenere la Compostela, e chi ha pochi giorni da dedicare al viaggio sceglie per lo più questo tratto.

Per avere più possibilità di trovare posto negli albergue, consigliamo quindi di non fermarsi necessariamente nei punti tappa principali, ma di considerare anche i paesi intermedi. È una zona ricca di alloggi, non sarà difficile crearsi una divisione in tappe personalizzata e alternativa.

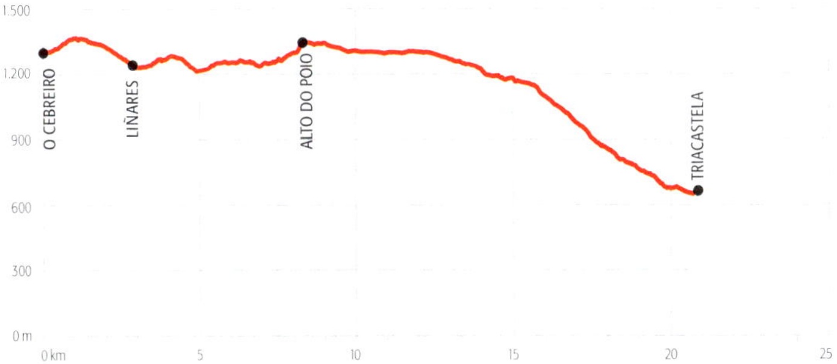

LUNGHEZZA:	**20,9 km**
DISLIVELLO IN SALITA:	**393 m**
DISLIVELLO IN DISCESA:	**1.014 m**
TEMPO:	**5 ore e 30 minuti**
DIFFICOLTÀ:	**facile**

Informazioni e servizi

LIÑARES: *Albergue privato Linar do Rei*, tel. 616.464.831, linardorei@gmail.com, marzo-novembre, 22 posti, 10 €, uso cucina.

HOSPITAL DE LA CONDESA: *Albergue della giunta*, tel. 660.396.810 / 982.161.336, 20 posti, 6 €, cucina ma senza nessuna stoviglia.

ALTO DO POIO: *Albergue privato-bar Puerto*, tel. 982.367.172, 18 posti, 6 €, *bar-ristorante*.

FONFRÍA: *Albergue privato A Reboleira*, in centro, tel. 982.181.271, www.alberguareboleira.com, alberguefonfria@yahoo.es, chiuso in inverno, 70 posti, 9 €, *bar-ristorante*, buona l'accoglienza e bella la sala di riposo.

FILLOBAL: *Albergue privato*, tel. 666.826.414, alberguefillobal@yahoo.es, 18 posti, 10 €, uso cucina (con stoviglie).

TRIACASTELA: *Albergue della giunta* all'ingresso del paese, al lato di un grande prato, tel. 982.548.087 / 660.396.811, 56 posti, 6 €.

Albergue privato Aitzenea, plaza Vista Alegra 1, tel. 982.548.076 / 670.452.476, info@aitzenea.com, www.aitzenea.com, aprile-ottobre, 38 posti, 8 €, uso cucina.

Albergue privato del Oribio, av. Castilla 20, tel. 982.548.085 / 616.774.558, albergueoribio@gmail.com, 27 posti, 9 €, uso cucina.

Albergue privato Berce do Camiño, c/ Camino José Cela 11, tel. 982.548.127, chiuso dicembre-gennaio, 27 posti, 8 €, uso cucina.

Albergue privato Complexo Xacobeo, rúa Santiago 8, tel. 982.548.037, www.complexoxacobeo.com,

info@complexoxacobeo.com, chiuso dicembre-gennaio, 48 posti, 10 €, uso cucina, giardino, *bar-ristorante*.
Albergue privato A Horta de Abel, rúa de Peregrino 5, tel. 608.080.556, albergueahortadeabel.com, ahortadeabel@hotmail.com, aprile-ottobre, 20 posti, 10 €, uso cucina, giardino.
Albergue privato Atrio, c/ Peregrino 1, tel. 982.548.488 / 699.504.958, xoan65@gmail.com, chiuso dicembre-gennaio, 20 posti, 10 €, uso cucina.
Albergue-pensión Lemos, av. de Castilla 24, tel. 677.117.238, www.pensionalberguelemos.com, 32 posti, 9 €, uso cucina.
In paese *alimentari* e numerosi *ristoranti*.

"Nessuna contrarietà ci distolga dalla gioia della festa interiore, perché se qualcuno desidera raggiungere la meta stabilita, nessuna asperità del cammino varrà a trattenerlo. Nessuna prosperità ci seduca con le sue lusinghe, perché sciocco è quel viaggiatore che durante il suo percorso si ferma a guardare i bei prati e dimentica di andare là dove aveva intenzione di arrivare" (San Gregorio Magno, *Omelie*).
Dopo la salita al Cebreiro ci si immerge nei verdi prati e nelle colline della Galizia. Tappa da non sottovalutare per i continui saliscendi. C'è il tempo per ammirare i paesaggi e i minuscoli segni di uomini che furono. Le loro case in pietra, molte chiuse se non d'estate, le loro chiese, i cimiteri. Il silenzio si riprende il suo spazio.

Prima di partire, dall'Alto do Cebreiro osservate ai vostri piedi la Galizia che vi riceve, terra collinosa e rurale, dove gli appezzamenti agricoli e i pascoli si alternano a fitti boschi. Una vista che merita.

Oggi si incontra la parte più bucolica della regione, con la bellezza antica dei piccoli villaggi in pietra. Un altro tempo forse, un altro stile di vita, in armonia con la natura, quasi un regalo particolare per il viandante. Quanto resisteranno ancora questi luoghi? Godetevi ogni giorno questa verde e fresca regione, da alcuni considerata l'"Irlanda di Spagna" anche per il suo clima un po'... "anglosassone".

Ecco il percorso: da O Cebreiro, lasciato il rifugio, si prosegue per il sentiero che lo lambisce sulla sinistra, leggermente in salita. In breve si giunge a Liñares (1.260 m), passato il quale si affronta la prima altura della giornata, l'Alto de San Roque (1.270 m, ma siamo già in quota), dove c'è una singolare statua al pellegrino. Da qui, sulla destra, comincia un sentiero che porta prima a Hospital e, dopo la frazione di Padornelo, sale all'Alto do Poio (1.313 m). È un continuo saliscendi, e la fatica si fa sentire. Scendendo si passa per Fonfría (1.300 m) e Biduedo (1.200 m). Poi, con una bella vista sulle colline sottostanti, si scende verso Triacastela (670 m) a cui si arriva dopo aver oltrepassato le località di Fillobal (960 m) e Pasantes (805 m). Lungo il Cammino un castagno secolare accoglie i pellegrini. Quest'ultimo tratto è piuttosto gradevole, su sentiero un po' pietroso, però con una buona presenza d'ombra.

ALTO DE SAN ROQUE. *La grande statua di bronzo dedicata al pellegrino.*

Da vedere

Padornelo Il Cammino passa accanto alla **CHIESA DI SAN GIOVANNI** (XV secolo). Da O Cebreiro quasi tutti i paesini della montagna hanno la loro chiesa o cappella in pietra (spesso con il cimitero accanto) che merita uno sguardo.

Triacastela L'antica città venne fondata nel IX secolo dal conte Gatón del Bierzo. Nel XIII secolo fu ripopolata e migliorata da Alfonso IX. Un'occhiata vale la **CHIESA DI SANTIAGO** a tre navate (e, più ancora, la sua massiccia, unica torre campanaria), ricostruita nel XVII secolo su precedente originale romanico.

Triacastela da sempre deve il suo sviluppo economico, oltre che al Cammino, all'estrazione di una pietra calcarea della zona che viene trasformata in calce per costruzioni. Si narra che nel Medioevo i pellegrini raccogliessero qui una pietra da portare a Santiago per contribuire alla costruzione della cattedrale. Si narra anche che in uno dei rifugi dei pellegrini esistesse un locale adibito a prigione: ci finivano i pellegrini dal comportamento non degno.

Pare che il nome Triacastela non derivi da "tre castelli" (non c'è mai stato neppure un castello!) bensì da "tre castri", antichi villaggi celtici le cui rovine sono ancora rintracciabili nella zona.

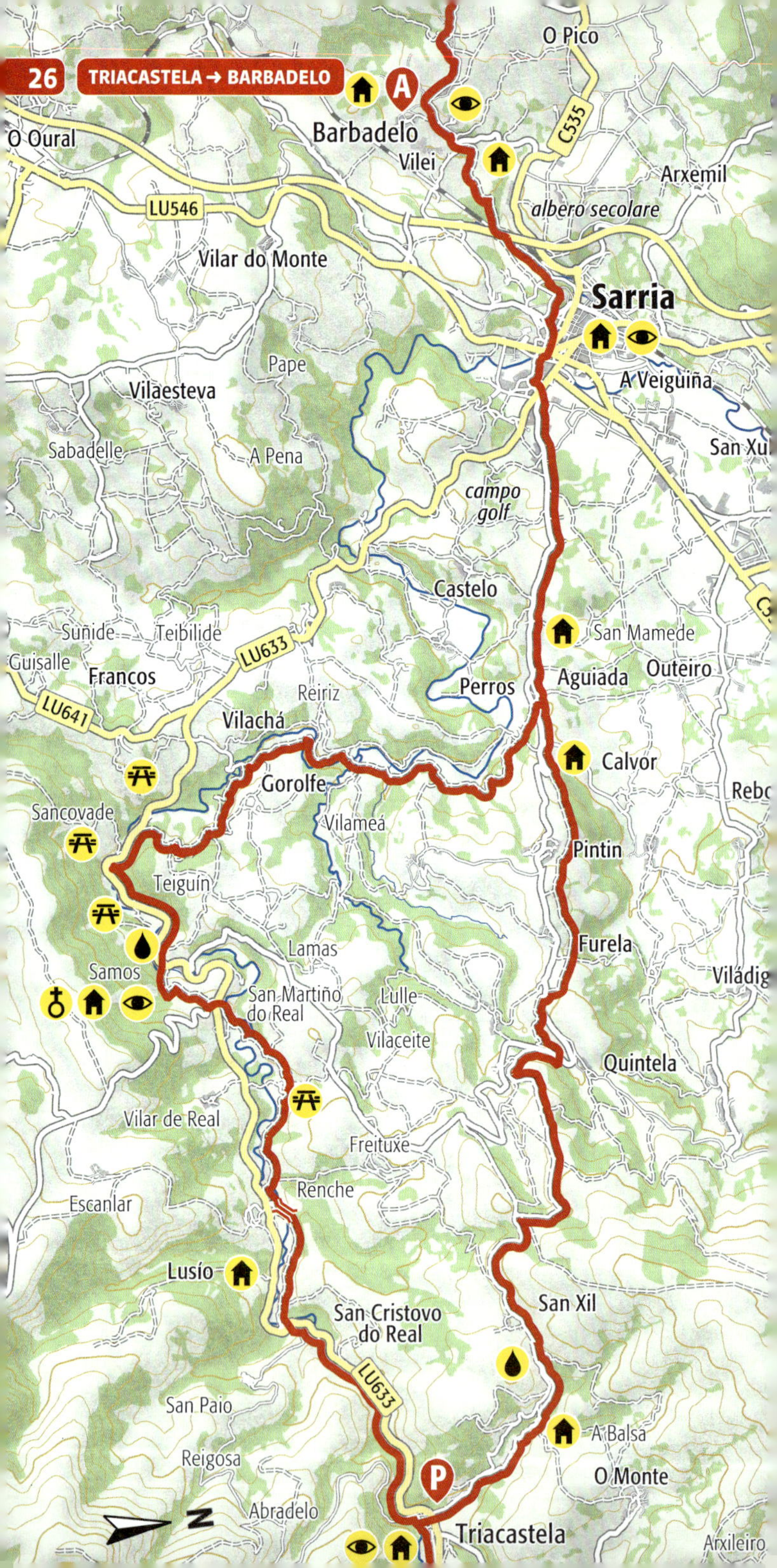

26
TRIACASTELA → BARBADELO
O Pico
A
Barbadelo
Vilei
C535
O Oural
Arxemil
LU546
albero secolare
Vilar do Monte
Sarria
Pape
A Veiguiña
Vilaesteva
Sabadelle
A Pena
San Xu
campo golf
Castelo
Sunide
Teibilide
San Mamede
LU633
Guisalle
Francos
Aguiada
Outeiro
Perros
LU641
Reiriz
Vilachá
Calvor
Gorolfe
Rebo
Sancovade
Vilameá
Pintín
Teiguín
Lamas
Furela
Samos
Vilád
San Martiño do Real
Lulle
Vilaceite
Quintela
Vilar de Real
Freituxe
Renche
Escanlar
Lusío
San Xil
San Cristovo do Real
LU633
San Paio
A Balsa
Reigosa
P
O Monte
Abradelo
N
Triacastela
Arxileiro

Da Triacastela a Barbadelo

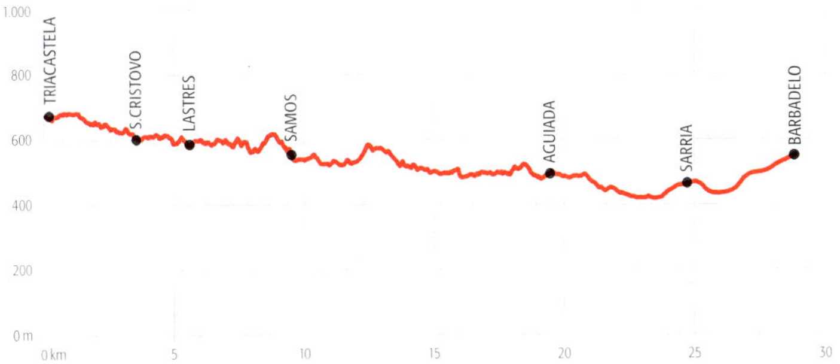

LUNGHEZZA:	**28,9 km**
DISLIVELLO IN SALITA:	**702 m**
DISLIVELLO IN DISCESA:	**812 m**
TEMPO:	**5 ore e 30 minuti**
DIFFICOLTÀ:	**media**

Informazioni e servizi

A BALSA: *Albergue El Beso*, nel centro del paese, gestito da un'associazione, tel. 633.550.558, elbeso.org, albergue@elbeso.org, 16 posti, 10 €, preparano pasti, *bar*.

LUSÍO: *Albergue della giunta*, *Casa Forte de Lusío* (a circa 400 m dal Cammino, segnalato), tel. 659.721.324 / 682.157.378, 60 posti, 6 €, uso cucina.

SAMOS: *Monastero dei benedettini* (aggirare l'enorme monastero tenendolo sulla sinistra), tel. 982.546.046, www.abadiadesamos.com, info@abadiadesamos.com. Un unico dormitorio molto spartano con 66 posti (senza riscaldamento), donativo. Docce sottodimensionate: l'acqua calda finisce presto.
Albergue privato Val de Samos, av. Compostela 16, tel. 982.546.163 / 609.638.801, valdesamos.com, info@valdesamos.com, aprile-novembre, 48 posti, 10 €, uso cucina.
Albergue privato Albaroque, di fronte al monastero, tel. 982.546.087 / 628.828.845, 10 posti, 10 €, *bar-ristorante*.
Nel paesino ci sono un paio di *bar-ristoranti*, e un *alimentari*.

CALVOR: *Albergue della giunta*, nella ex scuola (un po' isolato), sulla strada LUP5062, tel. 660.396.812, 22 posti, 6 €, uso cucina.

SAN MAMEDE: *Albergue privado Paloma y Leña*, lungo la carretera, tel. 982.533.248 / 658.906.816, www.palomaylena.com, palomaylena@gmail.com, marzo-novembre, 20 posti, 12 €, cena comunitaria, colazione.

SARRIA: *Albergue della giunta*, c/ Mayor 31, tel. 660.396.813, 40 posti, 6 €, uso cucina.
Monasterio da Magdalena, av. de la Merced 60, sarria@alberguesdelcamino.com, www.alberguesdelcamino.com, tel. 982.533.568, marzo-ottobre, 100 posti, 10 €, uso cucina.
Albergue privato Internacional, c/ Mayor 57, tel. 982.535.109, www.albergueinternacionalsarria.es, info@albergueinternacionalsarria.es, in inverno solo su prenotazione, 46 posti, 10 €, *bar-ristorante*.
Albergue privato San Lázaro, c/ San Lázaro 7, tel. 659.185.482 / 982.530.626, www.alberguesanlazaro.com, aprile-ottobre, 30 posti, 10 €.
Albergue privato O Durmiñento, c/ Mayor 44, tel. 982.531.099 / 600.862.508, durmiento_sarria@hotmail.com, aprile-novembre, 40 posti, 10 €, cena e colazione.
Albergue privato Los Blasones, c/ Mayor 31, tel. 600.512.565, www.alberguelosblasones.com, info@alberguelosblasones.com, marzo-novembre, 42 posti, 8-10 €, uso cucina, giardino.

Albergue privato Don Álvaro, c/ Mayor 10, tel. 982.531.592 / 686.468.803, www.albergue donalvaro.com, info@alberguedonalvaro.com, 48 posti, 9 €, uso cucina, cortile.
Albergue privato A Pedra, c/ Vigo de Sarria 19, tel. 652.517.199, www.albergueapedra.com, info@albergueapedra.com, marzo-metà novembre, 23 posti, 10 €, uso cucina.
Albergue privato Casa Peltre, c/ Escalinata Mayor 10, tel. 606.226.067, www.albergue casapeltre.es, hola@alberguecasapeltre.es, aprile-ottobre, 22 posti, 10 €, uso cucina.
Albergue privato Dos Oito Marabedís, c/ Conde de Lemos 23 (dopo l'albergue Los Blasones, a sinistra), tel. 629.461.770, maggio-ottobre, 24 posti, 10 €, uso cucina.
Albergue privato Mayor, c/ Mayor 64, tel. 671.659.998 / 685.148.474, www.alberguemayor.com, alberguemayor@gmail.com, marzo-ottobre, 16 posti, 10 €, uso cucina.
Albergue privato Oasis, c/ Vigo de Sarria 12 (all'entrata del paese), tel. 982.535.516 / 605.948.644, www.albergueoasis.com, reservas@albergueoasis.com, marzo-ottobre (altrimenti solo su prenotazione), 27 posti, 10 €, uso cucina.
Albergue privato Obradoiro, c/ Mayor 49, tel. 982.532.442 / 647.209.267, www.albergueobradoirosarria.es, reservas@albergueobradoirosarria.es, aprile-ottobre, 28 posti, 8-10 €, uso cucina.
Albergue privato Puente Ribeira, rúa do Peregrino 23, tel. 982.876.789 / 698.175.619, www.alberguepuenteribeira.com, info@alberguepuenteribeira.com, marzo-ottobre, 41 posti, 9-10 €, *bar*.
Albergue privato Alma do Camiño, rúa de Calvo Sotelo 199, tel. 982.876.768 / 629.822.036, www.almadelcamino.com, sarria@almadelcamino.com, chiuso metà dicembre-metà febbraio, 96 posti, da 9 €, uso cucina, colazione.
Albergue privato Credencial, rúa do Peregrino 50, tel. 982.876.455, www.alberguecredencial.es, alberguecredencial@gmail.com, 28 posti, 9 €, *bar*.
Albergue privato Matías, c/ Mayor 4, tel. 683.243.335, anuman43@hotmail.com, 30 posti, 9 €, *bar-ristorante*.
Albergue privato La Casona de Sarria, rúa San Lázaro 24, tel. 982.535.556 / 670.036.444, info@lacasonadesarria.es, www.lacasonadesarria.es, 30 posti, 10 €, colazione.
VILEI: Poco prima di Barbadelo (al km 108 del Cammino)
Albergue privato 108 to Santiago, tel. 634.894.524, www.pension108tosantiago.com, pension108tosantiago@hotmail.com, marzo-novembre, 12 posti, 8-15 €.
Albergue privato Casa Barbadelo, tel. 982.531.934, www.barbadelo.com, info@barbadelo.com, aprile-ottobre, 70 posti, 10 €, piscina, *bar-ristorante*. Un'area ristoro con *distributori automatici*.
BARBADELO: *Rifugio della giunta*, nella ex scuola, tel. 660.396.814 / 982.530.412, 18 posti, 6 €, uso cucina (senza stoviglie).
Albergue privato A Casa de Carmen, vicino all'albergue della giunta, tel. 982.532.294 / 606.156.705, alberguecasadelcarmen@gmail.com, aprile-novembre, 26 posti, 10 €, *bar-ristorante*.
Albergue privato O Pombal, tel. 686.718.732, albergueopombal@gmail.com, Settimana Santa-ottobre, 12 posti, 10 €, uso cucina.
ORTOÁ: *Albergue privato Granxa de Barreiros* (fuori dal Cammino, a circa 4,5 km da Sarria e a 3 km da Barbadelo, l'hospitalero viene a prendervi gratuitamente in queste due località), tel. 982.533.656 / 698.129.000, www.alberguesarria.com, info@granxadebarreiros.com, informarsi prima sull'apertura (non sempre disponibile), 50 posti, 10-18 €, pasti.

Ognuno ora deve farsi il proprio Cammino. S'incomincia con una variante importante, ma ormai ogni tappa presenta possibilità diverse per fermarsi a dormire: d'estate è opportuno scegliere le località intermedie, per evitare per quanto possibile la folla. Ma dipende anche dal tempo, dagli stati d'animo, dalla forza nelle gambe.

Uscendo da Triacastela, al pellegrino si aprono due vie per giungere a Barbadelo: la prima verso destra, in direzione di San Xil, la seconda verso sinistra, in direzione di Samos. La rotta storica, più diretta, è la prima, lungo la valle di San Xil, attraverso villaggi sperduti e una folta vegetazione che a volte crea veri e propri tunnel naturali.

L'opzione per Samos, invece, allunga la tappa di 6,5 km ma è quella che consigliamo (variante molto ben segnata, ma tenete presente che, se optate per questa via, non incontrate quasi nulla prima del monastero, a parte l'albergue di Lusío): si esce da Triacastela prendendo a sinistra e si cammina per circa 40 minuti lungo l'asfalto fino a quando, finalmente, sulla destra, poco prima di San Cristovo do Real, un segnale indica il sentiero che immette in una valle molto bella. Il sentiero attraversa boschi di querce e di castagni, a fianco spesso del río Oribio (che si scavalca un paio di volte) in una successione di saliscendi. Si passano Renche e San Martiño e si incomincia a scendere verso il monastero benedettino di Samos (che si vede dall'alto, prima dell'ultimo tratto in discesa), uno dei più antichi e importanti di Spagna.

Dopo la visita al monastero (ed eventualmente alla cappella del Ciprés), si esce da Samos per la strada in direzione Sarria, lasciando il fiume a sinistra. Si prosegue camminando per la strada fino a Teiguin, dove si prende la piccola strada in salita verso Pascais (attenzione: a Pascais, a un incrocio vicino alla chiesa, c'è una freccia verso la destra che conduce fuori dal Cammino. Bisogna invece fidarsi dei pannelli informativi e non prendere quella direzione). Si seguono le indicazioni verso Gorolfe, Veiga de Reiriz, Sivil e infine Perros/Calvor e Aguiada (dove il Cammino si ricongiunge con quello proveniente da San Xil. Mancano ancora 4,7 km a Sarria).

Se si prende per San Xil, lasciata Triacastela, si segue sulla destra una stradina locale che, in breve, s'immerge in un bel paesaggio ricco di vegetazione. Dopo poco più di 2 km appare la minuscola località di A Balsa (poche case e una chiesetta); un chilometro più in là si passa per il gruppo di case che è San Xil; poi, seguendo un percorso asfaltato (comunque piacevole), si sale all'Alto de Riocabo (900 m). Verso la cima seguiamo il segnale che invita a prendere a destra una piacevole pista su terra. Inizia un tratto molto bello. Dopo Montán (se piove attenzione al sentiero che può essere scivoloso) si scende verso le località di Fontearcuda (e il cippo jacopeo indica che siamo a 121,5 km da Santiago: attenzione ai segnali!), Furela, Pintín, per giungere così al paese di Calvor. Chi decide di prendere questa variante non sottovaluti i tratti in salita. In lontananza si intravede Sarria, che dista circa un'ora seguendo la strada asfaltata.

Volendo si può concludere la tappa anche lì, se si preferiscono le maggiori comodità di una cittadina che offre ogni tipo di servizi; in questo caso si accorcia la tappa di circa 5 km. Se si decide di proseguire, usciti da Sarria percorrendo la rúa Mayor, attraversata la ferrovia, nuovamente il Cammino si immerge in un fitto bosco, in una natura umida e oscura. Non è raro, in Galizia, trovarsi nella nebbia (in qualsiasi stagione), data la forte umidità della zona. Fra queste brume, a volte, si ha l'impressione che possa spuntare improvvisamente qualche elfo. È camminando in questa atmosfera che si arriva, dopo circa un'ora, a Barbadelo.

Da vedere

Monastero di Samos Splendido il colpo d'occhio del monastero dall'alto. Risale al VI secolo (uno dei più antichi in Europa); nel VII secolo il re asturiano Fruela I offrì il monastero, abbandonato a causa dell'invasione musulmana, all'abate Argerico. Dall'XI secolo si osserva la regola benedettina. Il complesso fu presto legato alla storia del Cammino come centro per i pellegrini. Il suo periodo più alto è nel XVI secolo. Durante la guerra contro Napoleone, all'inizio dell'800, fu trasformato in ospedale militare; a metà dell'Ottocento i monaci dovettero abbandonarlo per via delle leggi napoleoniche: vi ritornarono nel 1880. L'attuale complesso, enorme, mescola lo stile rinascimentale a quello barocco e si articola intorno a due chiostri. Il chiostro gotico de las Nereidas, del XVI secolo (con il refettorio, del XVII secolo, e la ricca biblioteca, non aperta al pubblico) e il chiostro de Feijoo (il più grande di Spagna) dedicato allo scrittore e umanista Benito Jerónimo Feijoo che prese l'abito benedettino nel 1690 circa. Gran parte del monastero venne distrutto nel secolo scorso da un incendio e ricostruito. Orari del monastero (solo con visite guidate, una ogni mezz'ora, 3 €): 10-13 e 16.30-19. Domenica e festivi 12.45-13.30 e 16.30-19.

Praticamente di fronte al rifugio (sulla sinistra) la **CHIESETTA DEL SALVADOR** (IX-X secolo), in stile mozarabico. È chiamata anche "cappella del cipresso" per via della pianta secolare (25 metri) che c'è lì accanto.

Sarria Di questa cittadina si hanno notizie fin dal VI secolo. Da vedere, il **CONVENTO DE LA MAGDALENA** (all'uscita del paese), nato con finalità di hospital all'inizio del XIII secolo, forse fondato dai cavalieri di San Giovanni di Gerusalemme. Si conserva ancora in particolare la facciata plateresca. Date uno sguardo anche alla **CHIESA DEL SALVADOR** eretta verso il 1094, a una sola navata e abside semicircolare; e ai resti del **CASTELLO FEUDALE**, distrutto da una rivolta popolare nel XV secolo, nella parte alta del paese.

Barbadelo In questo paesino, niente più che poche case, spicca la **CHIESA DI SANTIAGO DE BARBADELO**: ottimo esempio di romanico galiziano, a una sola navata. Si notano l'unica torre interna (una rarità), a base quadrata, e il portico d'entrata, ricco di simboli e iconografie medievali.

BARBADELO → PORTOMARÍN
27
Portomarín
Vilachá
Pacios
Pedrouzos
A Parrocha
Vilar
Ribas de Miño
C535
Mercadoiro
Treilán
Paradela
Moimentos
As Rozas
A Pedreira
Vileiriz
A Pena
Mirallos
Friolfe
Ferreiros
Morgade
Trebolle
A Brea
Lavandeira
Biville
Peruscallo
Taide
drón
Abeledo
A Serra
meá
O Pico
Tremeado
Barbadelo
C535
Albaredo
Vilei
Arxemil
C546
albero secolare
Padriñán
C546
r do Monte
Sarria
A Veiguiña

27 Da Barbadelo a Portomarín

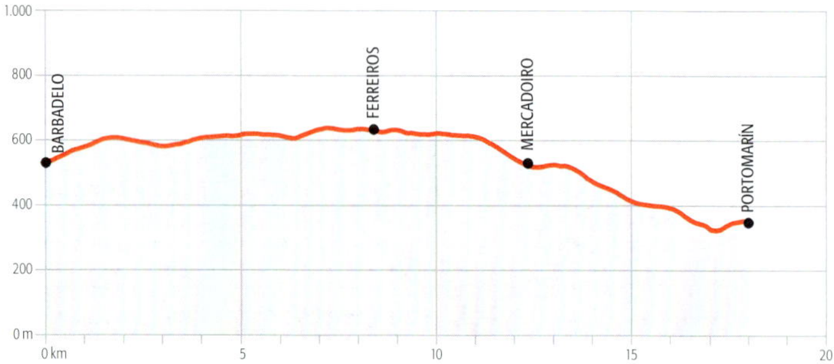

LUNGHEZZA:	**18 km**
DISLIVELLO IN SALITA:	**398 m**
DISLIVELLO IN DISCESA:	**569 m**
TEMPO:	**4 ore e 30 minuti**
DIFFICOLTÀ:	**facile**

Informazioni e servizi

TRA MERCADO DA SERRA E PERUSCALLO (2,8 KM DOPO BARBADELO): *Albergue privato Molino de Marzán*, tel. 679.438.077, www.molinomarzan.com, adm@molinomarzan.com, marzo-ottobre, 16 posti, 10 €, pasti.

MORGADE: Minuscola frazione, dopo Brea. È possibile sostare e cenare nell'*albergue privato Casa Morgade*, piccolo (16 posti, da 10 €) ma con una storia antica, tel. 982.531.250, www.casamorgade.gal, Settimana Santa-fine ottobre.

FERREIROS: *Rifugio della giunta*, piccolo, non particolarmente gradevole; tel. 660.396.815 / 982.157.496, 22 posti, 6 €, uso cucina (ma senza stoviglie).
Albergue privato Casa Cruceiro, tel. 639.020.064 / 982.541.240, casacruceirodeferreiros@gmail.com, casacruceirodeferreiros.blogspot.com.es, marzo-novembre, 24 posti, 10 €, *bar-ristorante*.

A PENA: *Albergue privato Casa do Rego*, tel. 982.167.812 / 626.970.788, www.casadorego.com, casadoregopena@gmail.com, Settimana Santa-ottobre, 6 posti, 10 €, pasti.

MERCADOIRO: *Albergue privato*, tel. 982.545.359, www.mercadoiro.com, info@mercadoiro.com, aprile-ottobre, 22 posti, 12 €, *ristorante*.

PORTOMARÍN: *Albergue della giunta*, all'incrocio dietro la chiesa di San Nicolás, tel. 660.396.816, 110 posti, 6 €, uso cucina.
Albergue privato Ferramenteiro, rúa Chantada 3, tel. 982.545.362, www.albergueferramenteiro.com, info@albergueferramenteiro.com, aprile-ottobre, 130 posti, 10 €, uso cucina.
Albergue privato El Caminante, c/ Sanchez Carro 7, tel. 982.545.176, pensionelcaminante.com, info@pensionelcaminante.com, Settimana Santa-ottobre, 12 posti, 10 €, *bar-ristorante*.
Albergue privato PortoSantiago, c/ Diputación 8, tel. 618.826.515, www.albergueportosantiago.com, 16 posti, 10 €, uso cucina, giardino.
Albergue privato Ultreia, c/ Diputación 9, tel. 982.545.067 / 676.607.292, www.ultreiaportomarin.com, info@ultreiaportomarin.com, 14 posti, 10 €, uso cucina.
Albergue privato Manuel, c/ Rúa do Miño 1, tel. 679.754.718 / 982.545.385, aprile-ottobre, 16 posti, 10 €, uso cucina.
Albergue privato Novo Porto, c/ Benigno Quiroga 12, tel. 982.545.277 / 610.436.736, alberguenovoporto.com,

novoportoalbergue@gmail.com, marzo-novembre, 22 posti, 10 €, uso cucina.
Albergue privato Folgueira, av. Chantada 18, tel. 982.545.166, www.alberguefolgueira.com, info@alberguefolgueira.com, 32 posti, 10 €, uso cucina.
Albergue privato Villamartín, rúa do Peregrino 11, tel. 982.545.054, reservas@hotelvillajardin.com, maggio-ottobre, 22 posti, 10 €, uso cucina.
Albergue privato Casa Cruz, c/ Benigno Quiroga 16, tel. 982.545.140 / 652.204.548, info@casacruzportomarin.com, 16 posti, 10 €, uso cucina e *bar-ristorante*.
Albergue privato Aqua, Barreiros 2, tel. 608.921.372, albergueaquaportomarin@hotmail.com, marzo-novembre, 10 posti, 10 €, uso cucina.
Albergue privato Casa do Marabillas, Camiño do Monte 3, tel. 744.450.425 / 982.189.086, www.casadomarabillas.com, casadomarabillas@gmail.com, marzo-novembre, 21 posti, 15 €, uso cucina.
Albergue-pensión Pons Minea, av. de Sarria 11, tel. 610.737.995 / 686.456.931, info@ponsminea.es, ponsminea.es, aprile-novembre, 24 posti, 10 €, *bar-ristorante*.
Albergue privato Pasiño a Pasiño, rúa de Compostela 25, tel. 665.667.243, pasinapasin.es, alberguepasoapaso@gmail.com, 30 posti, 10 €, uso cucina.
Albergue privato A Fontana de Luxo, c/ Fontedagra 2, tel. 645.649.496, info@afontanadeluxo.com, afontanadeluxo.com, 10 posti, 15 €, uso cucina.
Albergue privato Casona da Ponte, Camiño da Capela 10, tel. 982.169.862 / 686.112.877, casonadaponte@gmail.com, marzo-novembre, 47 posti, 10 €, uso cucina.

Tappa breve ma che mette alla prova per i continui saliscendi. Consolano e aiutano i paesaggi, tra boschi ombrosi e aperture sorprendenti sulle colline e sui pascoli. Portomarín, con il suo attraversamento del río Miño, è tappa storica del Cammino e tuttavia è completamente ricostruito, anche nel suo centro più antico. Il paese, come altri sul Cammino, deve la ragione della sua esistenza al ponte: sorto in epoca romana è poi rinato in epoca medievale proprio a servizio dei pellegrini verso Santiago. Di qui si passava e si passa necessariamente. Se avete gambe e il tempo lo permette, potete proseguire e così accorciare la tappa successiva.

L'aspetto (almeno simbolico) più significativo di questa tappa è l'incontro del cippo che indica che mancano 100 km a Santiago, poco prima di Ferreiros, particolare che ha l'effetto di moltiplicare le energie e la resistenza del pellegrino (nel 2016 è stato spostato più avanti di qualche km perché indicava 105 km anziché 100). Attenzione: se incominciate qui il Cammino, fatevi timbrare la Credenziale un paio di volte al giorno: l'Oficina do peregrino a Santiago certificherà più volentieri il vostro peregrinare quotidiano alla tomba dell'apostolo.

In questo tratto la campagna è un dedalo di sentieri e stradine: stando attenti alle indicazioni e alle frecce gialle non ci si perde. In ogni caso, tutte queste stradine portano a ovest, verso Santiago, e dovesse capitare di prenderne una sbagliata, sicuramente si incontrerà qualche buon contadino disposto a indicare la rotta ideale.

Dopo Rente, località immediatamente successiva a Barbadelo, si segue per Peruscallo, lungo una stradina. Da qui si noteranno, sparse per la campagna o vicino alle case, particolari costruzioni rettangolari in pietra e legno, quasi delle palafitte per bambole, che servono per conservare il mais e la fienagione riparandoli dall'umidità. Sono tipiche della Galizia, si chiamano *hórreos*.

Si oltrepassano Brea, Morgade, Ferreiros, Mirallos/Rozas, Mercadoiro, Parrocha, per arrivare a Vilachá. Si scende quindi verso la valle del río Miño, sulla cui riva opposta sorge Portomarín. Si entra in città attraversando il río Miño su un gigantesco ponte moderno. Vi trovate davanti una scalinata (un bell'ostacolo per chi cammina da tante ore, ma è più l'apparenza che la sostanza, coraggio!): salitela (qui c'è anche il Centro virtual de información al peregrino), date un'occhiata dietro di voi al ponte e al percorso compiuto, e prendete verso destra per la città. Chi se la sente, vista la brevità della tappa, può prolungare fino al paese successivo, Gonzar, che dista 8 km (ma che, al contrario di Portomarín, è isolato e non offre altro che albergue e ristorante).

Da vedere

Portomarín Importante centro medievale, anticamente nominata *Pons Minee* o *Villa Portumarini*. Quando nel 1956 iniziarono i lavori dell'invaso artificiale di Belesar, i resti dell'antica città, che sorgeva su entrambe le rive del río Miño, furono sommersi dall'acqua. Ancora oggi, se le acque del lago artificiale si abbassano, si intravedono alcuni ruderi dell'antico paese.

La nuova Portomarín fu ricostruita nel 1960 nell'attuale posizione sopraelevata, sempre sul río Miño, e gli antichi monumenti trasportati e "rimontati" pietra su pietra con pazienza certosina.

Da visitare la **CHIESA/FORTEZZA DI SAN NICOLÁS**: eretta nel XII secolo per volere dell'ordine dei Cavalieri di San Giovanni di Gerusalemme, deve la sua principale caratteristica al suo aspetto di fortezza. Romanica, ha una sola navata, abside semicircolare, tre portali con un bel rosone sopra quello della facciata. È opera di un allievo di Maestro Mateo (architetto della cattedrale di Santiago e autore del Portico della Gloria): la sua mano si nota nei personaggi del portale principale.

Oltre alla chiesa-fortezza di San Nicolás meritano uno sguardo:

La **CHIESA DI SAN PEDRO**: di passaggio tra il romanico e il gotico, conserva il portale romanico con l'iscrizione della data di consacrazione della chiesa: 1182. A essa erano legati anticamente due hospitales d'accoglienza per i pellegrini.

La **CAPPELLA DE LA VIRGEN DE LAS NIEVES**, all'ingresso del paese: è ciò che resta dell'antica chiesa omonima, che sorgeva presso il ponte medievale. È stata ricostruita vicino al nuovo ponte e montata sopra l'alta scalinata, adagiata su un arco del ponte medievale.

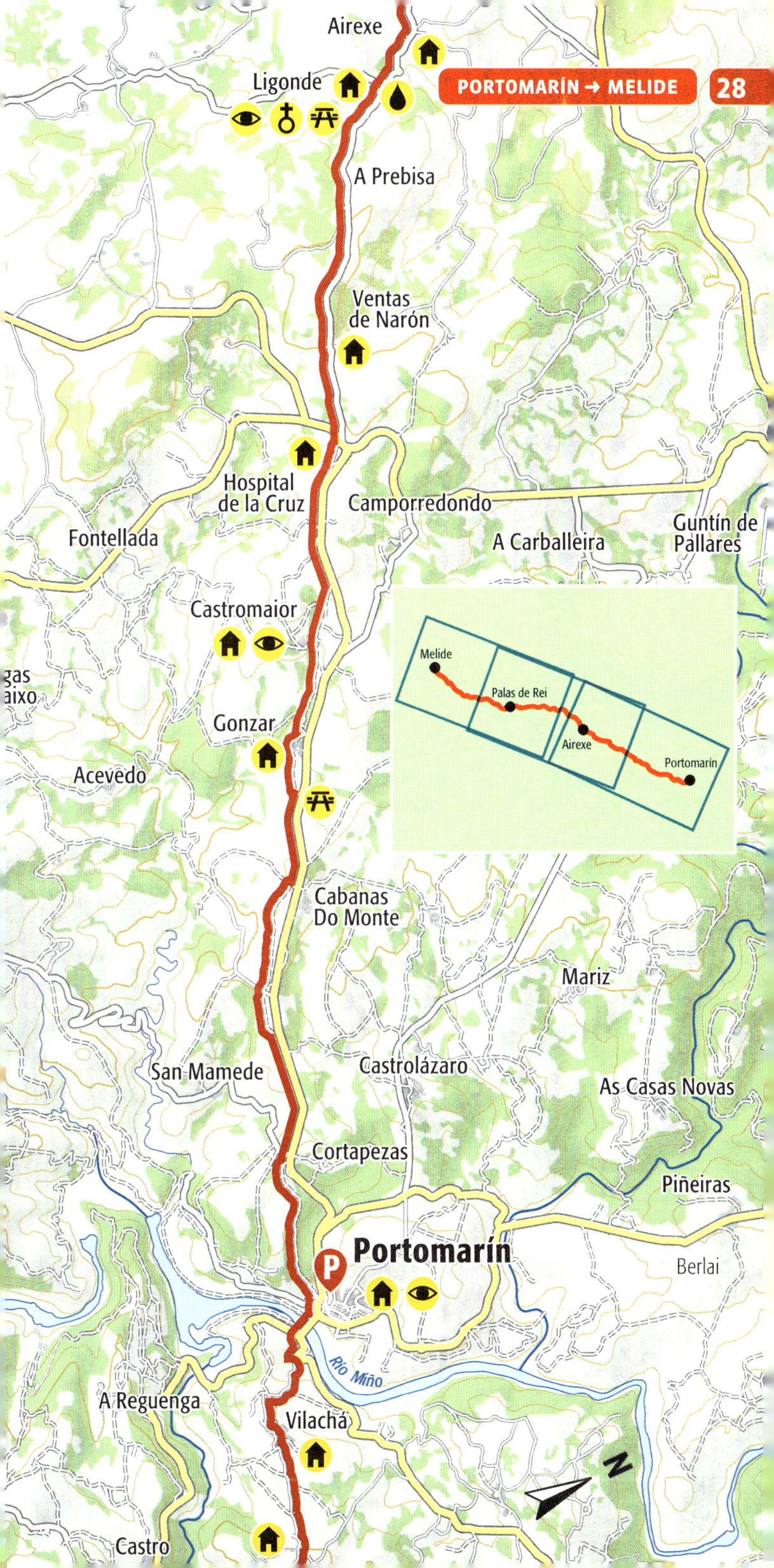
Airexe
Ligonde
A Prebisa
Ventas de Narón
Hospital de la Cruz
Camporredondo
Fontellada
A Carballeira
Guntín de Pallares
Castromaior
Melide
Palas de Rei
Airexe
Portomarín
Gonzar
Acevedo
Cabanas Do Monte
Mariz
San Mamede
Castrolázaro
As Casas Novas
Cortapezas
Piñeiras
Portomarín
Berlai
Río Miño
A Reguenga
Vilachá
Castro

Casanova
Saa
San Cibrao
Pontecampaña
San Pedro
Penasedoira
Leilón
Vilamerelle
San Xiao
San Xusto
Vilarramil
San Vice
Palas de Rei
Filgueira
Salaia
Villareda
O Rosario
As Lamelas
A Brea
Tarrío de Buxergos
Os Valos
Fufín
Lestedo
O Roxed
Portos
Osís
O Outeiro
Vilamaior
Airexe
A Pallota
Ligonde
Aldea de Abaixo
A Prebisa
Montecalvo
Ventas
de Narón
N
Hospital
de la Cruz
Fontelladan
Camporredondo
A Carballeira
Guntín de
Pallares
Castromaior

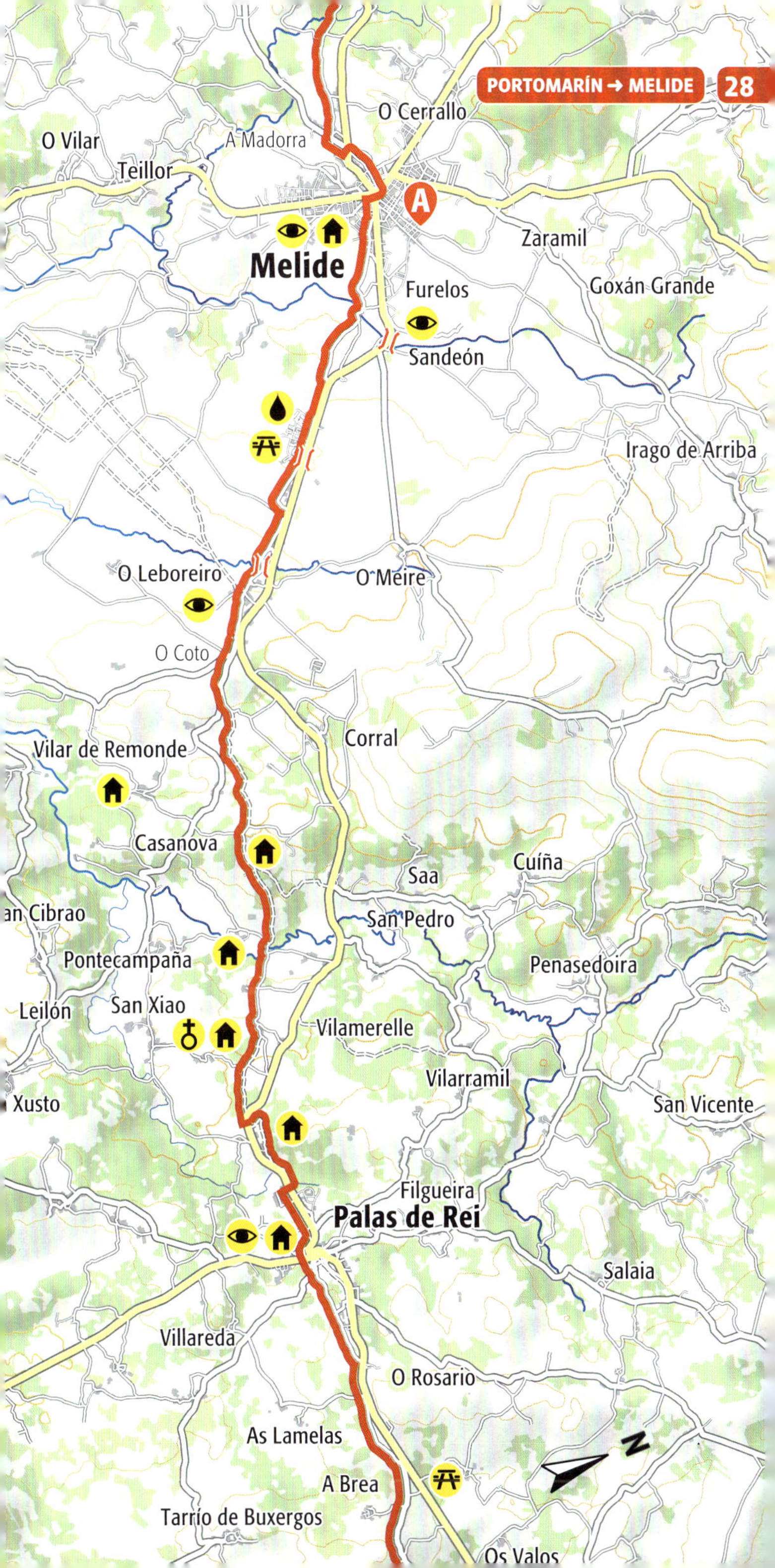

O Cerrallo
O Vilar
A Madorra
Teillor
Melide
Zaramil
Furelos
Goxán Grande
Sandeón
Irago de Arriba
O Leboreiro
O Meire
O Coto
Corral
Vilar de Remonde
Casanova
Cuíña
Saa
an Cibrao
San Pedro
Pontecampaña
Penasedoira
Leilón
San Xiao
Vilamerelle
Vilarramil
Xusto
San Vicente
Filgueira
Palas de Rei
Salaia
Villareda
O Rosario
As Lamelas
A Brea
Tarrío de Buxergos
Os Valos
N

28 Da Portomarín a Melide

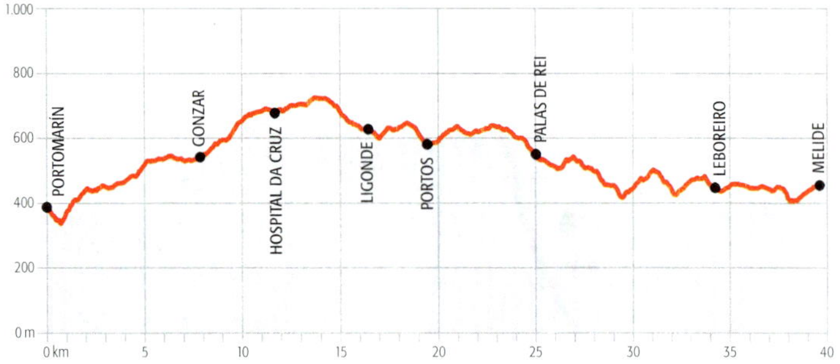

LUNGHEZZA:	**39,6 km**
DISLIVELLO IN SALITA:	**723 m**
DISLIVELLO IN DISCESA:	**655 m**
TEMPO:	**10 ore**
DIFFICOLTÀ:	**impegnativa**

Informazioni e servizi

GONZAR: *Albergue della giunta*, lungo la strada, tel. 982.157.840 / 660.396.817, 30 posti, 6 €, uso cucina.
Albergue privato Casa García (a 30 m dal rifugio), tel. 982.157.842, Settimana Santa-ottobre, 34 posti, 10 €, *bar-ristorante*.
CASTROMAIOR: *Albergue privato Ortiz*, tel. 982.099.416, albergueortiz.com, info@albergueortiz.com, marzo-novembre, 18 posti, 10 €, *bar-ristorante*.
HOSPITAL DA CRUZ: *Albergue della giunta*, all'uscita del paese, 34 posti, 6 €, uso cucina (senza stoviglie).
VENTAS DE NARÓN: *Albergue privato Casa Molar*, all'ingresso del villaggio, tel. 696.794.507, casamolar_ventas@yahoo.es, marzo-ottobre, 18 posti, 10 €.
Albergue privato O Cruceiro, c/ Ventas de Narón 6, tel. 658.064.917, marzo-novembre, 22 posti, 10 €, pasti.
LIGONDE: *Albergue de peregrinos Escuela de Ligonde*, municipale, nella vecchia scuola ben riadattata; tel. 679.816.061 / 982.153.483, 20 posti, 8 €, uso cucina.
Albergue Fuente del Peregrino, gestito dall'associazione protestante Agape; c/ Ligonde 4, tel. 687.550.527, www.lafuentedelperegrino.com, lafuentedelperegrino@agape.org, aprile-settembre, 9 posti, donativo.
Un *bar-ristorante* poco dopo l'albergue municipale.
AIREXE: *Albergue della giunta*, tel. 982.153.483, 20 posti, 6 €, uso cucina (senza stoviglie).
Albergue privato Eirexe, tel. 982.153.475 / 650.965.873, pensioneirexe@yahoo.es, aprile-novembre, 6 posti, 10 €.
PORTOS: *Albergue A Paso de Formiga*, tel. 618.984.605, www.apasodeformiga.com, apasodeformiga@hotmail.com, Settimana Santa-ottobre, 12 posti, 10-12 €, *bar-ristorante*.
PALAS DE REI: *Albergue della giunta (Albergue Os Chacotes)* all'ingresso del paese, in calle As Lagartas, tel. 607.481.536, 112 posti, 6 €, uso cucina (senza stoviglie).
Lungo la strada principale (carretera de Compostela 19) si trova il vecchio *albergue municipale*, tel. 660.396.820, 60 posti, 6 €, uso cucina (senza stoviglie).
Albergue privato Buen Camino, rúa do Peregrino 3, tel. 982.380.233 / 639.882.229, www.alberguebuencamino.com, alberguebuencamino@yahoo.es, Settimana Santa-ottobre, 42 posti, 10 €, *bar-ristorante*.

Albergue privato Mesón de Benito, rúa de Paz, tel. 636.834.065 / 667.232.184, www.alberguemesondebenito.com, info@alberguemesondebenito.com, aprile-ottobre, 78 posti, 10 €.
Albergue privato Castro, av. de Ourense 24, tel. 609.080.655, www.alberguecastro.com, info@alberguecastro.com, 56 posti, 10 €, *bar-ristorante*.
Albergue privato San Marcos, travesía de la Iglesia, tel. 982.380.711 / 606.726.356, www.alberguesanmarcos.es, info@alberguesanmarcos.es, aprile-novembre, 60 posti, 10 €, uso cucina.
Albergue privato Outeiro, plaza de Galicia 25, tel. 982.380.242 / 630.134.357, www.albergueouteiro.com, info@albergueouteiro.com, marzo-ottobre, 50 posti, 10 €, uso cucina.
Albergue privato A Casiña di Marcello, Aldea de Abaixo, tel. 640.723.903, www.albergueacasina.es, albergueacasina@gmail.com, aprile-novembre, 17 posti, 12-15 €, cena comunitaria e colazione.
Albergue privato Zendoira, rúa Amado Losada 10, tel. 608.490.075, info@zendoira.com, zendoira.com, marzo-ottobre (altrimenti solo per gruppi su prenotazione), 56 posti, 10 €, uso cucina, *bar*.
SAN XIAO DO CAMIÑO: *Albergue privato O Abrigadoiro*, in una vecchia casa, tel. 676.596.975, www.abrigadoiro.es.tl, medeagomez@yahoo.es, Settimana Santa-ottobre, 18 posti, 12-14 €, cena e colazione.
PONTE CAMPAÑA: *Albergue privato Casa Domingo*, tel. 630.728.864 / 982.163.226, www.alberguecasadomingo.com, info@alberguecasadomingo.com, Settimana Santa-ottobre, 18 posti, 10 €, cena comunitaria 10 €, giardino, *bar*.
CASANOVA: *Albergue della giunta*, tel. 982.173.483, 20 posti, 6 €, uso cucina (senza stoviglie).
VILAR DE REMONDE: (1,5 km dal Cammino, deviare a sinistra a Casanova) *Albergue Casa Sabela*, tel. 653.251.752 / 609.124.717, 26 posti, 15 € (con colazione).
MELIDE: *Albergue della giunta*, rúa San Antonio, in fondo al paese, tel. 660.396.822, 152 posti, 6 €, uso cucina (senza stoviglie).
Albergue privato O Cruceiro, ronda de A Coruña 2, tel. 616.764.896, www.albergueocruceiro.es, info@albergueocruceiro.es, Settimana Santa-ottobre, 72 posti, 10 €.
Albergue privato Vilela, rúa San Antonio 2, tel. 616.011.375, alberguevilela@gmail.com, marzo-novembre (altrimenti solo su prenotazione), 28 posti, 10-12 €, uso cucina.
Albergue privato Pereiro, c/ Progreso 43, tel. 981.506.314, www.alberguepereiro.com, info@alberguepereiro.com, 45 posti, 10 €, uso cucina.
Albergue privato O Apalpador (di fronte all'albergue pubblico), c/ San Antonio 23, tel. 981.506.266 / 679.837.969, www.albergueoapalpador.com, info@oapalpador.com, 30 posti, 10 €, uso cucina.
Albergue privato Melide, av. Lugo 92, tel. 640.046.428 / 627.901.552, www.alberguemelide.com, alberguemelide@hotmail.com, aprile-ottobre, 42 posti, 10 €.
Albergue privato San Antón, c/ San Antonio 6, tel. 981.506.427 / 698.153.672, www.alberguesananton.com, marzo-ottobre, 36 posti, 10-12 €, uso cucina, bar.
Albergue privato Alfonso II El Casto, av. de Toques y Friol 52-54, tel. 981.506.454 / 608.604.850, alberguealfonsoelcasto.com, info@alberguealfonsoelcasto.com, Settimana Santa-ottobre, 34 posti, 12 €, bar.
Albergue privato Arraigos, cantón de San Roque 9, tel. 600.880.769 / 881.978.663, www.alberguearraigos.com, albergue.arraigos@gmail.com, 20 posti, 10 €, uso cucina, bar-ristorante.
Albergue privato Montoto, rúa Codeseira 31, tel. 646.941.887 / 981.507.337, alberguemontoto@gmail.com, www.alberguemontoto.com, Settimana Santa-ottobre, 48 posti, 12 €, uso cucina.
Albergue privato O Candil, rúa Principal 21,

tel. 639.503.550, info@ocandil.gal, www.ocandil.gal, metà marzo-metà ottobre, 12 posti, 15 € (con colazione), cena, uso cucina.

Per un buon pulpo a la gallega, *pulpería Ezequiel*, nella via da cui si entra in città seguendo il Cammino.

Il primo tratto presenta subito uno strappo, quindi si continua in salita per i primi 13 chilometri. Poi il Cammino alterna rapide discese a nuovi saliscendi: piacevoli quando si è freschi, ma faticosi a fine giornata o se il tempo è inclemente. Tenetene conto, ed eventualmente spezzate la tappa come vi sembra meglio (come tempo di percorrenza, è una delle più lunghe). Ma a questo punto tutto attrae alla meta, e si è più portati ad allungare che ad accorciare le tappe.

Partendo da Portomarín, si scende fino alla strada principale, si prende un ponte per attraversare l'*embalse* (il lago artificiale) de Belesar, e si segue verso Toxibo. Si giunge così, seguendo un sentiero parallelo alla strada, alla piccola località di Gonzar e, dopo una breve salita, a Castromaior.

Da qui in avanti incominciano i boschi di eucalipto dal profumo intenso. Una breve ma dura salita porta su una strada più importante. Si incontrano, a seguire, Hospital da Cruz e Ventas de Narón, quindi si sale all'Alto de Ligonde (730 m), la cui dolce discesa porta al Cruceiro de Lameiros, uno dei crocefissi più interessanti del Cammino. Successivamente si passa per Ligonde (antico e importante luogo jacopeo, dove ancora si conserva un cimitero di pellegrini) e Airexe, si supera l'Alto del Rosario (630 m) e si giunge a A Brea, da dove una piccola strada si congiunge con la N547 che, per fortuna, si riesce a evitare con una pista in terra battuta.

Si arriva all'importante centro di Palas de Rei, dove è possibile eventualmente trovare un'ottima sistemazione o terminare la tappa se si è stanchi. Si esce dalla cittadina camminando nei pressi della N547 e prendendo poi sulla destra il sentiero che porta al piccolo borgo di Carballal; dopo circa tre quarti d'ora si arriva a San Xiao do Camiño (con una chiesetta romanica); si prosegue lungo sentieri lastricati molto belli, attraversando il río Pambre, e arrivando a Casanova; si procede su sentiero fino a sbucare a Coto, sulla strada statale: s'incontrano alcuni bar dove è possibile rifocillarsi e mangiare. Si riprende la strada verso Leboreiro (primo paese della provincia di A Coruña), si supera il río Seco su un ponte medievale (XIV secolo). Poco dopo, il Cammino attraversa la zona industriale di Melide e patisce la vicinanza della N547; ma il paesaggio migliora nei pressi del río Furelos, che si attraversa su un ponte medievale.

Ed ecco infine Melide, che è il centro geografico della Galizia. Tra l'altro, il cosiddetto "Cammino primitivo", che parte da Oviedo, si ricongiunge qui con il Cammino francese.

Il rifugio della giunta è praticamente all'uscita della cittadina.

Da vedere

Castromaior Per gli appassionati di archeologia: con una deviazione di circa 10 minuti dal Cammino si raggiungono i resti, in buono stato, di un castrum romano (da cui il nome del luogo) del I secolo d.C., il periodo in cui Giacomo era in questa zona ad annunciare il Vangelo.

Cruceiro de Lameiros Del 1670, è uno dei crocifissi in pietra più interessanti di tutto il Cammino.

Lo si incrocia prima di Ligonde, vicino a un vecchio, spettacolare, rovere. Sui quattro lati della base si riconoscono i simboli della passione e della morte: il martello, i chiodi, le spine e il teschio.

Sulla sommità invece, sul retro della croce, c'è una Pietà.

Palas de Rei Chiudete gli occhi e non pensateci. Una volta era la penultima tappa del Cammino verso Santiago (secondo il *Codex Calixtinus*), oggi è una cittadina moderna che non ha conservato praticamente nulla del suo passato. Se proprio volete, fermatevi a prender fiato davanti al portale romanico della chiesa di San Tirso; poi via, la tappa è ancora lunga.

Leboreiro Si apprezza l'antico tracciato medievale ben restaurato. Santa María, chiesa romanica di transizione, a una sola navata con abside semicircolare, ruba uno sguardo. Di fronte, l'edificio che fu l'antico hospital per i pellegrini (con lo stemma della famiglia che lo fece costruire). Lì accanto, restaurato, si ammira il "cabazo" de Leboreiro: un grande canestro fatto di legni intrecciati, su base di pietra, che, come gli *hórreos*, serviva per conservare il mais.

Furelos Da ammirare l'antico **PONTE VELHO** ("vecchio", in galiziano), medievale, con quattro arcate, che attraversa il río che dà il nome al paese.

Melide Merita qualche minuto il **MONASTERO-HOSPITAL DE SANCTI SPIRITUS**, eretto nel XIV secolo su precedente più antico. All'interno della chiesa, alcune pitture murali del XV secolo con il Santiago Matamoros. Il Cammino passa accanto alla Capilla de San Roque: a lato quello che è considerato il *cruceiro* più antico della regione (XIV secolo).

29 MELIDE → PEDROUZO

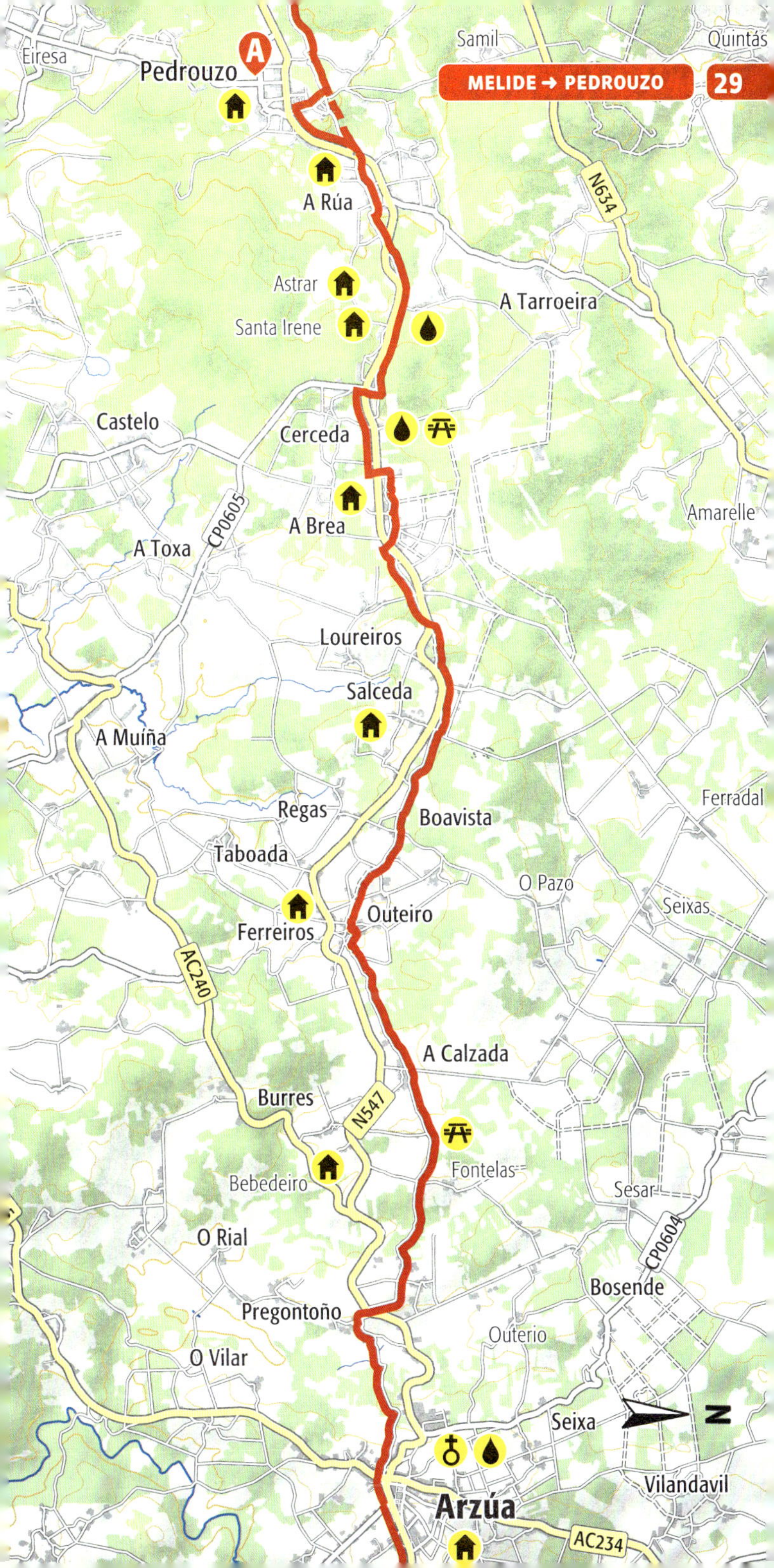
Eiresa
Pedrouzo
A
Samil
Quintás
A Rúa
N634
Astrar
Santa Irene
A Tarroeira
Castelo
Cerceda
A Brea
CP0605
A Toxa
Amarelle
Loureiros
Salceda
A Muiña
Regas
Boavista
Ferradal
Taboada
O Pazo
Seixas
Outeiro
Ferreiros
AC240
A Calzada
Burres
N547
Fontelas
Bebedeiro
Sesar
CP0604
O Rial
Bosende
Pregontoño
Outerio
O Vilar
Seixa
N
Vilandavil
Arzúa
AC234

29 Da Melide a Pedrouzo (Arca)

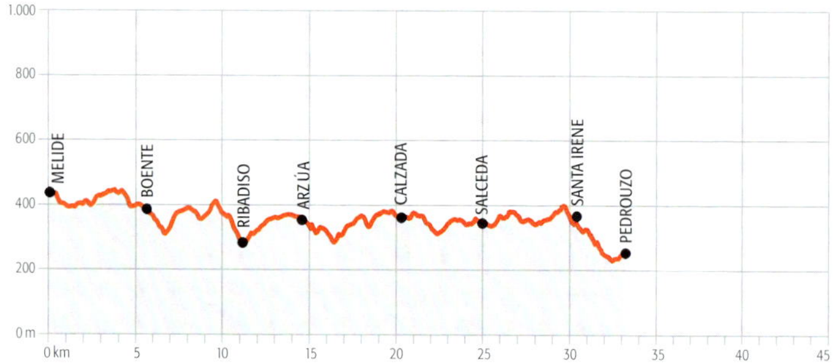

LUNGHEZZA:	**33,2 km**
DISLIVELLO IN SALITA:	**695 m**
DISLIVELLO IN DISCESA:	**894 m**
TEMPO:	**8 ore**
DIFFICOLTÀ:	**media**

Informazioni e servizi

BOENTE: *Albergue privato Boente*, tel. 981.501.974 / 638.321.707, alberguebOente.com, info@ alberguebOente.com, marzo-ottobre, 40 posti, 12 €, colazione e pasti. *Albergue privato Os Albergues*, tel. 981.501.853 / 629.146.826, os_albergues@hotmail.es, marzo-novembre, 30 posti, 11 €, *bar-ristorante*.

CASTAÑEDA: Minuscolo *albergue privato Santiago*, tel. 981.501.711 / 699.761.698, alberguesantiago@hotmail.com, 6 posti, 10-11 € (35 € la camera doppia), *bar-ristorante*.

RIBADISO DA BAIXO: *Albergue della giunta*, ristrutturato, caratteristico perché situato in un gruppo di case in pietra che risalgono al XV secolo. Tel. 660.396.823, 70 posti, 6 €, uso cucina e possibilità di piantare le tende; d'estate è uno dei più belli di tutto il Cammino (e quindi molto popolare). I bagni e le docce sono in edifici a parte, con acqua calda ma senza riscaldamento! *Albergue privato Los Caminantes*, accanto all'albergue della giunta, tel. 647.020.600, albergueloscaminantes.com, info@ albergueloscaminantes.com, Settimana Santa-ottobre, 56 posti, 10 €, uso cucina. *Albergue privato Milpés*, c/ Ribadiso de Baixo 7, tel. 981.500.425, alberguemilpes.com, info@alberguemilpes.com, 24 posti, 10 €, *bar-ristorante*.

ARZÚA: *Albergue della giunta*, in centro paese, in una bella casa in pietra (a fianco della cappella della Magdalena), tel. 660.396.824 / 981.500.455, 56 posti, 6 €, uso cucina (senza stoviglie). *Albergue privato Vía Lactea*, c/ José Neira Vilas 26 (dopo il rifugio della giunta, sulla sinistra), tel. 981.500.581 / 616.759.447, www.alberguevialactea.com, vialacteaalbergue@hotmail.com, 60 posti, 10-12 €, piccola terrazza, uso cucina. *Albergue privato Santiago Apóstol*, av. de Lugo 107, tel. 981.508.132 / 660.427.771, alberguesantiagoapostol.com, santiagoapostolalbergue@hotmail.com, d'inverno solo per gruppi, 72 posti, 10-12 €, uso cucina, *bar-ristorante*. *Albergue privato Ultreia*, av. de Lugo 126, tel. 981.500.471 / 626.639.450, www.albergueultreia.com, info@ albergueultreia.com, 39 posti, 10 €, uso cucina, *bar-ristorante*. *Albergue privato Don Quijote*, av. de Lugo 130, tel. 981.500.139 / 696.162.695, www.alberguedonquijote.com,

alberguedonquijote@hotmail.com, 50 posti, 10 €, *bar-ristorante*.
Albergue privato Da Fonte, rúa do Carmen 18, tel. 604.002.380, www.alberguedafonte.com, alberguedafonte@hotmail.com, aprile-metà novembre, 20 posti, 10-12 € (a seconda della stagione), uso cucina.
Albergue privato Los Caminantes II, c/ Santiago 14, tel. 647.020.600, www.albergueloscaminantes.com, info@albergueloscaminantes.com, Settimana Santa-novembre, 28 posti, 10 €, uso cucina.
Albergue privato De Selmo, av. de Lugo 133, 981.939.018, www.oalberguedeselmo.com, info@oalberguedeselmo.com, Pasqua-metà ottobre, 50 posti, 10-12 €, uso cucina, colazione.
Albergue turístico Arzúa, c/ Rosalía de Castro 2, tel. 981.508.233 / 608.380.011, pensionarzua@gmail.com, chiuso dicembre-gennaio, 20 posti, 10 €, uso cucina.
Albergue privato A Conda, rúa Calexa 92 (Arzúa alta, fuori dal centro), tel. 981.500.068 / 687.926.604, www.pensionvilarino.com, hosvilarino@gmail.com, marzo-novembre, 18 posti, 10 €.
Albergue privato de Camino, C/ Lugo 118, tel. 981.500.415, info@decaminoalbergue.com, www.decaminoalbergue.com, 46 posti, 10-12 €.
Albergue pensión Cima do Lugar, c/ Cima do Lugar 22, tel. 661.633.669, acimadolugar@gmail.com, www.cimadolugar.com, 14 posti, 10-12 €.
Albergue privato The Way Hostel, Cima do Lugar 20, tel. 881.817.716 / 680.969.697, thewayhostel@hotmail.com, www.theway.org.es, 56 posti, 10-17 € a seconda di sistemazione e stagione.
Albergue privato O Santo, Rúa Xosé Neira Vilas 4, tel. 981.500.957, info@albergueosanto.com, www.albergueosanto.com, aprile-ottobre, 22 posti, 12 €, uso cucina.
Albergue privato Casa del Peregrino, c/ Cima do Lugar 7, tel. 686.708.704, 14 posti, 10-12 €, uso cucina.
Albergue privado San Francisco, c/ Carmen 7, tel. 604.069.338 / 696.379.854, info@alberguesanfrancisco.com, alberguesanfrancisco.com, marzo-novembre, 28 posti, 14 €.
Nella cittadina molti *ristorantini* con menu attorno ai 10 €.

BEBEDEIRO: *Albergue privato Camiño das Ocas,* si incontra 5 km dopo Arzúa (c'è un bivio segnalato), al km 68.500 della N-547, e richiede una deviazione di circa 800 m dal Cammino. tel. 648.404.780, www.caminodasocas.com, contacto@caminodasocas.com, marzo-novembre, 30 posti, 12 €, uso cucina, *bar*.

A CALLE DE FERREIROS: *Albergue A Ponte de Ferreiros*, albergueaponte@gmail.com, 30 posti, 13 €, *bar-ristorante*.

SALCEDA: *Albergue turístico Salceda,* a sud di Salceda in un desvío di 350 m a sinistra della N547, tel. 981.502.767, www.albergueturisticosalceda.com, pousadadesalceda@gmail.com, 8 posti, 10-13 €; dentro un complesso turistico con giardini, *bar-ristorante*.
El Albergue de Boni, sulla N547, tel. 618.965.907, elalberguedeboni@gmail.com, Pasqua-ottobre, 20 posti, 12 €, uso cucina.
Albergue privato Alborada, tel. 981.502.956 / 620.151.209, pensionalberguealborada@gmail.com, maggio-ottobre, 10 posti, 12 €, uso cucina.

A BREA: *Albergue privato El Chalet*, tel. 659.380.723, elchaletalbergue@gmail.com, aprile-ottobre, 12 posti, 12 €, chiuso nei weekend, tranne ad agosto.
The Way Hostel, tel. 604.051.353, thewayhostel@hotmail.com, www.thewayhostel.com, 20 posti, 17 €.

SANTA IRENE: *Albergue della giunta*, a ridosso della rumorosa carretera, 36 posti, 6 €, uso cucina (senza stoviglie).
Albergue privato Santa Irene, tel. 981.511.000, aprile-ottobre, 15 posti, 13 €, pasti. Se volete fermarvi qui, fate la spesa prima perché non ci sono negozi. C'è però un *bar-ristorante*.

ASTRAR: *Albergue rural Astrar*, (a 700 m dal Cammino. All'albergue privato di Santa Irene prendere la deviazione a sinistra) tel. 981.511.463 / 608.092.820, www.albergueruralastrar.com, albergueruralastrar@gmail.com, febbraio-novembre, 24 posti, 10-13 €, uso cucina.
A RÚA: *Camping Peregrino O Castiñeiro*, tel. 981.197.125, info@campingperegrino.es, www.campingperegrino.es, aprile-ottobre, 112 posti in ampie tende, 10-12 €, colazione, *bar*.
Albergue privato Espíritu Xacobeo, tel. 620.635.284, albergue@espirituxacobeo.com, www.espirituxacobeo.com, aprile-ottobre, 46 posti, 10-12 €, uso cucina.
PEDROUZO (ARCA): *Albergue della giunta*, av. de Lugo 30 (entrando in paese sulla sinistra), 120 posti, 6 €; molto grande ma molto affollato in estate, come del resto quasi tutti quelli galiziani, uso cucina (senza stoviglie).
Albergue privato Edreira, rúa de Fonte 19, tel. 981.511.365 / 660.234.995, www.albergue-edreira.com, info@albergue-edreira.com, marzo-ottobre, 52 posti, 10-12 €.
Albergue privato Porta de Santiago, av. de Lugo 11, tel. 981.511.103 / 607.835.354, www.portadesantiago.com, portadesantiago@hotmail.com, marzo-novembre, 54 posti, 10 €.
Albergue privato O Burgo, av. de Lugo 47, tel. 630.404.138 / 981.511.406, www.albergueoburgo.es, info@albergueoburgo.es, marzo-novembre, 14 posti, 10 €.
Albergue privato Otero, c/ Forcarei 2, tel. 671.663.374, www.albergueotero.com, info@albergueotero.com, aprile-novembre, 36 posti, 10 €.
Albergue privato Cruceiro de Pedrouzo, av. de la Iglesia, tel. 981.511.371 / 629.518.204, www.alberguecruceirodepedrouzo.com, reservas@alberguecruceirodepedrouzo.com, 94 posti, 10-12 €, uso cucina.
Albergue privato REM, av. de la Iglesia 7, tel. 722.448.211 / 981.510.407, www.alberguerem.com, reservas@alberguerem.com, aprile-ottobre (altrimenti solo gruppi su prenotazione), 40 posti, 10-12 €, colazione.
Albergue privato O Trisquel, rúa do Picón 1, tel. 616.644.740, informatrisquel@gmail.com, marzo-novembre, 78 posti, 10-12 €, uso cucina.
Albergue Mirador de Pedrouzo, av. de Lugo, tel. 686.871.215, www.miradordepedrouzo.com, info@miradordepedrouzo.com, 50 posti, 13-15 €.

L'imminenza di Santiago accende il cuore e rende più veloce il passo; inevitabile considerare quella odierna come una giornata di passaggio. Tappa lunga quindi e, dopo tanti portali e monumenti, tappa anche senz'arte (o quasi). Ci si immerge nel paesaggio, verde e ondulato, che propone l'attraversamento di ruscelli e fiumi. Niente di difficile o di impegnativo, ma, se siete affaticati, non sottovalutate il saliscendi continuo di questi tratti: non siete ancora alla meta.

Usciti da Melide, si superano il cimitero e la chiesa di Santa María de Melide (romanica, del XII secolo, a navata unica). Si entra quindi nel bosco. In poco più di un'ora e un quarto si arriva a Boente e, dopo altre salite e discese, una pista di terra si congiunge a una nuova strada che porta a Castañeda.

Il Cammino è molto bello e in meno di un'ora, dopo il río Iso, si giunge a Ribadiso da Baixo (e al suo rifugio suggestivo, soprattutto d'estate); mancano solo 3 km ad Arzúa, centro più importante dei dintorni, ma arrivarci e attraversare il paese è più lungo di quanto s'imma-

GALIZIA. *Sul Cammino si incontrano gli hórreos, tipiche costruzioni della zona.*

gini: la periferia è lunga e... sconsolante. Una volta fuori, sempre tra salite e discese (*subidas y bajadas*), si attraversano diversi borghi molto simili tra loro. Seguendo a distanza la nazionale, si raggiunge Salceda.

Il percorso continua a duettare, seguendo una pista di terra, con la N547; in questo modo si attraversano le località di Santa Irene (preceduta dall'Alto omonimo) e A Rúa. Poco dopo A Rúa c'è un bivio: le frecce gialle vanno a destra, dove in effetti prosegue il Cammino, ma per entrare a Pedrouzo bisogna andare a sinistra. Tra Salceda e Santa Irene, si incontra un piccolo monumento che ricorda Guillermo Watt, un pellegrino morto qui nel 1993, "a una giornata da Santiago".

Il paesino di Pedrouzo è raccolto tutto intorno alla strada nazionale N547. Il nome di Arca, invece, è di fatto quello dato all'importante rifugio dell giunta (d'estate però fin troppo frequentato). In ogni caso siete a un giorno di Cammino da Santiago.

Pensate: è l'ultima notte sul Cammino, l'ultima notte con gli amici, per molti l'ultima notte prima della meta. Insomma, una notte di vigilia e di veglia. Il viaggio *ad limina Sancti Jacobi* si compie e con esso un sogno, un'avventura, e non sembra vero. La commozione è palpabile, sfidata nella sua intensità dalla folla dei pellegrini, inevitabilmente rumorosa e guascona. Bisogna difendere il silenzio di quest'ultima notte, riservarlo agli amici, o agli ultimi stupori. C'è chi decide di passarla all'aperto, magari più avanti, su quel monte Gozo dal quale una volta gli antichi pellegrini vedevano già le torri della cattedrale.

E ricordate: è comunque una notte breve. L'appuntamento è per domani a mezzogiorno sotto le navate della cattedrale, per la messa del pellegrino (se lo vorrete). Per arrivarci, e non di corsa (sarebbe una follia), bisogna alzarsi molto presto. Ma non si attarda nel sonno il cuore di chi ha desiderato a lungo di vivere questo momento.

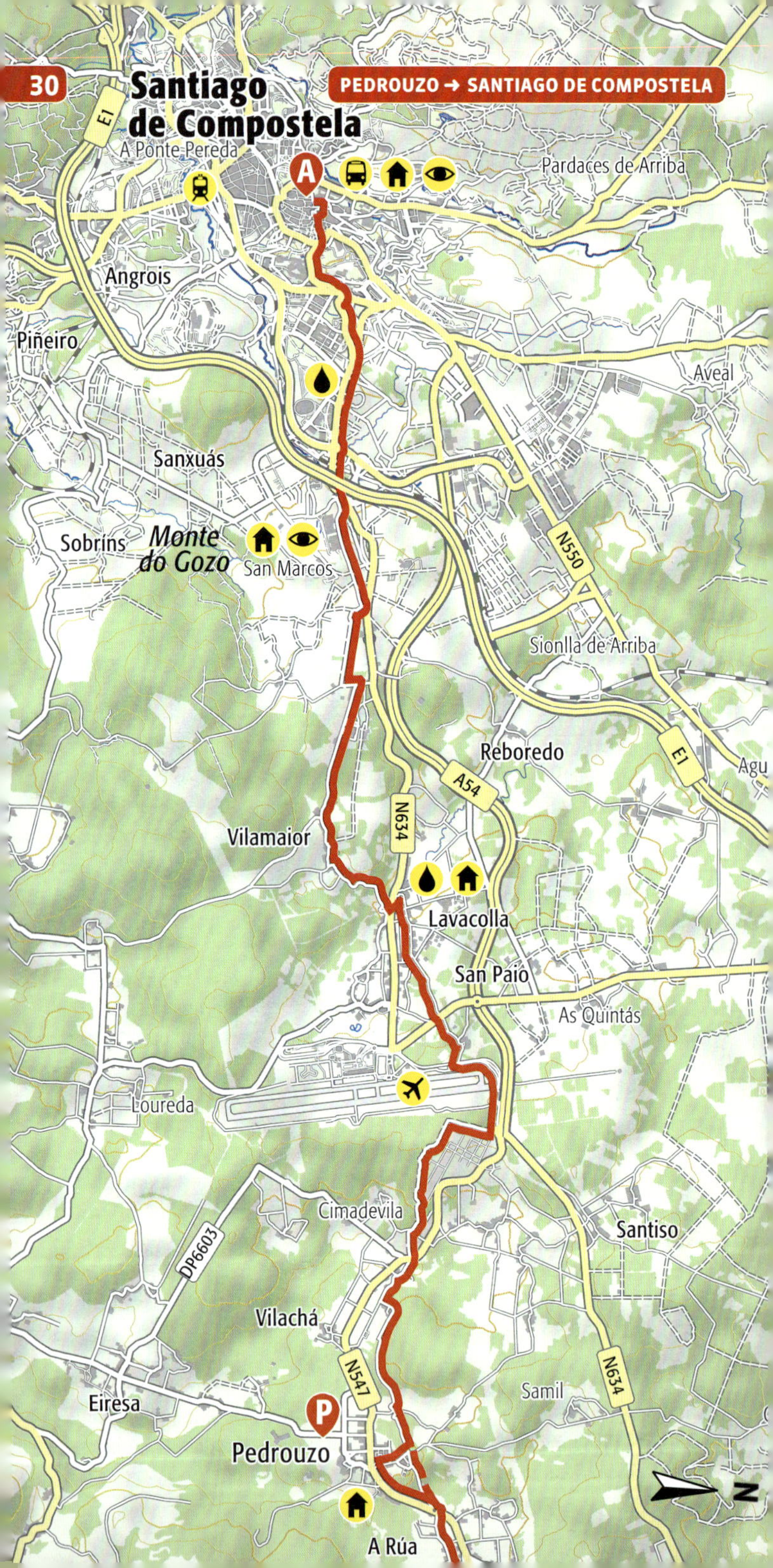
Santiago de Compostela
PEDROUZO → SANTIAGO DE COMPOSTELA
A Ponte Pereda
Pardaces de Arriba
Angrois
Piñeiro
Aveal
Sanxuás
Sobríns
Monte do Gozo
San Marcos
N550
Sionlla de Arriba
Reboredo
A54
E1
N634
Vilamaior
Lavacolla
San Paio
As Quintás
Loureda
Cimadevila
Santiso
DP6603
Vilachá
N547
Samil
N634
Eiresa
Pedrouzo
A Rúa
N

Da Pedrouzo (Arca) a Santiago de Compostela

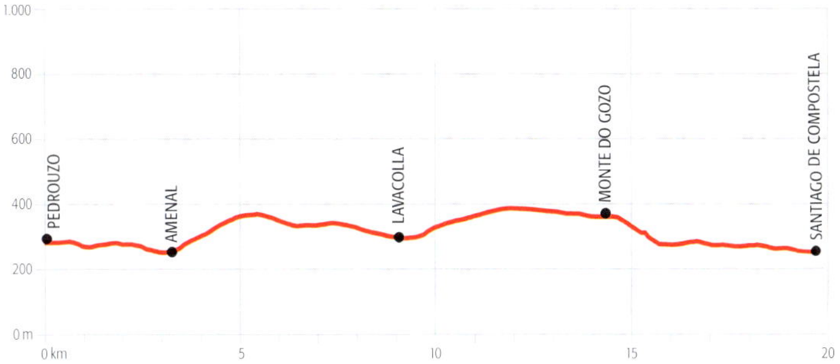

LUNGHEZZA: **19,7 km**
DISLIVELLO IN SALITA: **402 m**
DISLIVELLO IN DISCESA: **429 m**
TEMPO: **5 ore**
DIFFICOLTÀ: **facile**

Informazioni e servizi

LAVACOLLA: *Albergue privato Lavacolla*, tel. 981.897.274 / 653.630.300, reservas@alberguelavacolla.com, www.alberguelavacolla.com, 34 posti, 12 €, uso cucina.
C'è un *supermercato* lungo la strada. Possibilità di mangiare in vari *locali* e di alloggiare presso *hostal privati*.
MONTE DO GOZO: *Albergue della giunta*, carretera Aeropuerto km 2, tel. 660.396.827 / 981.558.942, 400 posti (di più negli anni santi), 6 €. Tante costruzioni a schiera: moderno, comodo, ampio, ma esteticamente brutto. Se possibile evitatelo. Un enorme complesso (assolutamente fuori luogo) offre la possibilità di fare acquisti e di mangiare in una *mensa-ristorante*.
SANTIAGO DE COMPOSTELA: *Residencia de Peregrinos San Lázaro*, di proprietà della giunta di Galizia, proprio all'ingresso di Santiago, vicino al museo pedagogico; tel. 981.571.488, 80 posti, 10 € la prima notte, 7 € la seconda e la terza, uso cucina.
Albergue privato Seminario Menor La Asunción, av. Quiroga Palacios (in posizione decentrata rispetto al cuore della città), tel. 881.031.768, santiago@alberguesdelcamino.com, 177 posti, 10-15 € secondo stagione e sistemazione, uso cucina.
Albergue privato Acuario, c/ Estocolmo 2, tel. 981.575.438, www.acuariosantiago.com, reservas@acuariosantiago.com, aprile-dicembre, 62 posti, 10-12 € (non c'è limite per i pernottamenti), uso cucina.
Albergue Jaime García Rodríguez (Fin del Camino), aperto dalla Fundación Ad Sanctum Iacobum Peregrinatio, rúa de Moscova (all'ingresso di Santiago), tel. 981.587.324, maggio-metà ottobre, 160 posti, 9 €. L'accoglienza è garantita da volontari.
Albergue privato Santo Santiago, rúa do Valiño 3, tel. 657.402.403, www.elsantosantiago.com, elsantosantiago@gmail.com, 40 posti, 10-12 € secondo stagione.
Albergue privato Mundoalbergue, c/ San Clemente 26, tel. 981.588.625 / 696.448.737, www.mundoalbergue.es, info@mundoalbergue.es, 34 posti, 12-17 € secondo stagione, colazione 3 €, uso cucina.
Albergue privato O Fogar de Teodomiro, c/ Praciña Algalia de Arriba 3, tel. 981.582.920 / 699.631.592, www.fogarteodomiro.com, fogarteodomiro@aldahostels.es, 20 posti, 17 €, uso cucina.
Albergue privato Azabache, c/ Azabachería 15, tel. 981.071.254, www.mcarrero.wix.com/azabache-hostel, azabachehostel@yahoo.es, 20 posti, 14-18 € (a seconda della

stagione), uso cucina.
Albergue privato La Salle, Tras de Santa Clara s/n, tel. 981.585.667 / 981.584.611 / 682.158.011, www.hostallasalle.com, info@alberguelasalle.com, 84 posti, 17-20 € a seconda della stagione e della sistemazione.
Albergue privato Meiga Backpackers, rúa dos Basquiños 67, tel. 981.570.846, www.meiga-backpackers.es, info_meiga@yahoo.es, marzo-novembre, 26 posti, 11-15 € (secondo stagione), uso cucina.
Albergue privato La Estrella de Santiago, c/ Concheiros 36/38, tel. 881.973.926 / 617.882.529, www.laestrelladesantiago.es, info@laestrelladesantiago.es, 24 posti, 10-16 €.
Albergue privato The Last Stamp, rúa Preguntoiro 10, tel. 981.563.525, www.thelaststamp.com, reservas@thelaststamp.es, chiuso dicembre-gennaio, 62 posti, 15-18 €, uso cucina.
Albergue privato Roots & Boots, campo Cruceiro do Gaio 7, tel. 699.631.594, www.rootsandboots.es, info@rootsandboots.es, 48 posti, 12-18 € (secondo stagione), uso cucina.
Albergue privato La Estación, rúa Xoana Nogueira 14 (a 500 m dalla stazione ferroviaria), tel. 981.594.624 / 639.228.617, www.alberguelaestacion.com, info@alberguelaestacion.com, marzo-novembre, 24 posti, 13-15 €, uso cucina.
Albergue privato Porta Real, rúa dos Concheiros 10, tel. 633.610.114, reservas@albergueportareal.es, 24 posti, 10-20 €.
Albergue privato La credencial, Fonte dos Concheiros 13, tel. 981.068.083 / 639.966.704, www.lacredencial.es, reservas@lacredencial.es, marzo-novembre, 36 posti, 12-14 €, uso cucina.
Albergue privato Monterrey, rúa das Fontiñas 65 A, tel. 660.939.177 / 655.484.299, alberguemonterrey.es, alberguemonterrey@gmail.com, 36 posti, 10-15 €.
Albergue privato Blanco, c/ Galleras 30, tel. 881.976.850 / 699.591.238, www.prblanco.com, prblanco@prblanco.com, 20 posti, 12-20 €.
Albergue privato Compostela, c/ San Pedro de Mezonzo 28, tel. 628.306.556 / 881.017.840, contacto@alberguecompostela.es, www.alberguecompostela.es, 66 posti, 15 €.
Albergue privato Basquiños 45, c/ Basquiños 45, tel. 661.894.536, albergueb45@gmail.com, www.albergueb45.com, 6 posti, 10-16 €.
Albergue El Viejo Quijote, Rúa dos Concheiros 48, tel. 631.649.910, 22 posti, 13 €.
Albergue privato Santiago Km.0, Rúa Carretas 11, tel. 881.974.992, info@santiagokm0.es, santiagokm0.es, chiuso gennaio-febbraio, 40 posti, 18-26 €, uso cucina.
I pellegrini possono ricevere accoglienza presso l'*Albergue Juan XXIII*, vicino alla chiesa e al convento di San Francisco (messa per i pellegrini tutti i giorni alle 12) e alla cattedrale, tel. 981.581.600, 25 posti. Il progetto è stato pensato da frate Paco Castro Miramontes per offrire un'ospitalità fraterna e di condivisione. Inoltre, ogni sera alle 21.45 viene offerto un momento ecumenico di preghiera per la pace; è un'occasione di raccoglimento speciale sul Cammino.
Santiago offre numerose altre possibilità di alloggio, come le *pensión* e gli *hotel*.
In città ovviamente c'è *ogni tipo di servizio*. Per mangiare sono consigliabili i locali con specialità gastronomiche della zona che si trovano nella città vecchia, tra rúa Nova, rúa do Vilar e rúa do Franco.
In rúa Carretas 33, a pochi passi da praza do Obradoiro, c'è *l'Oficina del peregrino*, l'ufficio d'accoglienza per i pellegrini, presso la nuova struttura del Centro Internacional de Acogida a los Peregrinos, che ospita anche una biblioteca e un centro di documentazione jacopea (tel. 981.568.846, oficinadelperegrino.com). Qui viene rilasciata la Compostela, il documento ufficiale dell'avvenuto pellegrinaggio *pietatis causa*. Per ottenerla bisogna dimostrare di aver percorso a piedi almeno gli ultimi 100 km.

Se non si dichiara di aver percorso il Cammino con finalità religiose o spirituali, al posto della Compostela verrà rilasciato un Attestato di Benvenuto. È possibile anche richiedere il Certificado de distancia (al costo di 3 €), che riporta la via e i km percorsi e il giorno di arrivo.
L'*Ufficio del turismo di Galizia* si trova in plaza Mazarelos 15; l'*Ufficio del turismo di Santiago* è in rúa do Vilar 64.

Ricordiamo inoltre che alla *messa del pellegrino* di mezzogiorno, vengono sempre ricordati il numero e le provenienze dei pellegrini registrati durante le ultime ventiquattr'ore.
È chiaro che se il giorno che si arriva si va alla messa del pellegrino senza aver fatto ancora in tempo a registrarsi e a ritirare la Compostela, si verrà citati durante la stessa messa del giorno successivo.

Ultimi passi. Conosciamo ormai ciò che ci aspetta - o per averlo letto o per averlo sentito raccontare dagli altri pellegrini - ma oggi siamo come il primo giorno, quando abbiamo cominciato a camminare: nessuno ci può dire ciò che è più importante, quel che proveremo, i sentimenti, le emozioni. Oggi siamo noi e il Cammino: non conta nulla quello che abbiamo alle spalle, è solo la certezza che ce l'abbiamo fatta; ora c'è soltanto questa manciata di chilometri, e poi una piazza, dove darsi appuntamento. Uno di fronte all'altro - noi e la grande cattedrale, noi e la meta - siamo come due che si sono tanto attesi e oggi finalmente s'incontrano. Ci si può riconoscere, ma si può anche restare estranei. L'ultimo passo è su un labile confine: interrogarsi e lasciarsi dire che cosa sostiene il cammino della vita. E che cosa ci è d'inciampo. E così, riprendere il cammino dei giorni.

Se non si vuol fare quasi tutta la tappa su asfalto, si consiglia di prendere rúa Concello e di tornare lungo la pista del giorno precedente. Ciò consente di tagliare fuori la nazionale, e di godere ancora una volta della tranquillità della natura. Al campo di calcio si gira a sinistra e si attraversa San Antón; più avanti, si attraversa la N547 prima di Cimadevila. Di nuovo il tracciato si tuffa in un'oscura vegetazione; questo tratto conviene "assaporarlo" perché è l'ultimo a concedere l'intimità di un Cammino interiore e antico.

Il finale del Cammino, purtroppo, non conserva molto della magia e del fascino di un tempo, inglobato e "assorbito" dal cemento in nome della modernità.

Una comoda salita porta all'Alto di Lavacolla (ma il sentiero lo evita); si costeggia l'aeroporto omonimo (è l'aeroporto di Santiago). Il rumore degli aerei porta un po' di malinconia e anticipa una conclusione senza gloria e in mezzo al traffico. Si attraversano, tra numerose salite e discese, le località di San Paio, Lavacolla e Vilamaior. Dopo poco più di 1,5 km, si passa accanto alla sede della tv galiziana e, 800 m più in là, al centro Rtve; si gira di 90° a sinistra e subito dopo a destra, fino a San Marcos, di fronte al quale c'è il Monte do Gozo ("Monte della gioia").

Un piccolo dato storico: a Lavacolla, approfittando del piccolo río che scorre lì, gli antichi pellegrini usavano lavarsi il corpo e i vestiti,

SANTIAGO DE COMPOSTELA. *La maestosa cattedrale, simbolo dell'arrivo.*

quasi a mondarsi dalle fatiche del lungo viaggio e purificarsi, così da presentarsi più degnamente davanti alla tomba dell'apostolo.

Il Monte do Gozo era invece il luogo dove gli antichi pellegrini, scorgendo Santiago, ringraziavano Dio con canti e, talvolta, piangendo. Purtroppo oggi ha perso tutta la sua spiritualità: verrebbe da piangere di rabbia per come questa collina è stata deturpata in nome del turismo o di chissà quale legge di mercato. Il complesso che offre servizi sembra un ipermercato, e il versante che scende verso Santiago è stato scavato (e probabilmente disboscato) per costruirci una serie di bassi e anonimi prefabbricati che sarebbero il rifugio, anzi i "rifugi a schiera" (così li si potrebbe definire). Meglio quindi non pernottare qui, ma passare via velocemente.

Scendendo dall'altura, il Cammino si congiunge definitivamente con la strada asfaltata e, tra i primi cenni di urbanizzazione, traffico e ponti autostradali, dopo meno di un'ora un cartello segnala l'ingresso in Santiago. Il Cammino è perfettamente tracciato: si entra nella città dell'apostolo attraverso la sua parte più moderna (e s'incominciano a incontrare gli albergue per i pellegrini, il primo è il San Lázaro).

Attraverso la Puerta del Camino si entra finalmente nella città vecchia, la "città di pietra". Torna la poesia, la mente si rallegra, il cuore si allieta, la commozione ha il sopravvento.

Pochi passi ancora; si cammina per rúa das Casas Reais, poi per praza Cervantes; rúa da Acibechería conduce fino alla praza da Inmaculada, dove c'è il monastero San Martín Pinario. Finalmente si entra in praza do Obradoiro, passando per l'Arco del Palacio (dove in genere si fermano a suonare i musicisti ambulanti), dominata dalla maestosità della facciata barocca della cattedrale. Ora solo una grande scalinata ci separa dal Portico della Gloria e dalla tomba dell'apostolo san Giacomo. Il Cammino è compiuto, l'impresa è riuscita, la paura di non farcela si è sciolta; ora è tempo di gioia, c'è posto solo per la felicità, la commozione e il ringraziamento. Godetevi il giusto riposo in piazza prima di entrare.

Alla Oficina del peregrino (rúa Carretas 33) si può ritirare la Compostela, la pergamena che certifica ufficialmente l'avvenuto pellegrinaggio: nei mesi più affollati la coda può durare anche diverse ore. Se avete tempo, ritornate a sera o alla mattina presto (dalla Settimana Santa al 31 ottobre l'Oficina è aperta dalle 8 alle 20, altrimenti dalle 10 alle 19).

A gennaio 2019 sono iniziati i lavori di restauro all'interno della cattedrale che si protrarranno per circa 12 mesi. La cattedrale è accessibile dalle 9 alle 20 ma di volta in volta gli spazi interessati dai lavori saranno chiusi al pubblico. Si potrà comunque, come vuole la tradizione, abbracciare la statua di san Giacomo e scendere nella cripta che conserva i resti dell'apostolo (si accede alla cattedrale da praza das Praterías, mentre per il Portico della Gloria l'ingresso è dal palacio de Gelmírez).

Durante i restauri l'appuntamento per la messa quotidiana del pellegrino è alle 12 nella vicina chiesa di San Francisco e, da giugno, anche alle 19 nella chiesa di San Fiz de Solovio (seguita da un momento di preghiera serale per i pellegrini).

Sempre nella chiesa di San Fiz de Solovio, dal lunedì al sabato alle 10.30, viene inoltre celebrata la messa in italiano. Nelle chiese di San Fructuoso, Santa María Salomé e nel Centro Internacional de Acogida a los Peregrinos (Oficina del peregrino) sono previste celebrazioni anche in altre lingue.

La chiesa di Santa María Salomé ospita, tutti i giorni, le messe delle 7.30, 9, 10 e 19 (il sabato anche alle 18 e la domenica anche alle 13 e alle 18). Le principali solennità vengono invece celebrate nella chiesa di San Martín Pinario.

Da vedere

Monte do Gozo È un luogo particolarmente significativo del Cammino (anche se adesso, come già detto, è stato rovinato dalla modernità): da quest'altura infatti i pellegrini, di ieri e di oggi, vedono per la prima volta in lontananza la città di Santiago e le torri della sua imponente cattedrale.

Ecco come Davide Gandini, nel *Portico della Gloria* (edizioni Dehoniane, 1996), racconta del suo risveglio sul Gozo dopo l'ultima notte trascorsa con i compagni accampati all'aperto (all'epoca il Monte do Gozo conservava tutto il suo fascino): "Mi sveglio senza aprire gli occhi, avverto la luce del giorno, e sul viso l'aria del mattino sa d'erba umida e rugiada. Non li apro gli occhi: è come nelle mattine di Natale da bambino, il trepido raccoglimento sotto le coperte gustando l'attesa di vedere i doni. C'è allegria mentre ci ricarichiamo gli zaini e muoviamo i primi passi della giornata, una strana commovente malinconica allegria, l'allegria struggente delle gioie troppo grandi, che non sono eterne. Scendiamo dal Monte do Gozo verso Santiago e intono finalmente il *Te Deum* tenuto in serbo tutto il viaggio per questo preciso momento". Sulla cima del Monte do Gozo c'è anche il monumento che ricorda la visita di papa Giovanni Paolo II nel 1992.

Santiago de Compostela: l'arte e la storia

Santiago, la meta Santiago de Compostela è una città unica, evocativa, carica di fascino, arte e spiritualità. Innanzitutto perché la scoperta del sepolcro dell'apostolo Giacomo, attorno al quale fu fondata nel IX secolo, è la storia/leggenda più fortemente radicata nella Spagna e nell'Europa medievale; poi perché la cosiddetta "città di pietra" è tanto bella da sembrare avvolta in un alone di mistero. Soprattutto quando piove o il cielo è grigio essa assume un aspetto austero, malinconico, ma al tempo stesso accogliente.

È stata dichiarata patrimonio dell'umanità dall'Unesco nel 1985, che ne ha sottolineato così il valore universale forgiato da milioni di pellegrini che, nei secoli, da tutta Europa (e oggi dal mondo), hanno percorso la rotta jacopea per venerare l'apostolo. Questo ha fatto sì che il Cammino di Santiago sia stato dichiarato "primo itinerario culturale europeo".

Ma veniamo alle caratteristiche di Santiago de Compostela: il suo tracciato è tipico della città medievale con le mura (sopravvissero fino alla fine del XIX secolo). La parte antica si articola principalmente lungo la rúa do Franco, la rúa do Vilar e la rúa Nova; varie stradine, vicoli, piazze (*praza*, in galiziano) e slarghi si schiudono per offrire prospettive sorprendenti.

La piantina della città, l'elenco degli alberghi e delle pensioni, e altre informazioni utili possono essere richiesti all'ufficio turistico della città in rúa do Vilar, oppure a quello della Galizia, in praza Mazarelos. Le principali piazze sono:

PRAZA DO OBRADOIRO: merita una citazione particolare; situata sul lato ovest della cattedrale, è il cuore pulsante di quel "museo vivente" che è Santiago. È il luogo dove si sente il battito di ogni ora del giorno e della notte.

Ha monumenti straordinari: la cattedrale (la facciata barocca d'ingresso), il Palacio de Gelmírez, l'Hotel de los Reyes Católicos, il Palacio de Rajoy e il Colegio de San Jerónimo. Malgrado ogni edificio risalga a un periodo diverso, tutti sono impregnati di un'insolita armonia.

La verità è che questa piazza, il cui nome significa "opera d'oro", è meritevole di essere considerata una delle più belle del mondo.

PRAZA DAS PRATERÍAS (de las Platerías, in castigliano): situata sul lato sud della cattedrale, era il luogo dove più erano concentrate le botteghe di argentieri e orefici (il nome della piazza significa infatti "degli argentieri").

PRAZA DA QUINTANA: situata sul lato est della cattedrale; qui anticamente sorgeva un cimitero.

PRAZA DA INMACULADA (anticamente da Azabachería): situata sul lato nord della cattedrale, il suo antico nome significa che qui si radunavano gli artigiani che lavoravano il giaietto (*azabache*, una varietà di lignite dura, di colore nero lucente, adoperata per bottoni e ornamenti).

SANTIAGO DE COMPOSTELA. *Praza do Obradoiro, il cuore pulsante della città.*

Principali monumenti:

LA CATTEDRALE: dalla primavera 2018, dopo lunghissimi anni di restauro, la facciata è finalmente libera dai ponteggi e restituita all'ammirazione dei pellegrini.

La cattedrale è stata ed è la ragion d'essere del pellegrinaggio e di Santiago; in seguito a esso nacque la città. È un prodigio di fusione dell'architettura e della scultura romaniche con quelle barocche. Infatti, sebbene l'aspetto esteriore sia stato modificato da successive riforme fino ad assumere la spettacolare veste barocca che oggi si ammira, l'interno conserva intatti i suoi tratti originali e costituisce l'insieme più prezioso del primo stile monumentale del Medioevo cristiano: il romanico.

I lavori di costruzione dell'attuale cattedrale furono avviati nel 1075, in coincidenza con l'inizio del periodo di splendore di Santiago.

Fondata sotto il vescovado di Diego Peláez e sotto la direzione di Maestro Bernardo "il Vecchio" dove erano esistite anteriori basiliche distrutte da truppe musulmane, la costruzione ricevette nuovo impulso nel 1090. In questo periodo si strinsero i rapporti tra il vescovado locale e l'abbazia di Cluny, e i lavori vennero affidati a Maestro Esteban. Questi progettò un tempio a tre navate di 100 metri di lunghezza e una crociata di tre navate. Partecipò ai lavori anche Bernardo "il Giovane".

Il vescovo Gelmírez, nel 1105, consacrò quasi tutti gli altari della chiesa e i lavori vennero completati nel 1128.

La maestosa e slanciata facciata barocca, detta dell'Obradoiro, fu realizzata (posta dinanzi alla precedente romanica) nel XVIII secolo dall'architetto Fernando Casas y Novoa. Il corpo centrale, definito *retablo de piedra* (pala d'altare di pietra) si erge tra due torri gemelle di origine romanica, trasformate in barocche nel 1670 circa e terminate dallo stesso architetto.

Guardando frontalmente la facciata, quella di sinistra è la Torre de la Carraca, e quella di destra Torre de las Campanas. La facciata sud, detta de las Praterías come l'omonima piazza dove si affaccia, è l'unica che conserva tratti del romanico originale. Fra le statue che la decorano spicca quella di re Davide musicante, che però, originariamente, decorava la facciata opposta, la prima che incontravano i pellegrini, nota come "porta francigena". Nel portale si riconoscono alcune scene della vita di Cristo.

La facciata est, che dà su praza da Quintana, abbraccia l'abside della cattedrale. Qui si trova la Puerta Santa o del Perdón, che viene aperta solo durante gli anni santi. Lateralmente si trova la Torre del Reloj (dell'orologio), iniziata nel 1316 e portata a termine nel XVII secolo da Andrade che diede forma a una delle torri barocche più belle. Un particolare: l'orologio ha solo una lancetta che indica le ore.

La facciata nord, detta "della Azabachería", nell'originale stile romanico era chiamata "del paradiso"; è stata distrutta nel 1758 per far posto all'attuale portale neoclassico di praza da Inmaculada.

Entrando nella cattedrale si resta abbagliati dall'opera più famosa: il Portico della Gloria. Difficile descrivere la bellezza di questo portale d'ingresso. È un gruppo scultoreo romanico così eccezionale da essere definito "il monumento iconografico più completo della scultura medievale", "gloria dell'arte cristiana" e "meraviglia dell'arte universale". Arrivare a contemplarlo dopo tanto cammino e tante difficoltà è commovente.

Opera di Maestro Mateo, fu probabilmente iniziato nel 1188. È formato da tre archi: quello centrale, il più maestoso, è presieduto da Cristo glorioso in trono (secondo la visione dell'Apocalisse di san Giovanni). La sua figura è circondata dai quattro evangelisti; otto angeli portano i segni della passione e altre figure ai lati rappresentano i prescelti. Nell'archivolto sono rappresentati i ventiquattro anziani dell'Apocalisse nell'atto di accordare i propri strumenti musicali.

La colonna centrale (detta "albero di Jesse") raffigura la storia genealogica del Cristo; in cima alla colonna, sotto il Cristo in trono, sta l'apostolo Giacomo, che sostiene una pergamena con la scritta "mi mandò il Signore". Il suo volto, estremamente espressivo, è colmo di bellezza e serenità. Giacomo sembra davvero accogliere i pellegrini che arrivano.

Alla base della colonna cinque solchi invitano ad appoggiare la mano destra, come ringraziamento e richiesta di benedizione o di grazia all'apostolo: per secoli i pellegrini hanno compiuto questo gesto semplice e concreto alla conclusione del loro cammino; insieme all'abbraccio alla statua di san Giacomo sull'altare maggiore, alla visita alla tomba nella cripta, alla messa di mezzogiorno e al Botafumeiro, il toccare la colonna dell'"albero di Jesse" faceva parte dei riti di conclusione del Cammino, "gesto di solidarietà e comunione e impegno per un mondo più giusto e fraterno, tutti uniti nella storia della salvezza" (frate Paco Castro Miramontes).

Ai piedi della colonna, dalla parte opposta a quella di Giacomo, c'è la statua che autoritrae Maestro Mateo: in ginocchio, con una mano al petto, guarda verso l'altare maggiore con atteggiamento da peni-

SANTIAGO. *Ingresso alla città vecchia.*

tente; sulla sua pergamena si può leggere la scritta "architectus": la devozione popolare ha ribattezzato la scultura "O santo dos croques" (il santo dei bernoccoli). Era infatti usanza dare tre piccoli colpi con la testa a questa statua per ottenere un po' della saggezza e dell'umiltà di Maestro Mateo.

In effetti il Portico è una grandiosa rappresentazione delle sacre scritture. Sull'arco di sinistra ci sono episodi dall'Antico Testamento; le colonne sottostanti rappresentano i profeti (Daniele, in particolare, si riconosce subito perché è il più sorridente; ma tutte le statue hanno un volto sereno, e nonostante la fissità della pietra sono tutte "in movimento", rivolte le une alle altre: sembrano quasi dialogare tra loro).

Sull'arco di destra sono rappresentati Dio Padre e Dio Figlio al centro, nel giudizio universale, con gli eletti a destra e i condannati a sinistra; le colonne sottostanti hanno statue che rappresentano gli apostoli.

Una particolarità: il Portico resta ancora un libro aperto da comprendere fino in fondo. Siamo infatti abituati a pensare a esso soprattutto come a un gruppo scultoreo: in realtà Maestro Mateo, che è architetto, lo immagina e lo realizza innanzitutto come uno "spazio", con la cripta sottostante, il Portico stesso e la tribuna (al "piano" superiore): la cripta è lo spazio della terra (e nelle chiavi delle volte, nel "cielo" della cripta, lì dove si incrociano gli archi, sono infatti rappresentati il sole e la luna); sopra esso c'è la Gloria (il Portico) e, sopra ancora, la tribuna nella cui chiave (bisogna alzare lo sguardo, dentro la cattedrale, spalle all'altare maggiore) si intravede scolpito l'Agnello (simbolo dell'amore salvatore del Cristo e quindi del paradiso).

Per dieci anni, dal 2009, il Portico della Gloria è rimasto coperto da ponteggi e transenne. Il 2 luglio 2018 è stato finalmente riaperto, dopo un lungo e straordinario restauro che ha portato alla luce i colori di un tempo. Generazioni di pellegrini hanno visto il Portico praticamente in "bianco e nero"; soltanto negli ultimi anni le analisi avevano dimostrato che, fin dall'inizio, il gruppo scultoreo era policromo. Anzi, sono tre le stratificazioni di colore che hanno attraversato i secoli, la prima di epoca medievale (le tracce sono soprattutto sugli angeli), la seconda datata XVI secolo, in occasione degli importanti lavori di ristrutturazione della cattedrale, e la terza del XVII secolo, con successivi interventi "restaurativi" che hanno però contribuito al deperimento dei materiali e dei pigmenti stessi. E così, per decenni, tutti noi abbiamo visto il Portico nelle tinte della pietra: ora il lungo intervento di ripristino conservativo ci restituisce tutte le tracce di colore ancora presenti, e l'effetto è sorprendente, emozionante. Uno spettacolo, se possibile, da non perdere.

Da settembre 2018 il Portico è stato nuovamente isolato per proteggerlo dai lavori di restauro che interessano la cattedrale e dovrebbero concludersi entro l'anno santo 2021. Il flusso dei visitatori è regolamentato come segue: in gruppi di 25 persone si può accedere al Portico entrando dal palacio de Gelmírez e passando per i locali del museo della cattedrale dedicati a Maestro Mateo. Per i pellegrini il costo della visita guidata è di 8 € (ore 9-20 aprile-ottobre, ore 10-20 novembre-marzo, prenotare alla biglietteria del museo o sul sito www.catedraldesantiago.es). È prevista una fascia oraria per le visite gratuite (lun-sab 19-20), durante la quale il primo gruppo è costituito esclusivamente da pellegrini; i biglietti per questo gruppo sono distribuiti presso l'Oficina del peregrino. La domenica le visite gratuite (18.30-20) sono invece riservate ai cittadini di Santiago.

Fin qui il Portico della Gloria. Ma c'è anche tutta la cattedrale da scoprire e gustare con calma. Percorrendo le navate da sinistra, ecco le cappelle più importanti: la cappella del Cristo di Burgos, della Comunione, di Santa Catalina, della Corticela, di San Andrés e la Mayor. Girando intorno a quest'ultima (sempre da sinistra a destra) si incontrano ancora la cappella di San Juan Apostolo, de Nuestra Señora la Blanca, del Salvador, de la Azucena. Tra queste ultime due si trova la Porta Santa che si apre negli anni santi.

Merita una particolare citazione la Capilla Mayor: posta dietro l'altare maggiore, ha elementi decorativi del XVII secolo e conserva il prezioso busto di san Giacomo al quale si accede salendo una scaletta. Il busto è del 1211, abbigliato con vestiti e gioielli del XVII secolo; san Giacomo ha un'espressione commossa, quasi in risposta all'abbraccio che i pellegrini usano dargli a ringraziamento dell'avvenuto pellegrinaggio. Abbracciata la statua di san Giacomo, scendendo dal lato opposto, si accede alla sottostante cripta dove, in un'urna d'argento, cesellata in stile romanico, sono conservate le reliquie del santo. La cappella e l'altare maggiore ricevono luce dalla cupola sovrastante, ottagonale, del 1445, dalla quale pende il Botafumeiro, il gigantesco turibolo dell'incenso che viene fatto oscillare spettaco-

SANTIAGO. *La grande facciata del monastero di San Martín Pinario.*

larmente da un estremo all'altro della navata a crociera nei giorni di solenni celebrazioni.

Lungo la navata centrale, poggiati sulle colonne che appartenevano a un coro del XVII secolo, si trovano i due organi della cattedrale, opera di Manuel la Vina, del XVII secolo.

Annesso alla cattedrale c'è il chiostro: del XVI secolo, fu progettato dai migliori architetti del momento. Gaspar de Arce lo portò a termine con la splendida veranda che si affaccia su praza do Obradoiro. Ospita un importante museo; sono presenti l'archivio (dove è conservato il *Codex Calixtinus*), la biblioteca, la sezione archeologica, arazzi di pregevole fattura e altre opere di rilievo.

È possibile seguire visite guidate. Per prezzi e combinazioni varie, consultate il sito www.catedraldesantiago.es. Visto l'afflusso dei visitatori, meglio iscriversi appena arrivati a Santiago (chiedere nella cripta, sotto la scalinata monumentale della facciata) oppure online, qualche giorno prima dell'arrivo, sempre sul sito. In alcuni periodi, alcune zone potrebbero non essere accessibili, a causa dei lavori di restauro.

Il **PALACIO DE GELMÍREZ** fa da contrappunto al chiostro della cattedrale. Fu eretto per volere del vescovo Gelmírez nel 1120 ed è uno dei migliori esempi di romanico civile in Spagna. La facciata, sovrapposta alla precedente, è del XVIII secolo. Al suo interno spicca il Salón Sinodal, fatto costruire dal vescovo Arias nel 1260.

L'**HOSTAL DE LOS REYES CATÓLICOS**, costruito nel 1492 per accogliervi i pellegrini e gli ammalati, è oggi uno degli hotel più lussuosi di Spagna. Molto bello il portale d'ingresso riccamente scolpito. I balconi e le finestre sono rifiniti in stile rinascimentale e barocco.

Il **PALACIO DE RAJOY**, si erge di fronte alla cattedrale. Fu costruito verso la metà del XVIII secolo. Nel corpo centrale della struttura sono rappresentati la battaglia di Clavijo e un Santiago Matamoros. È oggi sede del governo galiziano e del comune compostelano.

La **CASA DEL CABILDO**, edificio barocco con facciata progettata da Fernández Sarela nel 1758, eretta a scopo ornamentale. Delimita la praza das Praterías, al centro della quale si trova la fuente de los Caballos, del 1825.

La **CASA DEI CANONICI O "CONGA"**, costruita da Andrade nel 1709 come residenza capitolare, è circondata da portici che la separano dalla praza da Quintana.

Il **MONASTERO BENEDETTINO DI SAN PELAYO DE ANTEALTARES** situato in praza da Quintana di fronte alla dinamica abside della cattedrale e alla Porta Santa; contrasta con esse per la severità delle sue mura granitiche. Le facciate attuali sono del XVII secolo, opera di Melchor de Velasco. È uno dei monasteri più antichi della città, fondato da Alfonso II nel IX secolo per custodire la tomba dell'apostolo appena scoperta. Bella la chiesa. Da vedere: il museo, con il primo altare eretto, secondo la tradizione, dai discepoli di san Giacomo nel I secolo d. C.

Il **MONASTERO E LA CHIESA DI SAN MARTÍN PINARIO**: il monastero, fondato nel 912, fu ricostruito nell'attuale forma a partire dal XVI secolo; la facciata fu terminata nel 1738. La chiesa che presiede l'omonima piazza (è di fronte a quella della Inmaculada) merita una visita per apprezzarne lo stile barocco compostelano.

La facciata plateresca fu ultimata nel 1652, opera di Mateo López e Gonzales Arajo; all'interno spicca il *retablo* dell'altare maggiore.

Il **CONVENTO E LA CHIESA DI SAN FRANCISCO**, vicini a San Martín: ricordano il pellegrinaggio del santo di Assisi avvenuto tra il 1213 e il 1215. L'attuale convento e i chiostri sono del XVII secolo, la chiesa del XVIII. A chi li visita, i francescani rilasciano una sorta di loro Compostela, il Memorandum (bisogna presentare la credencial).

Dalla navata di sinistra della chiesa, si accede a un chiostro dove è allestito il Museo de Terra Santa (3 €), con reperti archeologici, manufatti e informazioni relative alle tre fedi presenti in quella terra tanto tormentata, dal Paleolitico ai giorni nostri.

Per altre opere o monumenti rimandiamo a testi specifici sulla città. Può essere utile anche scaricare l'applicazione gratuita Santiago Turismo, con informazioni sulle risorse turistiche e gli eventi culturali.

Aggiungiamo solo un consiglio per allietare il pellegrino dopo tanto peregrinare. È giusto festeggiare il raggiungimento della meta. A questo proposito non perdetevi le specialità gastronomiche della Galizia: si basano tutte su piatti semplici, genuini e caserecci (molto pesce). Il più caratteristico e più legato alla tradizione regionale è, assolutamente da non perdere, il *pulpo a la gallega* (polpo alla galiziana) o *pulpo a feira*; pensate che in Galizia esistono locali che si chiamano *pulperías* specifici per la degustazione del polpo. Nel centro storico di Santiago non si contano i ristoranti dove apprezzare tutto l'anno la cucina locale.

IL CAMMINO DI FINISTERRE

A Finis Terrae!

La peregrinazione jacopea in quanto tale si conclude nella città di Santiago de Compostela. Tuttavia, fin dal tempo della scoperta del sepolcro dell'apostolo, alcuni decidono di prolungare il Cammino fino alla Costa de la Muerte, la zona più occidentale della Galizia, di fronte alle acque dell'oceano Atlantico. Il nome, "Costa da Morte" in galiziano, racconta della pericolosità di queste acque e dei numerosi naufragi che vi si sono consumati (il più famoso in epoca moderna e il più grave per le conseguenze ambientali, quello della petroliera Prestige nel 2002).

Le ragioni di questo prolungamento rispondono a vari motivi; la Costa della Morte era per gli antichi, e lo fu fino alla fine del Medioevo, l'ultimo lembo di terra conosciuta, la punta più occidentale dell'Europa continentale, il tratto finale di un itinerario segnato in cielo dalla Via Lattea, un luogo mitico e simbolico che aveva nella mole del Cabo de Finisterre la sua parte più estrema. Un luogo carico di ogni tipo di credenza e riti pagani, dove i romani (nel II secolo a.C.) si raccolsero a vedere il sole sparire nell'enorme Oceano Tenebroso che si apriva davanti a loro.

La cristianizzazione di queste terre iniziò forse intorno al VI secolo.

A partire dal XII secolo il *Codex Calixtinus* vincola ufficialmente queste terre alla tradizione jacopea; questa tradizione sembra sia anche legata a due delle devozioni più popolari in Galizia.

Si tratta del Santo Cristo di Finisterre al quale si dice che "accorrevano molti pellegrini che venivano dalla tomba dell'apostolo attratti dal fatto di potersi prostrare davanti al Figlio di Dio in un luogo così estremo dopo essere stati a Santiago", e la Vergine della Barca (Virgen de la Barca) nella vicina costa di Muxía. Inoltre non dimentichiamo che, come già detto in questa guida, più semplicemente molti pellegrini, dopo essere stati a Santiago, si recavano sulla costa galiziana per raccogliere le conchiglie dette capesante, a testimonianza di essere stati davvero fino a quelle lontane terre.

La distanza che separa Santiago de Compostela da Cabo de Finisterre (seguendo il cammino a piedi) è di circa 90 km, quindi 3 giorni di cammino. Sono tappe molto belle e tranquille.

A seguire la descrizione delle 3 tappe da percorrere, con la variante a Muxía.

Ma a Finisterre (*Fisterra* in galiziano e *Finis Terrae* in latino) si può, volendo, anche arrivare in autobus da Santiago (partendo al mattino e tornando la sera). Per il tragitto ci vogliono circa 3 ore.

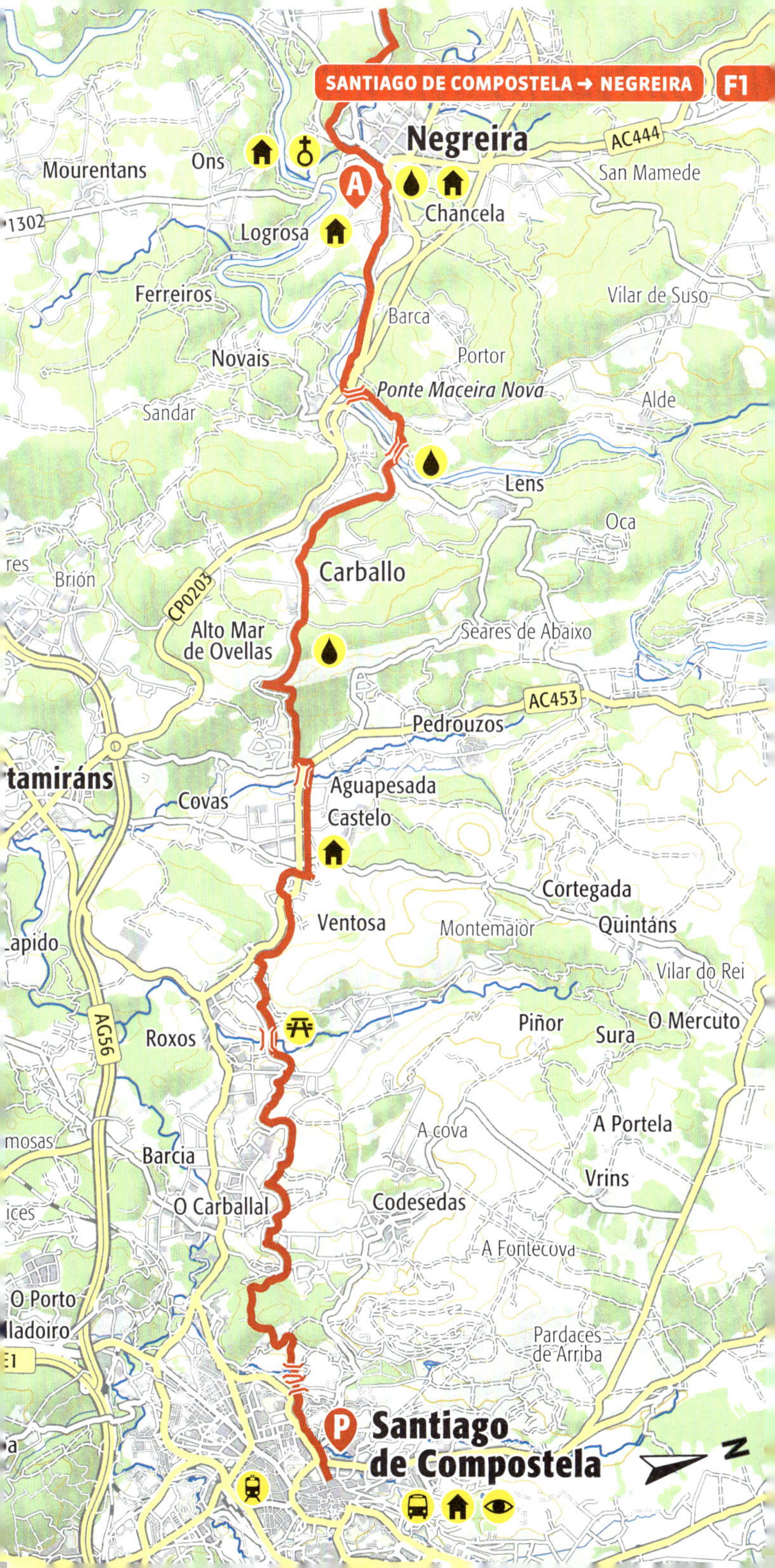

SANTIAGO DE COMPOSTELA → NEGREIRA
F1
Negreira
AC444
San Mamede
Mourentans
Ons
Chancela
1302
Logrosa
Ferreiros
Vilar de Suso
Barca
Portor
Novais
Ponte Maceira Nova
Alde
Sandar
Lens
Oca
Brión
CP0203
Carballo
Alto Mar
de Ovellas
Seares de Abaixo
AC453
Pedrouzos
Aguapesada
Covas
Castelo
Cortegada
Ventosa
Montemaior
Quintáns
Vilar do Rei
AG56
Roxos
Piñor
Sura
O Mercuto
A cova
A Portela
Barcia
Vrins
O Carballal
Codesedas
A Fontecova
O Porto
Pardaces
de Arriba
Santiago
de Compostela
N

F1 Da Santiago de Compostela a Negreira

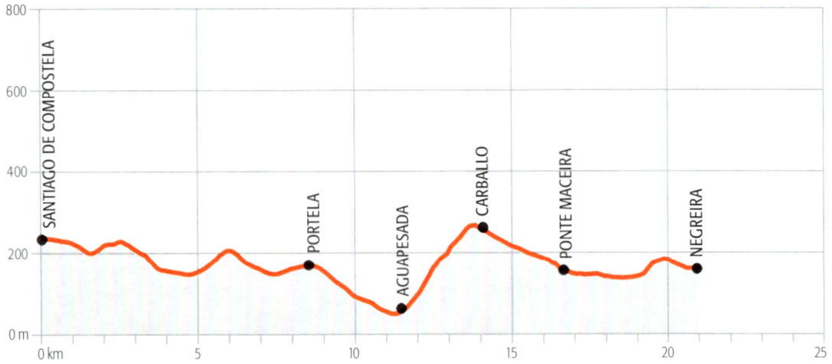

LUNGHEZZA:	**21 km**
DISLIVELLO IN SALITA:	**574 m**
DISLIVELLO IN DISCESA:	**660 m**
TEMPO:	**6 ore**
DIFFICOLTÀ:	**facile**

Informazioni e servizi

A Santiago, all'ufficio del turismo trovate carte dettagliate delle prossime tappe e opuscoli della giunta di Galizia sul Cammino per Finisterre.

CASTELO: *Albergue privato Casa Riamonte* (dopo Ventosa, prendere a destra la strada che va verso Ameixenda; dista circa 600 m dal Cammino), tel. 981.890.356 / 629.740.742, www.riamontes.com, riamonte@telefonica.es, marzo-ottobre, 6 posti, 12 €, uso cucina, cena e colazione.

LOGROSA: A Chancela, ultimo paese prima di Negreira, prendere la deviazione per Logrosa. Sono circa 700 m.

Albergue privato Logrosa, tel. 981.885.820 / 662.680.588, 20 posti, 17 €, cena.

CHANCELA: *Albergue privato Anjana*, c/ Chancela 39, tel. 607.387.229 / 667.204.706, www.anjanaalbergue.wix.com/anjana-albergue, albergue.anjana@gmail.com, aprile-settembre, 18 posti, 12 €.

NEGREIRA: *Albergue della giunta*, si trova oltre la cittadina in un edificio recente in rúa Patrocinio, tel. 664.081.498, 22 posti, 6 €, con cucina, carino. C'è posto per dormire anche nella palestra. Suggeriamo di fare la spesa al supermercato prima di andare all'albergue (che si trova circa 15 minuti dopo il centro).

Albergue privato San José, rúa de Castelao 20, tel. 881.976.934, info@alberguesanjose.es, www.alberguesanjose.es, marzo-novembre, 50 posti, 12 €, uso cucina.

Albergue privato Alecrin, av. Santiago 52, tel. 981.818.286, www.albergueennegreira.com, alecrin@alberguenegreira.com, Settimana Santa-novembre, 40 posti, 12 €, uso cucina, *bar-ristorante*.

Albergue prvivato Lua, av. Santiago 22, tel. 698.128.883, alberguelua@gmail.com, marzo-ottobre, 40 posti, 12 €, uso cucina.

Albergue privato El Carmen, c/ del Carmen 2, in centro, tel. 636.129.691 / 981.881.652, www.alberguehostalmezquita.com, lamezquitanegreira@hotmail.com, 34 posti, 12 €, *bar-ristorante.*

Albergue Bergando, Monte Bergando, tel. 659.447.204, alberguebergando@gmail.com, aprile-ottobre, 28 posti, 15 €, uso cucina.

In paese si trova un po' di tutto (*bar, alimentari, servizi di base*) ed eventualmente è possibile alloggiare nelle locali pensioni.

Arrivare a Finis Terrae, lì dove la terra finisce e non si può camminare oltre perché poi, a Ovest, c'è solo l'Oceano. Ci sono diversi motivi per toccare Finisterre o Muxía, con 3 o 4 giorni di cammino ulteriore. Il primo è la curiosità. Poi c'è anche qui una tradizione antica, di pellegrini che giungevano fino all'Oceano. E infine, per ritrovare subito la solitudine e in certi casi l'ebbrezza del Cammino. L'andare e il restare non siano però in contraddizione: tutto il Cammino è stato, di tappa in tappa, un passare oltre, un non fermarsi, per giungere il prima possibile a Santiago. Ora, arrivati, c'è la possibilità di darsi il tempo per entrare in intimità con la città, per camminare in profondità nei luoghi, nella storia, nell'arte, nella fede. Non passate subito oltre.

La tappa non presenta difficoltà; tenete conto però del continuo saliscendi del terreno che, a fine giornata, si farà sentire nelle gambe. Da praza do Obradoiro, guardando la facciata dell'Hostal de los Reyes Católicos, si prende a sinistra una breve discesa che porta a passare davanti alla chiesa barocca di San Fruttuoso (Froitoso). Sempre scendendo dritti, si imbocca la lunga rúa das Hortas (si ritrovano comunque da subito le frecce gialle), al termine della quale si arriva in Campo das Hortas e a seguire in rúa da Poza de Bar; poco dopo si incontra una deviazione a destra (attenti qui alle frecce gialle) e si attraversa un piccolo parco detto la *carballeira* (querceto) di San Lourenzo.

Siamo ormai nel tracciato semiurbano della città e, dopo ancora un po' di discesa, si oltrepassa il piccolo río Sarela lasciando definitivamente alle spalle Santiago ed entrando in aperta campagna. Il Cammino prosegue ora, ben segnalato, su un sentiero vero e proprio tra boschi di eucalipti e querceti. Si incontrano via via alcuni piccoli centri (Moas, Carballal, Ventosa), fino ad arrivare al nucleo di Augapesada dove si conserva un piccolo ponte di origine medievale. Da qui si sale all'Alto de Mar de Ovellas da dove si gode un bel panorama della campagna circostante. In questa zona si trovano interessanti esempi di architettura religiosa (come la chiesa barocca di Trasmonte) e di costruzioni tradizionali come quelle che si incontrano nella successiva località Ponte Maceira. Qui le rive del río Tambre sono unite dal ponte più significativo di questo cammino; si tratta di una bella costruzione della fine del XIV secolo (ricostruita nel XVIII) che fu, nel tempo, di grande importanza nelle comunicazioni tra le città di Santiago e Finisterre.

Dopo poco più di un'ora, passando per le località di Barca e Chancela, si giunge a Negreira, centro di origine medievale e con maggior popolazione (tremila abitanti) che il pellegrino incontra prima di raggiungere la costa.

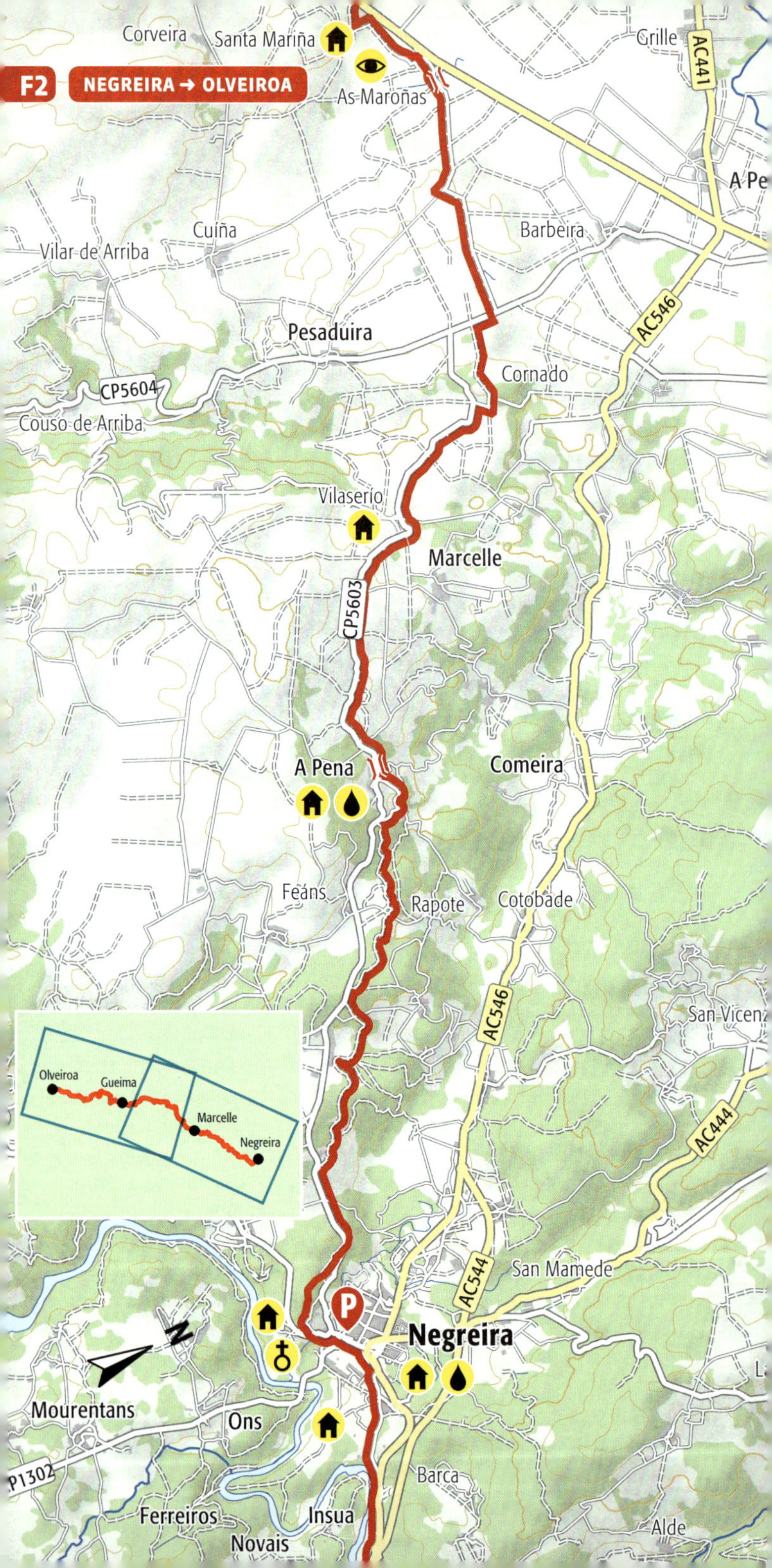

F2
NEGREIRA → OLVEIROA
Corveira
Santa Mariña
As Maroñas
Grille
AC441
A Pe
Barbeira
Cuíña
Vilar de Arriba
Pesaduira
AC546
Cornado
CP5604
Couso de Arriba
Vilaserio
Marcelle
CP5603
A Pena
Comeira
Feáns
Rapote
Cotobade
AC546
San Vicenz
Olveiroa
Gueima
Marcelle
Negreira
AC444
San Mamede
AC544
Negreira
Mourentans
Ons
P1302
Barca
Ferreiros
Insua
Novais
Alde

O Logoso
CP3404
A
Olveiroa
Lucín
Regoelle
Manlle
Olveira
San Martiño
Colúns
As Touzas
Ponte Olveira
Mollón
O Orbellido
Encoro da Fervenza
Corzón
A Picota
Zanfoga
zaricos
Abeleiroas
Lago
Monte Aro
Vilar do Castro
Gueima
Bon Xesús
AC400
Vilafereiros
Ribadeza
Lamelas
Pazas
Cumbráns
nasapín
Corveira
AC441
Santa Mariña
Grille
As Maroñas
Cuíña
lar de Arriba
Barbeira
A Pereira
Pesaduira
AC546
Cornado
N
CP5603
Vilaserío

F2 Da Negreira a Olveiroa

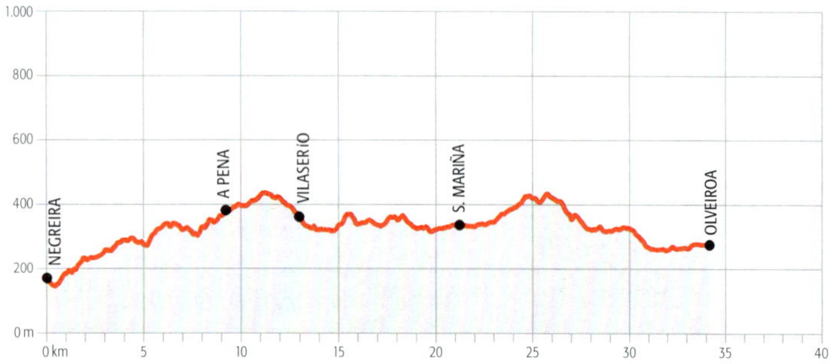

LUNGHEZZA:	**34,1 km**
DISLIVELLO IN SALITA:	**805 m**
DISLIVELLO IN DISCESA:	**688 m**
TEMPO:	**8 ore e 15 minuti**
DIFFICOLTÀ:	**media**

Informazioni e servizi

A PENA: *Albergue privato Alto da Pena*, tel. 609.853.486, albergue.altodapena@yahoo.com, 22 posti, 12 €, *bar-ristorante*.
VILASERÍO: *Albergue municipale*, tel. 648.792.029, 14 posti, a donativo.
Albergue privato O Rueiro, tel. 981.893.561 / 659.568.139, contacto@restaurantealbergueorueiro.com, in inverno su prenotazione, 30 posti, 12 €, *bar-ristorante*.
Albergue privato Casa vella, tel. 615.452.253 / 981.893.516, casavellavilaserio@gmail.com, 18 posti, 12 €, uso cucina.
SANTA MARIÑA: *Albergue privato Santa Mariña*, tel. 981.852.897 / 655.806.800, casaantelo@gmail.com, metà marzo-metà dicembre, 34 posti, 10 €, uso cucina, *bar-ristorante*.
Albergue privato Casa Pepa, tel. 981.852.881 / 686.234.342, www.alberguecasapepa.es, alberguecasapepa@yahoo.es, 38 posti, 12 €, *bar-ristorante*.
LAGO: *Albergue Monte Aro*, tel. 682.586.157 / 881.005.932, reservas@alberguemontearo.com, alberguemontearo.com, marzo-novembre, 28 posti, 12 €, *bar-ristorante*.
A PICOTA (A 2,8 KM DAL CAMMINO): *Albergue privato A Picota*, vengono a prendervi gratuitamente ad Abeleiroas o a Olveiroa e il giorno seguente vi riportano sul Cammino (oppure, una variante segnalata da Gueima raggiunge A Picota in 5,6 km, e da lì continua per Ponte Olveira in altri 3,6 km; evita l'asfalto e sale al punto più alto del Monte Aro), tel. 981.852.019, 6 posti, 15 €, uso cucina.
PONTE OLVEIRA: *Albergue privato Ponte Olveira*, tel. 666.950.223 / 981.852.135, www.ponteolveira.com, albergue@ponteolveira.com, 28 posti, 12 €, uso cucina, *bar-ristorante*.
OLVEIROA: *Albergue "diffuso" della giunta*, tel. 658.045.242 / 981.744.001, 46 posti ricavati in vecchi edifici tradizionali (le scuole e gli *hórreos*), 6 €, uso cucina.
Albergue privato Hórreo, tel. 981.741.673 / 617.026.005, www.casaloncho.com, casaloncho@gmail.com, marzo-novembre, 48 posti, 12 €, uso cucina, *bar-ristorante*.
Albergue privato O Peregrino, tel. 981.741.682 / 637.264.033, 10 posti, 10-12 €, *bar-ristorante*.
Albergue privato Santa Lucía, tel. 683.190.767, santalucia@alberguedeolveiroa.com, alberguedeolveiroa.com, 16 posti, 12 €, uso cucina.
Albergue privato Casa Manola, tel. 981.741.745, reservas@casamanola.com, casamanola.com, 16 posti, 12-15 €, *bar-ristorante*.

Rieccoci in cammino: riprendono i riti quotidiani, e anche le gambe ritrovano facilmente il loro passo (attenzione: la lunghezza della tappa può farsi sentire a fine giornata). La Galizia ci si offre senza ostacoli e nella varietà dei suoi paesaggi: colline, avvallamenti, altopiani, boschi, campi coltivati. Verde e acqua non mancano. Si cammina custoditi dal silenzio in questo ultimo lembo di terra dirupato e digradante e quasi disabitato.

Tappa lunga (soprattutto sotto il sole, ricordate l'acqua) ma senza difficoltà. Un piccolo ponte sul río Barcala indica al pellegrino l'uscita da Negreira. Qui la rotta in diversi punti torna a coincidere con l'antico Camino Real che portava a Finisterre, così come ricordano i nomi di località quali Portocamiño.

Il percorso si articola su diversi altopiani che permettono ampie prospettive sui territori circostanti; siamo ormai nella terra di Xallas, conosciuta per la produzione artigianale di cestini e di originali cappelli femminili realizzati in paglia. Altra caratteristica della zona è l'architettura popolare che si esprime soprattutto in hórreos, costruzioni sopraelevate dal suolo destinate alla conservazione dei prodotti dei campi (sono tipici in realtà un po' in tutta la Galizia); se ne distinguono in particolare alcune nei pressi di Maroñas. Vicino a questa località, si trova anche la chiesa romanica di Santa Mariña. Prima di giungere a Maroñas, si passa per le località di Zas, Rapote, A Pena, Vilaserío e Cornado.

Uno dei punti di maggior interesse paesaggistico di questa tappa lo offre il monte Aro (556 m) con le sue belle vedute. Se il sentiero sulla sinistra è riaperto (è stato a lungo chiuso), si può passare da lì per attraversare il monte, altrimenti si prosegue su asfalto e lo si aggira. Nella parte finale l'acqua la fa da protagonista: il río Xallas e le sue rive si notano soprattutto nella località di Ponte Olveira dove si trova un ponte costruito nel XVI secolo, rimaneggiato poi successivamente. Il Cammino prosegue accanto all'*embalse* (bacino artificiale, si può fare una piccola deviazione se si vuole vederlo da vicino) di A Fervenza e, subito dopo, arriva a Olveiroa, altro notevole esempio di architettura popolare della zona.

Da vedere

In questa tappa godetevi soprattutto la pace e la serenità delle campagne, dove i sentieri sono spesso a contatto con corsi d'acqua e avvolti da una fitta vegetazione. Ogni villaggio attraversato, anche se molto piccolo, ha spesso una piccola cappella con un crocefisso (*cruceiro*, quasi a voler confortare il pellegrino che questa è la rotta giusta da seguire).

Maroñas Date un'occhiata alla chiesa di Santa Mariña; romanica del XII secolo, ricostruita nel XVIII secolo.

Olveiroa La chiesa parrocchiale Santiago de Olveiroa, il cruceiro e la cruz.

F3 OLVEIROA → FINISTERRE

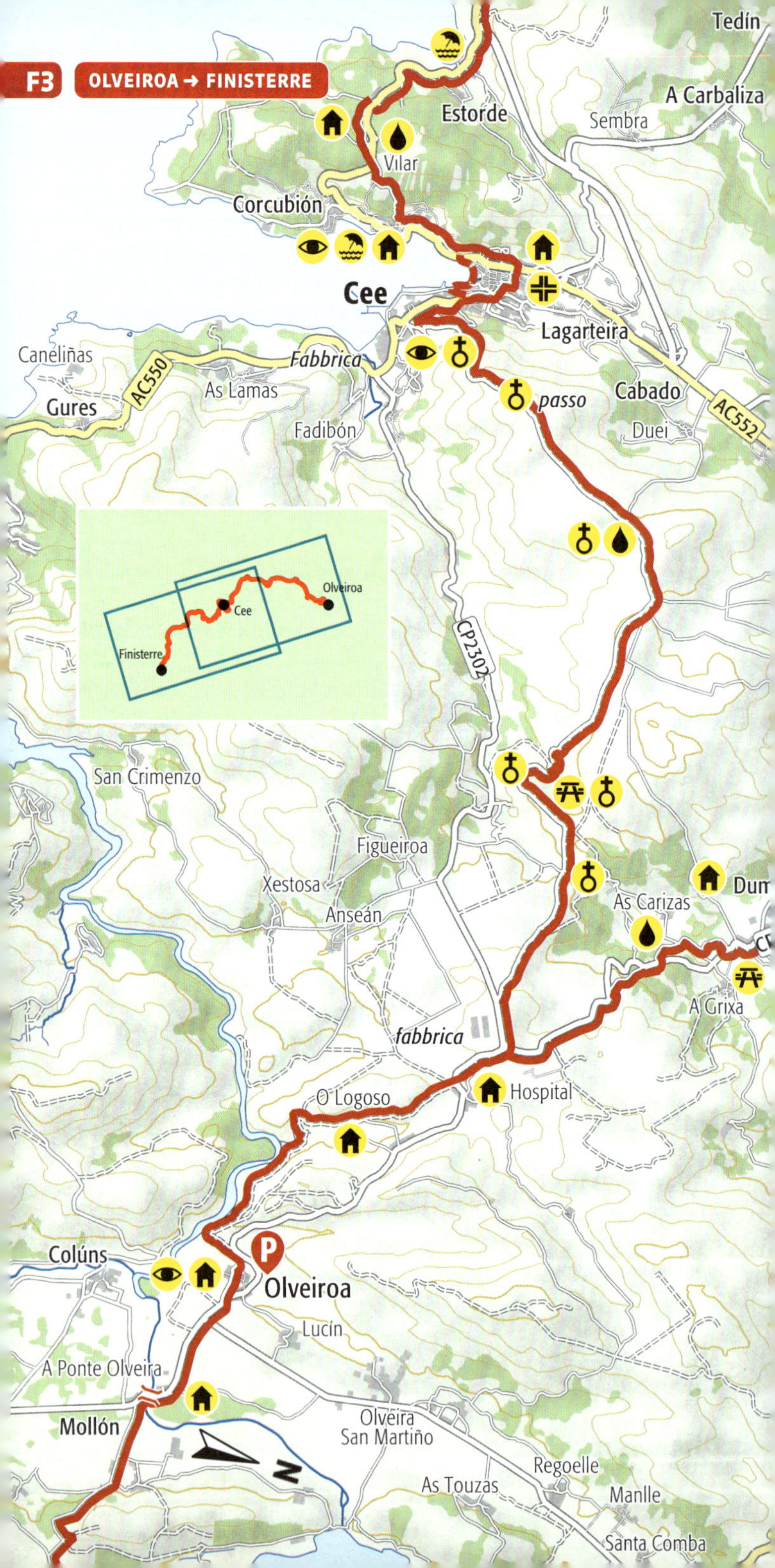

scoglio
faro
Escaselas
Castro
praia Langosteira
Finisterre/Fisterra
Vigo
Buxán
O Sisto
Padrís
Sardiñeiro
Amarela
Redonda
Estorde
A Carbaliza
Sembra
Vilar
Corcubión
Cee
Lagarteira
Caneliñas
fabbrica
AC550
As Lamas
passo
Cabado
AC552
Fadibón
Gures
Duei
CP2302
San Crimenzo
Figueiroa
N

F3 Da Olveiroa a Finisterre

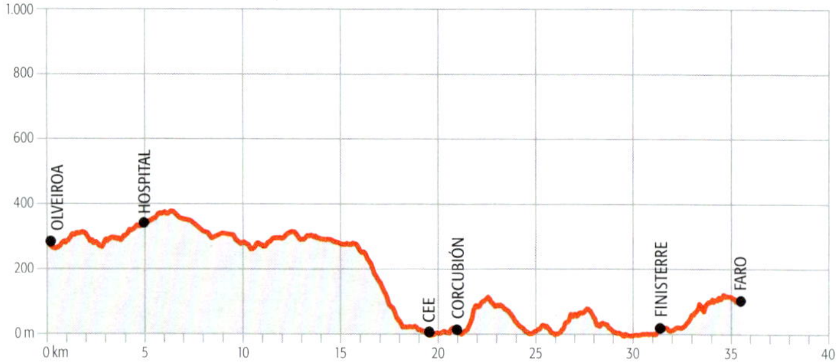

LUNGHEZZA:	**35,5 km**
DISLIVELLO IN SALITA:	**799 m**
DISLIVELLO IN DISCESA:	**966 m**
TEMPO:	**7 ore e 45 minuti**
DIFFICOLTÀ:	**media**

Informazioni e servizi

LOGOSO: *Albergue privato O Logoso*, tel. 659.505.399 / 981727.602, info@albergueologoso.com, 40 posti, 12 €, uso cucina, *bar-ristorante* e piccolo *alimentari*.

HOSPITAL: *Albergue privato O Casteliño*, tel. 981.747.387, jeeennytah06@gmail.com, 18 posti, 12 €, *bar-ristorante*.

CEE: *Albergue privato O Bordón*, camino Chans, tel. 655.903.932, albergueobordon@gmail.com, 24 posti, 12 €, uso cucina.
Albergue privato Moreira, c/ Rosalía de Castro 75, tel. 620.891.547 / 981.746.282, www.alberguemoreira.es, info@alberguemoreira.es, marzo-ottobre, 14 posti, 12 €, uso cucina.
Albergue privato A Casa da Fonte, rúa de Arriba 36, tel. 981.746.663 / 699.242.711, www.albergueacasadafonte.blogspot.com, guzmanroget@gmail.com, marzo-metà novembre, 42 posti, 11 €, uso cucina.
Albergue privato Tequerón, Rúa de Arriba 31, tel. 666.119.594, hostelalberguetequeron@hotmail.com, 14 posti, 12-15 €, uso cucina.
Da segnalare il bel mercato domenicale.

CORCUBIÓN: *Albergue San Roque*, a 1 km dal paese, verso Finisterre, gestito dall'associazione galiziana Amici del Cammino, tel. 679.460.942, info@amigosdelcamino.com, 20 posti, donativo, cena e colazione.
Albergue privato Camiño de Fisterra, c/ Cruceiro de Valdomar 11, tel. 981.745.040 / 629.114.122, 14 posti, 10 €, uso cucina.
In paese, *pensioni* e tutti i *servizi primari*.

FINISTERRE: Al momento di andare in stampa l'*Albergue della giunta*, in c/ Real 2, risulta temporaneamente chiuso.
Albergue privato Ara Solis, c/ Arasolis 3, tel. 638.326.869, alberguearasolis@yahoo.com, 16 posti, 10-12 €, uso cucina.
Albergue privato Mar de Rostro, av. Alcade Fernández 45, tel. 981.740.362 / 637.107.765, alberguemarderostro@hotmail.com, marzo-novembre, 23 posti, 12 €, uso cucina.
Albergue privato De Paz, c/ Victor Cardalda 11, tel. 981.740.332, 28 posti, 12-15 €.
Albergue privato O Encontro, c/ Fonte Vella 22, tel. 696.503.363, 14 posti, 10-12 €, uso cucina.
Albergue privato Finistellae, c/ Manuel Lago Pais 7, tel. 637.821.296, www.finistellae.com, reservas@finistellae.com, Settimana Santa-ottobre, 20 posti, 12 €, colazione, uso cucina.
Albergue Mar de Fora, c/ A Potiña, tel. 648.263.639 / 981.740.298, alberguemardefora@gmail.com, 34 posti, 10 €, uso cucina, colazione e panini.
Albergue privato do Sol e da Lúa, c/ Atalaya 7, tel. 881.108.710 / 617.568.648,

alberguedosol@hotmail.com, d'inverno solo su prenotazione, 18 posti, 11 €, cena e colazione, uso cucina.
Albergue privato Cabo da Vila, av. de A Coruña 13, tel. 981.740.454 / 607.735.474, www.alberguecabodavila.com, alberguecabodavila@gmail.com, 28 posti, 12 €, uso cucina.
Albergue privato Por Fin, c/ Federico Ávila 19, tel. 636.764.726, albergueporfin@gmail.com, Settimana Santa-novembre, 11 posti, 12 €, uso cucina.
Albergue privato de Sonia - Buen Camino, c/ Atalaya 11 bis, tel. 981.740.771 / 619.529.343, www.buencaminofinisterre.com, sofari4@hotmail.com, novembre-febbraio solo su prentazione, 50 posti, 12 €, uso cucina.
Albergue privato La Espiral, c/ Fonte Vella 19, tel. 607.684.248 / 678.390.928, alberguelaespiral@hotmail.com, 12 posti, 12 €, uso cucina.
Albergue privato Fin da Terra e do Camiño, c/ Alfredo Saralegui 15, tel. 675.361.890, alberguefindaterra@gmail.com, alberguefindaterra.wixsite.com, 12 posti, 10 €, uso cucina.

I dislivelli sono importanti e in qualche tratto i paesaggi richiamano ambienti montani. Bisogna arrivare alla fine dell'altopiano perché l'orizzonte si apra completamente, così da scorgere non solo l'Oceano ma anche il faro di Finisterre. La tappa è ancora lunga, con una ripida discesa per arrivare a Cee e con continui ma piacevoli saliscendi fino alla lunga e inaspettata spiaggia di Langosteira. L'Oceano è il protagonista dell'ultimo tratto, l'ultimo compagno di Cammino.

La prima località che si incontra proseguendo il Cammino è Logoso, quindi Hospital, un villaggio che (come dice il nome) un tempo aveva un modesto hospital per pellegrini, oggi scomparso. Tuttavia potete fare qui la colazione (questo bar è l'ultimo punto di ristoro fino a Cee: se ne avete bisogno, rifornitevi di bibite e panini). Uscendo da Hospital il Cammino si biforca; a sinistra la rotta prosegue per Finisterre, a destra conduce a Muxía, al santuario della Virgen de la Barca. Continuando dunque in direzione di Finisterre, il Cammino porta il pellegrino nelle vicinanze del santuario di Nosa Señora das Neves (XVIII secolo) con una sacra fonte per le donne che allattano (festa l'8 settembre); poco distante si trova l'altrettanto conosciuta ermita de San Pedro Mártir che possiede, secondo la tradizione, un'altra fonte miracolosa, che fa passare i dolori. Proseguendo si arriva all'Alto de O Cruceiro da Armada (247 m) da dove il viaggiatore, anche se ancora lontano, può contemplare per la prima volta la mole del Cabo de Finisterre. Il Cabo è il simbolo stesso di questo territorio che, come pochi altri, vanta ogni tipo di leggenda e che conta una zona costiera tra le più belle di tutta la penisola iberica, dove si alternano profonde insenature con piccole e incantevoli spiagge (dette *rías*), e ripide formazioni rocciose. L'inquietante nome di Costa da Morte deriva anche dal fatto che anticamente, nei giorni di tempesta, spesso le navi finivano per sfracellarsi su queste rocce...

Procedendo si incontrano nell'ordine i centri di Cee e Corcubión, si costeggia la bella ed estesa spiaggia di Langosteira arrivando così al paesino di Finisterre. Il vero Cabo de Finisterre con il suo faro solitario è a circa 2 km fuori dal paese (le segnalazioni sono buone) seguendo

FINISTERRE. *Il limite estremo del Cammino, con la vista sull'oceano.*

una strada carrozzabile che costeggia a mezza altezza tutto il promontorio roccioso fin dove la terra... finisce. Una segnalazione in particolare: poco dopo essere usciti dal paesino, si trova la chiesa di Santa María das Areas, di origine medievale, dove è conservato il famoso Santo Cristo di Finisterre, opera del XIV secolo che, secondo una leggenda, riapparve su quella costa dopo essere stato gettato in mare durante una tempesta.

Da vedere

Cee Da segnalare la chiesa parrochiale di **SANTA MARÍA DA XUNQUEIRA**, con elementi gotici e un retablo di Domingo da Andrade.

Corcubión Cittadina gradevole con un bel centro storico. Di rilievo, la **CHIESA DI SAN MARCOS** di origine romanica (XII secolo), ma d'aspetto gotico, dopo le riforme del XV secolo. Qui è conservata una statua dell'omonimo santo, in legno policromo, di origine italiana (fine XV secolo).

Finisterre È una bella cittadina di mare dove si può gustare delizioso pesce fresco e soprattutto i molluschi della conchiglia di Santiago, che poi viene portata a casa dai pellegrini come ricordo.

Da visitare l'antica **CHIESA DI SANTA MARÍA DE AREAS** (XII secolo), meta un tempo dei pellegrini medievali poiché in essa si conserva la statua del Santo Cristo da Barba Dourada de Fisterra. Durante la Settimana Santa se ne celebra la festa con importanti manifestazioni liturgiche e folcloristiche e un festival di grande interesse turistico. Dopo la visita a Santa María de Areas dirigetevi verso Cabo Finisterre. Vicino al faro c'è un monumento ai pellegrini. La costa è scoscesa ma è possibile accedere alla spiaggia (fate molta attenzione).

Un'alternativa affascinante (anche se più lunga) è quella di dirigersi al faro seguendo il sentiero sterrato che conduce al monte do Facho dalla cui cima si gode una vista meravigliosa.

All'albergue di Finisterre e al municipio si può ottenere la "fisterrana", una sorta di Compostela, che attesta il Cammino fatto da Santiago a qui.

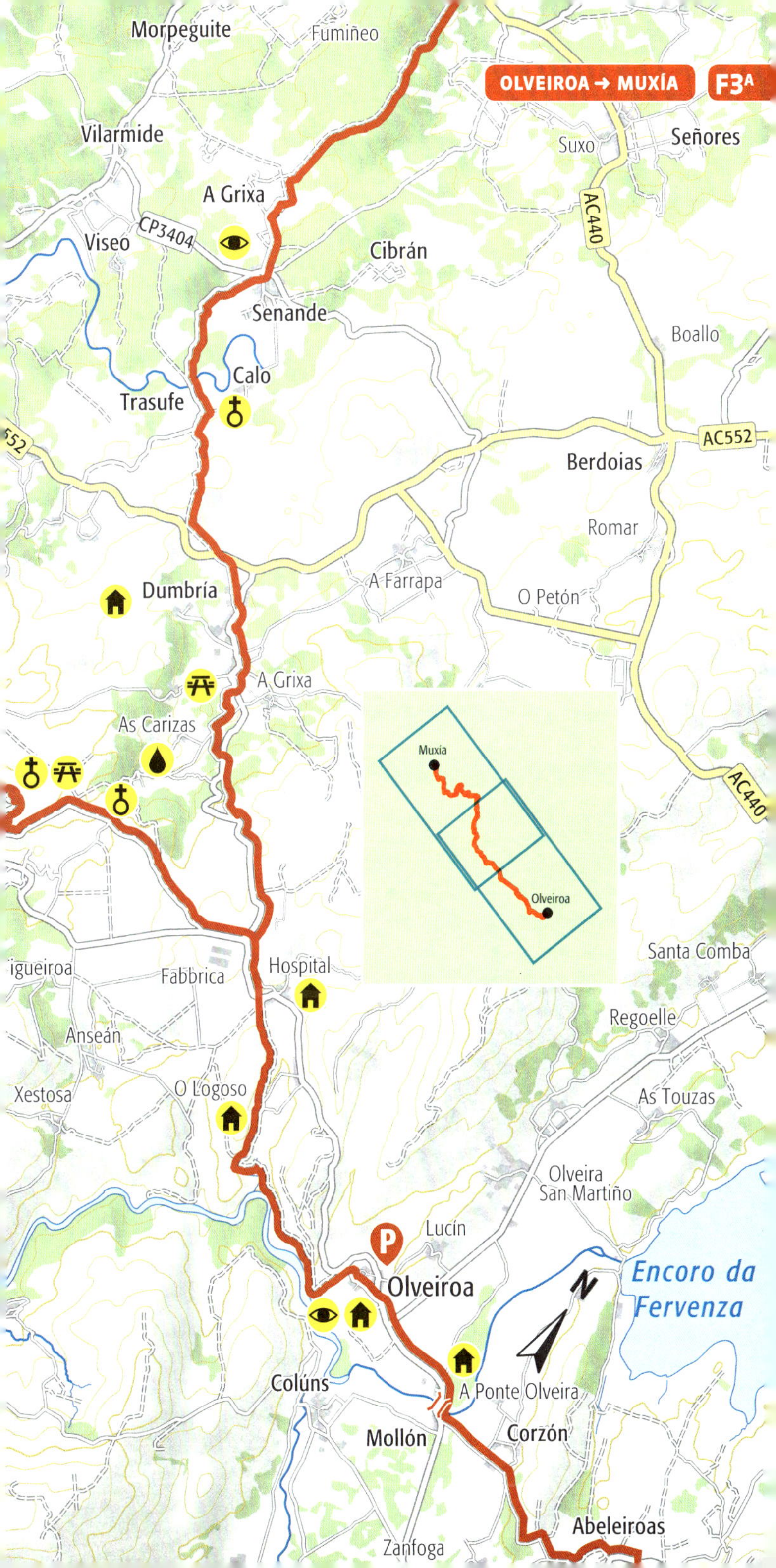
Morpeguite
Fumiñeo
Vilarmide
Suxo
Señores
A Grixa
Viseo
CP3404
Cibrán
AC440
Senande
Boallo
Calo
Trasufe
AC552
Berdoias
Romar
Dumbría
A Farrapa
O Petón
A Grixa
As Carizas
Muxía
Olveiroa
Santa Comba
Fabbrica
Hospital
Regoelle
Anseán
Xestosa
O Logoso
As Touzas
Olveira San Martiño
Lucín
Olveiroa
Encoro da Fervenza
N
Colúns
A Ponte Olveira
Mollón
Corzón
Abeleiroas
Zanfoga

Muxía
Camariñas
O Cota
O Pión
Lourido
CP5201
Cuño
WC
Figueras
Moraime
Figueiroa
Xurarantes
Serantes
Merexo
Leis Nemar
Os Castelos
Os Muiños
Sendón
San Martiño de Ozón
Vilamaior
Vilarde Sobremonte
CP2303
Bouzas
Añobres
Quintáns
Fumiñeo
Morpeguite
Os Pasantes
Castelo
Suxo
Señor
Vilarmide
A Grixa
CP3404
Viseo
Caberta
Cibrán
Senande
Calo
AC440
Trasufe
AC552
Berdoias
N
Romar
A Farrapa
Dumbría
O Petón

Da Olveiroa a Muxía

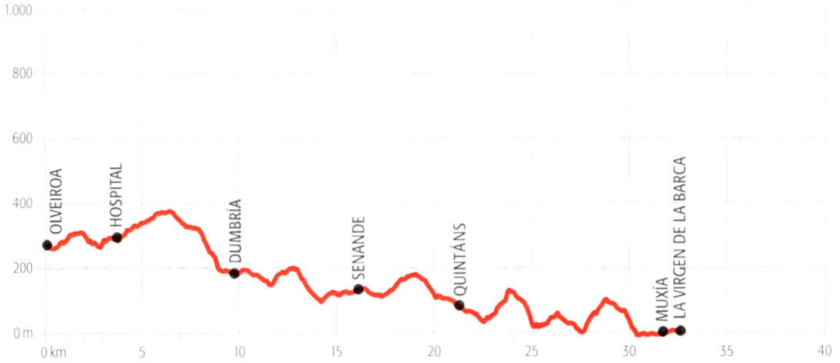

LUNGHEZZA:	**32,7 km**
DISLIVELLO IN SALITA:	**729 m**
DISLIVELLO IN DISCESA:	**988 m**
TEMPO:	**7 ore e 15 minuti**
DIFFICOLTÀ:	**media**

Informazioni e servizi

LOGOSO: *Albergue privato O Logoso*, tel. 659.505.399/ 981.727.602, info@ albergueologoso.com, 40 posti, 12 €, uso cucina, *bar-ristorante* e piccolo *alimentari*.

HOSPITAL: *Albergue privato O Casteliño*, tel. 981.747.387, jeeennytah06@gmail.com, 18 posti, 12 €, *bar-ristorante*.

DUMBRÍA: *Albergue della giunta*, lungo la carretera, tel. 981.744.001 (ayuntamiento), correo@dumbria.dicoruna.es, 26 posti, 6 €, uso cucina (senza stoviglie).
Bar e *negozi* in paese.

A GRIXA: *Albergue O Cabanel*, A Grixa 39, tel. 600 644 879, reservas@ albergueocabanel.com, albergueocabanel. com, 14 posti, 12 €, uso cucina, cena comunitaria.

MORAIME: *Hostel Monasterio de Moraime*, nell'ex monastero, lugar de Moraime 2, tel. 881.076.055, info@ hostelmonasteriodemoraime.com, www. hostelmonasteriodemoraime.com, 38 posti, 14 €.

MUXÍA: *Albergue municipale*, c/ Enfesto, 32 posti, 6 €, uso cucina. (Se si arriva qui da Finisterre, per pernottare è necessario avere sulla Credenziale il *sello* di Lires.)
Albergue privato Bela Muxía, rúa Encarnación 30, tel. 687.798.222, www. belamuxia.com, albergue@belamuxia.com, 52 posti, 12-15 €, uso cucina.
Albergue@Muxía, privato, c/ Enfesto 12, tel. 609.615.533 / 981.742.118, www. albergueamuxia.com, info@alberguea muxia.com, 40 posti, da 12 €, uso cucina.
Albergue privato da Costa, av. Doctor Toba 33, tel. 676.363.820, www.dacostamuxia. com, 10 posti, 12 €, uso cucina.
Albergue privato Delfín, av. Lopez Abente 22, tel. 699.226.586, alberguedelfin@ gmail.com, aprile-novembre, 24 posti, 11 €, uso cucina, cena comunitaria.
Albergue privato Arribada, c/ José María del Río 30, tel. 981.742.516, www.arribadaalbergue.com, muxia@arribadaalbergue.com, 38 posti, 12-15 €, uso cucina.
Albergue-Hostel Muxía Mare, rúa Castelao 14, tel. 664.102.205 / 981.742.423, alberguemuxiamare@gmail.com, www.alberguemuxiamare.es, 16 posti, 12 €, uso cucina.

C'è una variante per arrivare a Finisterre che passa da Muxía, più a nord, e che aggiunge una tappa a questo Cammino. Significa affacciarsi sull'Oceano da un'altra prospettiva, e toccare un paese - Muxía - e un tratto di costa altrettanto suggestivi.
Tecnicamente si trova qui (e non a Finisterre) il lembo di terra più a ovest della Spagna, capo Touriñán (9°13'05" W).
L'ultimo comune della Galizia è un piccolo promontorio incuneato nell'Oceano: quando i venti si scatenano fanno paura e le tempeste sono davvero temibili, come testimonia il nome Costa da Morte. Ma quando il cielo è si apre al sereno la suggestione è unica.

Dopo Hospital, al bivio descritto nella tappa F3, si prende verso destra; poco dopo si giunge a Dumbría (chiesa del XII secolo). Il Cammino prosegue seguendo l'antico tracciato in pietra del vecchio Camino Real fino a San Martiño de Ozón, dove si trovano uno dei più grandi hórreos della Galizia, una chiesa con abside romanica e un antico monastero benedettino.

Poco più avanti, dopo aver attraversato la località di Os Muiños, si incontra il monastero di San Xulián de Moraime che fu uno dei più influenti in questo territorio.

Il tratto che ci separa da Muxía è ora dominato dalla visuale del mare, con le sue formazioni rocciose, la sua luce, le sue insenature. Il passeggio marittimo di Muxía, il porto e la chiesa di Santa María, sono gli ultimi obiettivi che si superano per raggiungere il santuario de Nosa Señora da Barca (XVII secolo), alla quale è dedicata la festa della prima domenica dopo l'8 settembre, e che rappresenta per tradizione una delle mete di pellegrinaggio più importanti della Galizia.

Da vedere

Muxía La principale attrattiva di Muxía è il **SANTUARIO DI NOSA SEÑORA DA BARCA**, costruito sugli scogli di fronte all'oceano. Il giorno di Natale del 2013, il santuario è stato colpito da un grave incendio, ma ha riaperto a Natale del 2014, dopo un anno di ricostruzione.

Tradizione narra che la vergine Maria apparve su una barca di pietra a san Giacomo incoraggiandolo a non abbandonare l'evangelizzazione della penisola iberica. Le "piedras santas" attorno al santuario sarebbero i resti della barca della vergine. In luglio si celebra la festività religiosa della Virgen del Carmen con un'affollata processione lungo il mare.

A Carbaliza
Tedín
A Canosa
Cantorna
an Xián
Lires
CP2301
Baosilveiro
A Ponte Nova
Frixe
A Grixa
Talón
Castro
Nemiña
San Tirso
A Toxeira
Queiroso
Baldomar
Guisamonde
Campos
Bardullas
Moreira
Viseo
Morquintián
Vilela
orpeguite
Bouzas
Figueiroa
obres
Vilamaior
Cuño
CP2303
Os Castelos
Serantes
Xurarantes
CP5201
Os Muniño
Oruxo
Lourido
Moraime
Chorente
Merexo
WC
Muxía
Camariñas
N
Muxía
Frixe
Finisterre

faro
scoglio
Finisterre/Fisterra
A
praia Langosteira
Escaleas
Castro
Vilar de Duio
Redonda
Vigo
Amarela
Sardiñeiro
Estorde
Buxán
Castrexe
Sembra
Padrís
A Carbaliza
Tedín
A Canosa
Cantorna
Lires
N
San Xián
CP2301
Baosilveiro
CP2303
A Ponte Nova
Talón
Sambada
Frixe
Nemiña
Castro
Queiroso
San Tirso
A Toxeira
Baldomar

Da Muxía a Finisterre

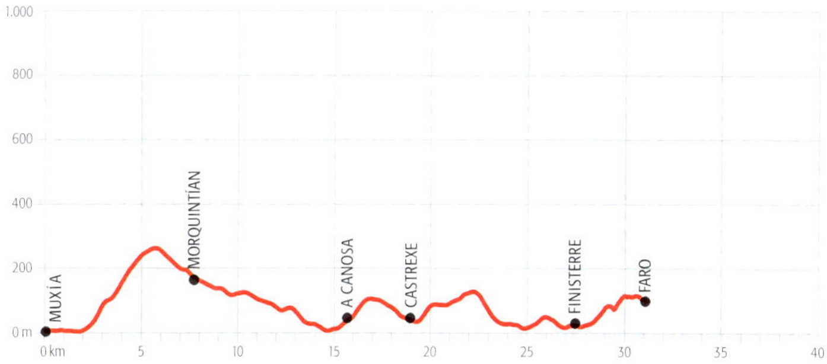

LUNGHEZZA:	**31,1 km**
DISLIVELLO IN SALITA:	**934 m**
DISLIVELLO IN DISCESA:	**833 m**
TEMPO:	**8 ore**
DIFFICOLTÀ:	**media**

Informazioni e servizi

LIRES: *Albergue privato As Eiras*, tel. 981.748.180 / 662.261.818, ruralaseiras.com, reservas.aseiras@hotmail.es, 25 posti, 12 €, *bar-ristorante*.

FINISTERRE: Vedi *tappa F3 Olveiroa-Finisterre*.

La tappa presenta alcuni tratti di forte pendenza. I saliscendi sono continui, e sentieri e sterrati non sono sempre in ottime condizioni per le frequenti piogge. Larga parte del Cammino (le frecce qualche volta latitano, fate attenzione) si svolge in boschi fitti e su versanti ondulati con erba alta. Solo verso la fine attraversiamo anche campi coltivati. La costa e l'Oceano si intravvedono solo a tratti. Così è certamente con sorpresa grata che ci si affaccia sulla spiaggia di Langosteira. E più in là, ultimo approdo per lo sguardo e i passi, finalmente il faro.

Il Cammino da Muxía a Finisterre è uno dei tratti più selvaggi e affascinanti. Qui viene descritto partendo da Muxía (ma può essere percorso anche in senso inverso. In questo caso, per pernottare all'albergue municipale di Muxía, è necessario farsi timbrare la Credenziale a Lires).

Partendo dal santuario di Nosa Señora da Barca tenete il mare alla vostra destra e proseguite per una strada asfaltata che segue la costa fin dietro al paese. Passerete a fianco della splendida spiaggia di Lourido. Si attraversano il paese Xurarantes e il monte Facho de Lourido giungendo a Morquintián dove si trova una fonte.

Tra boschi, villaggi e campi (sempre col mare sulla destra) si giunge a Frixe. Una zona montuosa vi accompagnerà ora fino alle soglie di Lires, dove si attraversa il río Castro. Da Lires a Finisterre non c'è più niente, né acqua né servizi. Costeggiando la baia di Areal do Rostro, presso San Marino da Duio, vi accorgerete con stupore che il mare si trova anche alla

FINISTERRE. *Croce viaria.*

vostra sinistra: siete sulla penisola di Finisterre. Un paio di chilometri più avanti, passando accanto alla croce de Baixar entrerete nel caratteristico paesino marittimo. Cabo Finisterre si trova a circa 3 km dal porto (due oltre la fine del paese). Qui, accanto al grande faro che illumina il mare, potrete dire di essere giunti alla fine e gustarvi l'immensità dell'oceano.

Da vedere

Come dicevamo, il territorio di Muxía comprende la lingua di terra più a Ovest della Spagna. Tuttavia il punto più a Ovest dell'Europa continentale non è neppure questo, ma è Cabo da Roca, in Portogallo (09° 30' 02.727" W). E se invece includiamo le isole, la terra più occidentale è "sorprendentemente" una punta dell'Islanda (Bjargtangar, 24° 32' 03" W) che, nelle rappresentazioni cartografiche a cui siamo abituati, appare spesso "spostata" molto più a Est (la cartografia infatti è una mediazione e una interpretazione della realtà, dovendo rappresentare in due dimensioni ciò che è tridimensionale). Bisognava arrivare fin qui per… toccare tutto ciò con mano!

MAPPE DELLE CITTÀ

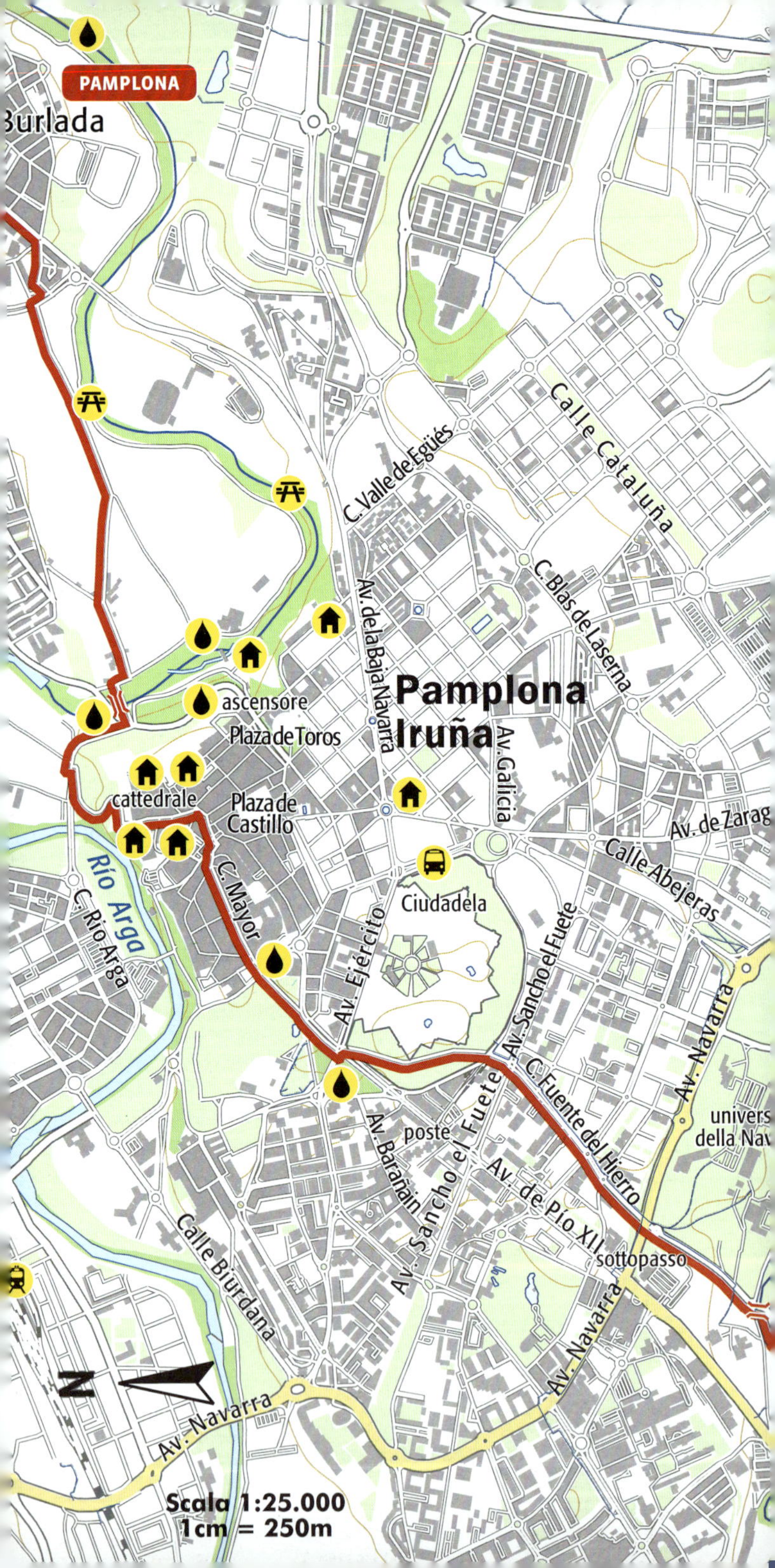
PAMPLONA
Burlada
C. Valle de Egüés
Calle Cataluña
C. Blas de Laserna
Av. de la Baja Navarra
Pamplona
Iruña
ascensore
Plaza de Toros
cattedrale
Plaza de Castillo
Av. Galicia
Av. de Zarag
Calle Abejeras
Ciudadela
Río Arga
C. Río Arga
C. Mayor
Av. Ejército
Av. Sancho el Fuete
C. Fuente del Hierro
Av. Navarra
univers
della Nav
poste
Av. Barañain
Av. Sancho el Fuete
Av. de Pío XII
sottopasso
Calle Biurdana
Av. Navarra
Av. Navarra
N
Scala 1:25.000
1cm = 250m

LOGROÑO
Calle Madre de Dios
C. S. Millán
Av. de la Paz
Av. de Jorge Vogón
Av. de Lobete
Puente de Piedra
S. María del Palacio
Cattedrale
C. Gran Vara de Rey
Av. Gran Vía Rey J. Carlos I
Av. Rep. Argentina
Calle Duques de Nájera
io del
ismo
Puente de Hierro
Santiago el Real
ufficio del turismo
Logroño
C. Chile
C. Chile
Río Ebro
Calle Gral Urrutia
C. G. de Berceo
C. Marqués de Murrieta
Calle
Calle Carmen Medrano
Guardia Civil
parco
N
a 1:25.000
ı = 250m

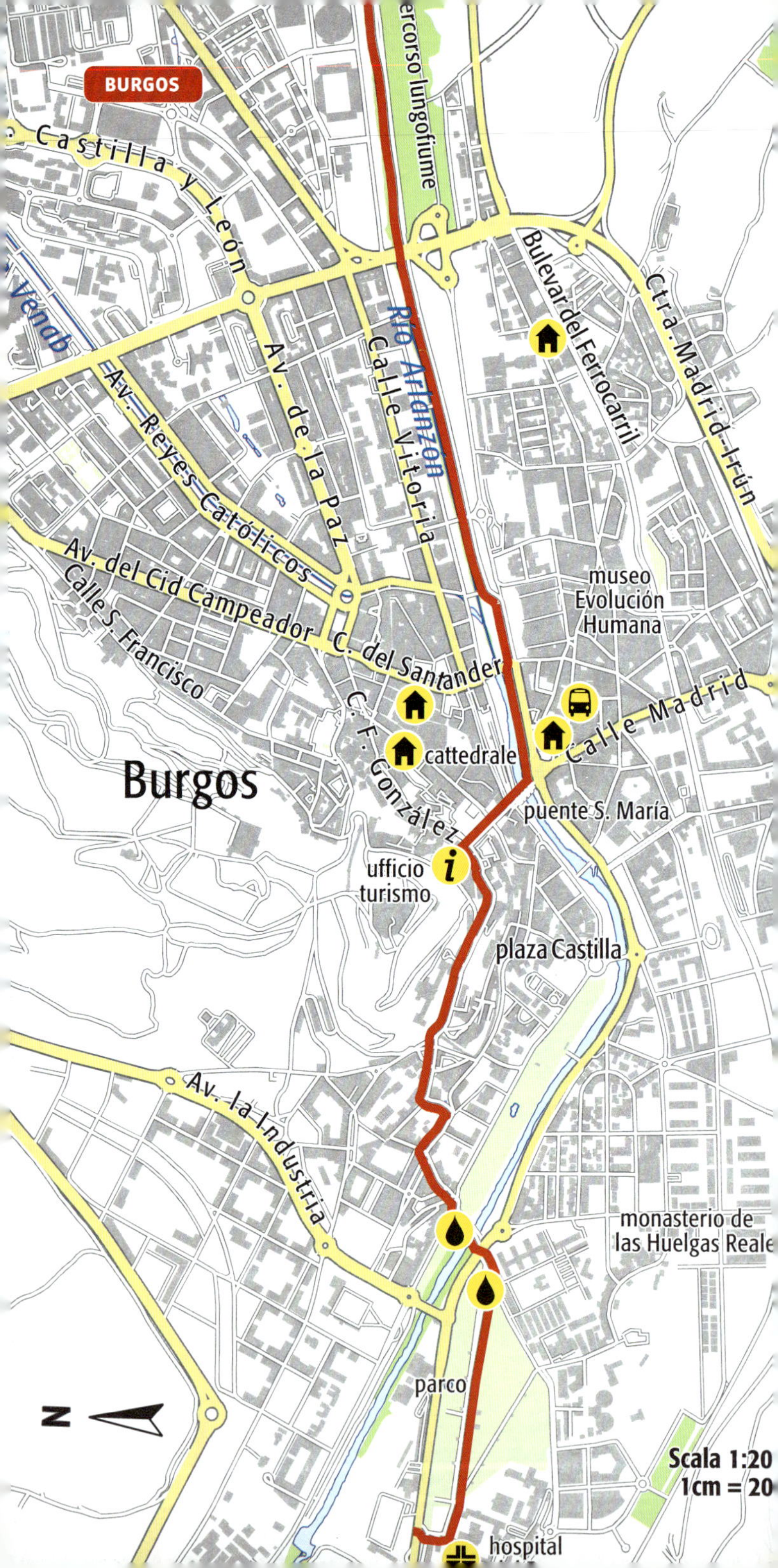

BURGOS
Castilla y León
Venab
Av. Reyes Católicos
Av. de la Paz
Calle Vitoria
Río Arlanzón
Percorso lungofiume
Bulevar del Ferrocarril
Ctra. Madrid-Irún
Av. del Cid Campeador
Calle S. Francisco
C. del Santander
C. F. González
cattedrale
museo Evolución Humana
Calle Madrid
puente S. María
Burgos
ufficio turismo
plaza Castilla
Av. la Industria
monasterio de las Huelgas Reale
parco
hospital
N
Scala 1:20
1cm = 20

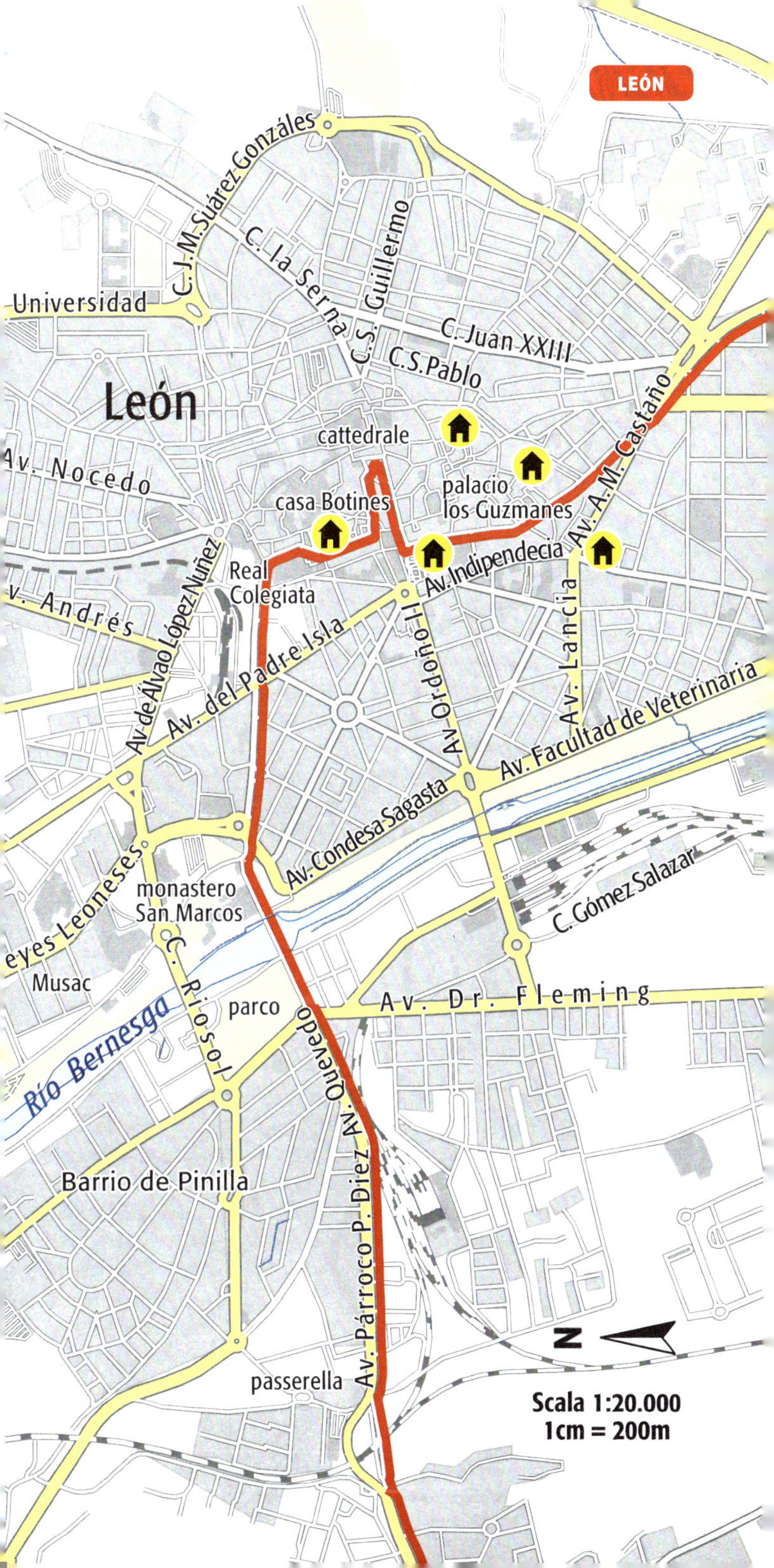
LEÓN
León
C. J. M. Suárez Gonzáles
Universidad
C. la Serna
C. S. Guillermo
C. Juan XXIII
C. S. Pablo
cattedrale
palacio los Guzmanes
casa Botines
Real Colegiata
Av. Nocedo
Av. Indipendecia
Av. A. M. Castaño
Av. Lancia
Av. Ordoño II
Av. de Alvao López Nuñez
Av. del Padre Isla
Av. Facultad de Veterinaria
Av. Condesa Sagasta
C. Gómez Salazar
monastero San Marcos
Musac
C. Riosol
parco
Río Bernesga
Av. Quevedo
Av. Dr. Fleming
Barrio de Pinilla
Av. Párroco P. Diez
passerella
N
Scala 1:20.000
1cm = 200m

SANTIAGO DE COMPOSTELA
Santiago de Compostela
Gonzalo T. Ballester
giardino
Av. de Lugo
R. de S. Pedro
semenario menor
R. da Virxe da Cerca
R. do Castro n Douro
Av. de Lugo
R. de Hórreo
Oficina del peregrino
cattedrale
Plaza de Galizia
ufficio turismo
R. das Galeras
R. do Pombal
Alameda
R. da Rep. del Salvador
R. da Rep. Arxentina
Av. de R. de Castro
Av. de R. Don
giardino
Estrada de S. Lorenzo
Av. do Mestre Mateo
N
Scala 1:20.000
1cm = 200m

Ringraziamenti

Questa Guida è un'opera collettiva, realizzata con il contributo di tanti e al servizio di chi, almeno una volta, ha desiderato percorrere la via verso Santiago. Qui ringraziamo tutti coloro che ci hanno permesso di aggiornare questa edizione della *Guida al Cammino di Santiago de Compostela*, in particolare Mattia Gadda che ne ha curato l'editing, e quei pellegrini che, dopo aver percorso il cammino, ci hanno inviato le loro osservazioni e segnalazioni.

Rinnoviamo quindi il nostro invito: se vi mettete in cammino non dimenticatevi di quelli che verranno dopo di voi e, se avete annotazioni importanti e suggerimenti, scriveteceli a: editore@terre.it. Ci serviranno per la prossima edizione.

Grazie anche a Giulia Genovesi e alla redazione di Terre per l'affiancamento in questi anni, la passione e la competenza che ci hanno consentito di arrivare fin qui, e a Luciano Callegari e Pietro Scidurlo, autori della *Guida al Cammino di Santiago per tutti*, fondamentale lavoro di mappatura e di apertura del cammino davvero a tutti.

Infine, queste pagine devono la loro esistenza a Isabella Pavan che, all'inizio, ci ha creduto e ha contribuito così a far nascere la collana "Percorsi" di Terre, costantemente aggiornata e arricchita di nuovi titoli.

Grazie!

Note pellegrine

Note pellegrine

Cammini da scoprire

A piedi, diretti verso una meta, per attraversare un luogo e la sua bellezza, per viaggiare dentro sé stessi o sulle tracce della Storia: pellegrinaggi antichi e moderni, itinerari alla ricerca delle proprie radici, percorsi che portano con sé un'idea, una storia, un'emozione.

TERRE DI MEZZO EDITORE

I CAMMINI ROMEI

- 6 La Via Francigena
- 7 La Via Francigena in Valle d'Aosta e Piemonte
- 8 La Via Romea Germanica
- 9 La Via Francigena del Sud
- 10 La Via Francigena da Canterbury alle Alpi

I CAMMINI PER SANTIAGO

- 1 **Guida al Cammino di Santiago de Compostela**
- 2 A Santiago lungo il Cammino del Nord
- 3 A Santiago lungo il Cammino Portoghese
- 4 A Santiago lungo il Cammino Primitivo e il Cammino Inglese
- 5 A Santiago lungo la Via della Plata e il Cammino Sanabrese

SULLE ORME DEI SANTI

- 11 Di qui passò Francesco
- 12 Con le ali ai piedi
- 13 Il Cammino di san Benedetto
- 14 La Via Lauretana
- 15 Guida alla Via degli Abati e del Volto Santo
- 16 Il Cammino di sant'Ignazio
- 17 La Via di Francesco
- 23 Il Cammino di sant'Antonio

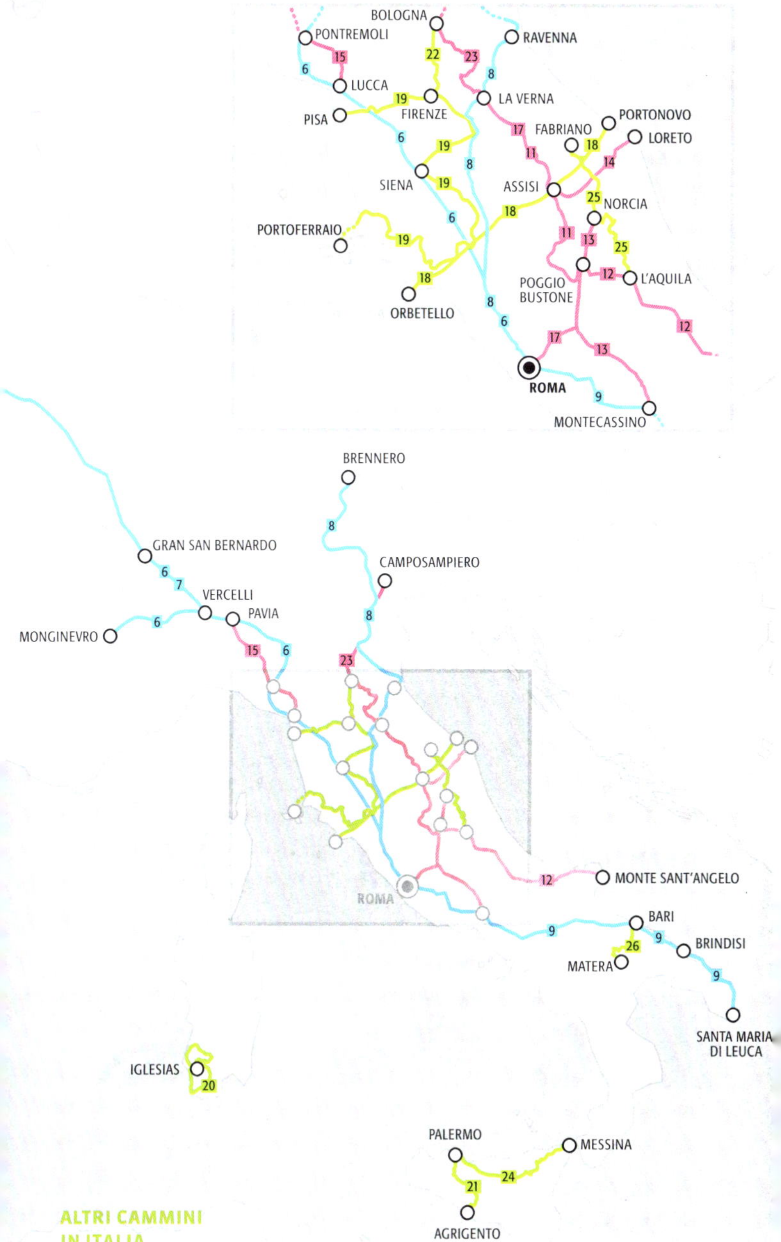

ALTRI CAMMINI IN ITALIA

18 Italia coast to coast

19 Toscana a piedi

20 Il Cammino minerario di santa Barbara

21 La Magna Via Francigena

22 Guida alla Via degli Dei

24 Da Palermo a Messina per le montagne

25 Il Cammino nelle Terre mutate

26 Il cammino Materano

I Percorsi di Terre

A Santiago lungo il Cammino del Nord
Oltre 800 chilometri da Irún a Compostela, a piedi o in bicicletta, lungo un percorso affascinante e poco affollato, attraverso Paesi Baschi, Cantabria, Asturie e Galizia.
240 pagine - 19,00 euro

A Santiago lungo il Cammino Portoghese
A piedi o in bicicletta, da Lisbona a Santiago de Compostela attraverso un sorprendente Portogallo, lungo una Via ricca di storia e poco frequentata.
264 pagine - 19,00 euro

A Santiago lungo il Cammino Primitivo e il Cammino Inglese
Due percorsi alternativi verso Compostela. Per chi già conosce il Cammino Francese, per chi ha poco tempo, o per chi vuole avventurarsi su strade meno affollate.
176 pagine - 18,00 euro

A Santiago lungo la Via della Plata e il Cammino Sanabrese
Mille chilometri, a piedi o in bici, da Siviglia a Compostela, sulla via che da oltre duemila anni unisce il Sud e il Nord della Spagna.
160 pagine - 18,00 euro

Guida al Cammino di Santiago per tutti
Una guida dedicata alle persone con disabilità, che troveranno la chiave di accesso alla straordinaria esperienza del pellegrinaggio a Compostela.
328 pagine - 20,00 euro

Guida al Cammino di Santiago de Compostela in bicicletta
800 km in bici dai Pirenei a Santiago lungo l'antico tracciato del pellegrino medievale. Una guida essenziale per chi vuole ripercorrere su due ruote la "via delle stelle".
160 pagine - 18,00 euro

Via Francigena: itinerario culturale del consiglio d'Europa

La Via Francigena
264 pagine - 18,00 euro
Anche app

The Via Francigena
264 pagine - 20,00 euro
Anche app

La Via Francigena
264 pagine - 20,00 euro

Il percorso degli antichi pellegrini diretti a Roma, attraverso Valle d'Aosta, Piemonte, Lombardia, Emilia-Romagna, Liguria, Toscana e Lazio, tra scenari di indescrivibile bellezza.

Guida alla Via degli Dei
Da Bologna a Firenze (e ritorno), 120 km a piedi o in bici nei boschi dell'Appennino, lungo una delle vie più amate dagli appassionati di trekking.
120 pagine - 15,00 euro
Anche app

Guida alla Via Francigena in bicicletta
23 tappe su strade secondarie, sterrati e sentieri adatti alla due ruote, dalle Alpi fino a Roma, lungo l'antico tracciato. Terza edizione, con tutte le informazioni e le descrizioni del percorso aggiornate.
216 pagine - 18,00 euro

La Via Romea Germanica
Dal Brennero a Roma sui passi degli antichi pellegrini. Un mese e mezzo immersi nei più bei paesaggi della penisola: dalle Alpi al mar Adriatico, dai boschi dell'Appennino romagnolo alle colline toscane e umbre.
296 pagine - 18,00 euro

Guida alla Via degli Abati e del Volto Santo
350 chilometri da Pavia a Lucca. Due cammini in un'unica guida. A piedi sulle orme degli abati di San Colombano e lungo la Via del Volto Santo (venerato sin dal Medioevo) attraverso Lunigiana e Garfagnana.
176 pagine - 18,00 euro

Di qui passò Francesco
La prima guida a piedi sulle "strade di Francesco", dai luoghi più noti come La Verna e Assisi a quelli meno famosi, ma altrettanto affascinanti, come Montecasale o il Sacro Speco di Narni.
192 pagine - 18,00 euro

Il Cammino di san Benedetto
300 km da Norcia a Montecassino: a piedi o in bici nei luoghi del santo patrono d'Europa.
176 pagine - 18,00 euro

The Way of St Benedict
176 pagine - 19,00 euro
TDM *Anche app*

La Via di Francesco
In un'unica guida, gli itinerari per raggiungere Assisi da La Verna e da Roma, a piedi o in bici. Un viaggio nel cuore verde dell'Italia tra paesaggi incontaminati e città d'arte, nei luoghi di Francesco.
296 pagine - 20,00 euro

I percorsi spirituali

Il Cammino di sant'Ignazio
240 pagine - 20,00 euro

Dai Paesi Baschi alle porte di Barcellona lungo l'itinerario che cambiò la vita di Ignazio di Loyola. Uno straordinario percorso che incrocia il Cammino di Santiago per poi toccare mete celebri come Saragozza e il monastero di Montserrat.

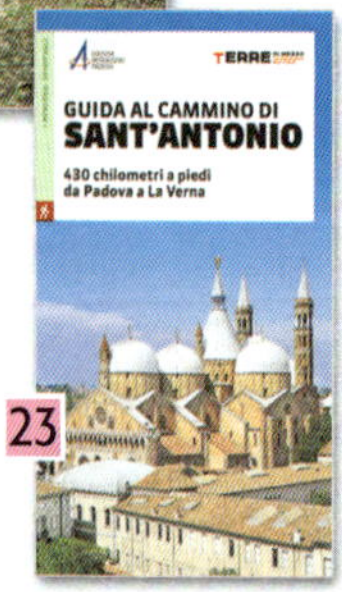

Guida al Cammino di sant'Antonio
168 pagine - 18,00 euro
TDM *Anche app*

430 km a piedi da Padova a La Verna alla scoperta della spiritualità e della vita di sant'Antonio. Un itinerario che unisce alcune tra le più belle città del Veneto e dell'Emilia-Romagna a luoghi di raccoglimento e di pace, come gli eremi di Montepaolo e di Camaldoli.

Italia coast to coast
Dall'Adriatico al Tirreno, un coast to coast tutto italiano attraverso Marche, Umbria, Lazio e Toscana: 400 km a piedi o in bici lungo un percorso ricco di arte, storia e natura.
168 pagine - 18,00 euro
Anche app

Il Cammino nelle Terre Mutate
Un invito a riscoprire un territorio magnifico che rialza la testa e ci chiama: a camminare, esserci, ascoltare. Quattordici giorni a piedi da Fabriano, a Norcia, Accumoli, e Amatrice, fino a L'Aquila.
176 pagine - 18,00 euro

Il Cammino Materano
Una settimana in cammino tra Puglia e Basilicata, verso la capitale della cultura europea 2019.
Da Bari, passando per le pinete dell'Alta Murgia e i claustri di Altamura, fino allo spettacolo unico dei Sassi, gli antichi quartieri di Matera.
128 pagine - 15,00 euro

La Magna Via Francigena
Dalla "Palermo araba" alla rocca di Agrigentum: 180 km a piedi da mare a mare, lungo antiche trazzere (i tratturi locali), vie in terra battuta e strade poco trafficate, alla scoperta della Sicilia occidentale e dei suoi tesori.
108 pagine - 15,00 euro

Da Palermo a Messina per le montagne
Venti giorni in cammino su sentieri, trazzere e strade minori, lungo un itinerario storico che unisce le cime delle Madonie, dei monti Nebrodi e dei Peloritani per giungere alla città dello Stretto.
132 pagine - 18,00 euro

Il Cammino minerario di santa Barbara
Un viaggio indimenticabile alla scoperta della Sardegna sud-occidentale, tra suggestive miniere dismesse, gallerie affacciate sugli scogli, villaggi fantasma e antiche ferrovie che si perdono nei boschi.
180 pagine - 18,00 euro

Toscana a piedi
Sette splendidi itinerari (uniti in un unico percorso) per scoprire la bellezza della Toscana a piedi. In cammino per un mese, una settimana o anche solo per un weekend tra percorsi storici, città d'arte e natura.
260 pagine - 18,00 euro
TDM *Anche app*

Sardegna a piedi
Undici itinerari spettacolari lungo la costa, dalla Gallura a Cala Gonone, da Capo Spartivento all'isola di Caprera. Paesaggi di rara bellezza che, talvolta, sono appena a due passi dai luoghi più affollati.
160 pagine - 18,00 euro

Il trekking del lupo
Una settimana attraverso il Parco delle Alpi Marittime in Piemonte fino al Parco del Mercantour in Francia, nell'habitat naturale del lupo. Un viaggio speciale adatto anche ai bambini.
96 pagine - 13,50 euro

Foto di copertina: Alto del Perdón (Angelo Gregis)

Fotografie di: Carlos Solito (pag. 10, 11, 17, 30, 50, 60, 84, 94, 131, 137, 149, 153, 163, 185, 190, 193, 220);
Luciano Callegari (pag. 6-7, 27, 101, 106, 110); Mariacarla Castagna (pag. 121, 127);
Angela Maria Seracchioli (pag. 115, 195);
Cromagnon (pag. 41); PobladuraFCG (pag. 10); Giuseppe Anello (pag. 8);
Marques (pag. 8, 9); Natursports (pag. 10-11); Poliki (pag. 7, 23);
Jose Ignacio Soto (pag. 197); Pecold (pag. 6); Joserpizarro (pag. 2); Danegeld (pag. 212)

Realizzazioni cartografiche: Ingenia Sas, Seriate (Bg).
Mappa di pag. 4-5: Valerio Vanoni

Terre di mezzo Editore
via Calatafimi 10, 20122 Milano
Tel. 02-83.24.24.26
e-mail editore@terre.it
libri.terre.it

Direzione editoriale: Miriam Giovanzana
Coordinamento editoriale: Isabella Pavan

Prima edizione: giugno 2000
Dodicesima edizione: agosto 2019
Stampatori della Marca Srl, Vallà di Riese Pio X (Tv)

Questo libro è stampato su carte
dotate di certificazione FSC®, che garantisce
la provenienza della materia prima da foreste
gestite in maniera responsabile
e da altre fonti controllate.

MISTO
Carta da fonti gestite in maniera responsabile
FSC® C133396
FSC www.fsc.org